5175 Cu-Schmelzofen Oberbichler Hof
Mi + Fr 18-20 Uhr

# Wanderungen im Nationalpark Hohe Tauern

Wolfgang Heitzmann

# Wanderungen im Nationalpark Hohe Tauern

Ausflüge und Bergtouren
für die ganze Familie

80 Wanderziele

Mit 90 Farbfotos, 53 Kartenskizzen zu den Touren
und 1 Übersichtskarte

Bruckmann

Umschlag-Vorderseite:
*Der Große Geiger in der Venedigergruppe, gesehen vom Anstieg zur Kürsingerhütte (Salzburger Land).*

Umschlag, vordere Klappe:
*Alpen-Leinkraut (Linaria alpina) im Gletscherschutt des Viltragentals (Osttirol).*

Umschlag-Rückseite:
*Der Böseck lugt über die Mallnitzer Talfurche und zwischen zerzausten Wetterbäumen ins liebliche Dösner Tal herein (Kärnten).*

Gegenüber dem Innentitel:
*Bevor das Dabertal endgültig urweltlich wird, schauen wir einmal, was der Rucksack an Stärkungen hergibt! Im Hintergrund, jenseits des Umbaltals, erheben sich die Gipfel der Malhamgruppe (Osttirol).*

Dieses Buch wurde mit aller Sorgfalt geschrieben und bebildert. Die Begehung der Touren nach diesen Angaben erfolgt jedoch auf eigene Gefahr. Für eventuell daraus resultierende Nachteile oder Schäden können weder Autor noch Verlag eine Haftung übernehmen. Da sich im Gelände – zum Beispiel durch Unwetterschäden oder den Bau von Forststraßen – immer wieder Veränderungen ergeben, empfiehlt es sich, vor den Touren eine Erkundigung bei den jeweiligen Tourismus-Informationsstellen oder den Alpenvereinssektionen einzuholen.

Alle Fotos, Kartenskizzen zu den Touren und Übersichtskarte in den Umschlagklappen: Wolfgang Heitzmann, Steyr.

Gedruckt auf chlorarm gebleichtem Papier.

Die Deutsche Bibliothek – CIP-Einheitsaufnahme

**Heitzmann, Wolfgang:**
Wanderungen im Nationalpark Hohe Tauern : Ausflüge und Bergtouren für die ganze Familie ; 80 Wanderziele / Wolfgang Heitzmann. – München : Bruckmann, 1992
(Erlebnis Berge)
ISBN 3-7654-2558-3


Herstellung: Bruckmann, München
Printed in Germany
ISBN 3-7654-2558-3

# Inhaltsverzeichnis

# Wege in die Hohen Tauern

## Gedanken zum Geleit

Das fröhliche Almdirndl und das leise Magenkribbeln auf der Gipfelwächte des Großvenedigers – die Fotos meiner beiden Kinder symbolisieren vielleicht die »Pole« der Hohen Tauern. Dazwischen liegt ein verwirrendes Durcheinander aus Felsen, Gletschern, Almen, Wäldern, Seen und Wildwasser – für die Geologen das Phänomen des »Tauernfensters«, in dem Gneise und altkristalline Gesteine aus jüngeren, wie eine Zwiebelschale abgewitterten Schieferschichten herausragen, für die Einheimischen der Lebensraum, den ihre Vorfahren der unerbittlichen Natur abtrotzten, für Heerscharen von Touristen ein Fixpunkt im Besichtigungsprogramm, für Naturschützer die endlose Entstehungsgeschichte eines Nationalparks... Und über allem steht das geheimnisumwitterte Wort »Tauern«, das zunächst nur die Pässe und Übergänge meinte und erst ab etwa 1850 zum Synonym für das ganze Gebirge vom Schoberpaß in der Steiermark bis zum Krimmler Tauern zwischen dem Salzburger Land und Südtirol wurde. Das Murtörl über dem Großarltal trennt dabei die unvergletscherten Niederen von den eisgeschmückten Hohen Tauern.

Daß trotz großer Zerstörungen und touristischer Anbiederung in den Hohen Tauern überhaupt noch so viel Schönes und Erlebenswertes erhalten geblieben ist, verdanken wir mutigen Menschen, die ihre Überzeugung nicht vor Mächtigen und Mitläufern gebeugt haben. Ihnen möchte ich dieses Buch widmen. Dabei erhebt sich allerdings die Frage: Ist ein Wanderführer mit dieser Nationalparkidee und dem damit verbundenen Schlagwort vom »sanften« Tourismus überhaupt in Einklang zu bringen?

Unter diesem Gesichtspunkt habe ich die Benzinkutsche aus den Wegbeschreibungen verbannt. Mit einer Ausnahme sind alle der 80 vorgestellten Touren mit öffentlichen Verkehrsmitteln erreichbar. Ich hab's ausprobiert – mit der ganzen Familie, im Bus, mit der Kombination Bahn plus Rad und einmal sogar ganz nobel in der Kutsche. Natürlich sind Wartezeiten oder gedankenlose Fahrpläne gelegentlich recht ärgerlich, aber letztlich habe ich doch ein Stück Freiheit dazugewonnen: die spontane Freiheit, den Weg unabhängig vom abgestellten Auto wählen zu können, und die erholsame Freiheit, einfach mehr Zeit haben zu »müssen«. Außerdem: Das Ozonloch wächst und der Bergwald stirbt – nicht zuletzt durch die Auspuffgase der motorisierten Naturfreunde.

Außerdem habe ich mich bemüht, nur einigermaßen naturverträgliche Routen vorzustellen und keine ökologisch sensiblen »Geheimtips« hinter vorgehaltener Hand zu verraten. Damit verbindet sich die Bitte an Sie, diese Wege nicht zu verlassen – im Interesse

Ihrer eigenen Sicherheit, aber auch, um die empfindliche Vegetation vor Trittschäden und Erosion zu bewahren. Pflanzen, die nicht ständig zertreten werden, blühen auch direkt am Wegrand. Und so seltsam es auch klingen mag: Von den Wegen aus sehen Sie einfach mehr! Ein einzelner Querfeldein-Individualist beunruhigt das Wild weitaus stärker als eine ganze Wandergruppe auf einem vielfrequentierten Weg – dort gewöhnen sich die Tiere eher an menschliche Anwesenheit und flüchten nicht gleich.

Nicht zuletzt möchte Ihnen dieses Buch auch die zahlreichen Angebote der Nationalparkregion – Bücher und Broschüren, Museen, Ausstellungen oder geführte Programme – besonders ans Herz legen. Sie »retten« nicht nur den einen oder anderen Regentag, sondern vertiefen Ihre Exkursionen auf ideale Weise.

In diesem Sinn wünsche ich Ihnen erlebnisreiche Wanderungen im Nationalpark Hohe Tauern und seinen Randgebieten!

*Wolfgang Heitzmann*

# Der Nationalpark Hohe Tauern

## Von der Idee zur Verwirklichung

»Der erste und größte Nationalpark Österreichs«, »unschätzbarer Lebensraum für tausende Pflanzen- und Tierarten«, »Verhinderungsstrategie für Kraftwerke und Skilift-Erschließungen«, »Spielwiese für Wissenschaftler und grüne Spinner«, »Heimat«, »Goldader des Tourismus«... So unterschiedlichen Meinungen werden Sie vielleicht begegnen, wenn Sie durch den Nationalpark Hohe Tauern wandern. Und was ist er nun wirklich?

Die »International Union for Conservation of Nature and Natural Resources« (IUCN), die als Naturschutzorganisation der UNO für die Anerkennung von Nationalparks zuständig ist, definiert ihn als »verhältnismäßig großes Gebiet, in dem ein oder mehrere Ökosysteme nicht wesentlich durch menschliche Nutzung oder Inanspruchnahme verändert sind, in dem Pflanzen- und Tierarten, geomorphologische Erscheinungen sowie Biotope von besonderer Bedeutung für Wissenschaft, Bildung und Erholung sind, oder das eine besonders schöne Landschaft aufweist«. Weltweit existieren derzeit mehr als 1000 Nationalparke. Der erste war 1872 der nordamerikanische Yellowstone-Nationalpark, in Europa folgten 1909 zwei schwedische und 1913 der Schweizer Nationalpark.

Auch der Nationalpark Hohe Tauern blickt auf eine lange und zeitweise turbulente Geschichte zurück: Bereits um 1900 begannen sich private Vereine mit dem Schutz der Alpen zu beschäftigen. Vor und nach dem Ersten Weltkrieg stellten erste Ankäufe wertvoller Gebiete durch Vereine und Privatpersonen zusammen mit der Einrichtung von Pflanzenschutzgebieten Pioniertaten zum Schutz der Hohen Tauern dar. Es war auch höchste Zeit, denn die Alpen gerieten durch intensive Nutzungsinteressen zusehends in Bedrängnis, die in den sechziger, siebziger und achtziger Jahren ihren Höhepunkt fanden. Besonders viel änderte sich in den Tauern: Die Großglockner-Hochalpenstraße brachte erst Arbeitsplätze und dann Touristenmassen, das Kitzsteinhorn und das Wurtenkees wurden für den Gletscherskilauf erschlossen, Pisten und »Skischaukeln« entstanden unter anderem im Gasteinertal, bei Heiligenblut oder Matrei, die Tauernautobahn und der Felbertauerntunnel wurden eröffnet, Kraftwerkbauten im Reißeck, in Kaprun, im Stubachtal, in der Fragant oder im zu trauriger Berühmtheit gekommenen Maltatal entziehen ganzen Regionen das Wasser. Zuletzt wurden noch die Ableitung aller Gletscherbäche im Oberpinzgau und in Osttirol für zwei Großkraftwerke sowie die Sommerski-Erschließung des Großvenedigers geplant.

Das Europäische Naturschutzjahr 1970 gab den politischen Anstoß zum entscheidenden Schritt für einen umfassenden Schutz der Hohen Tauern: Am 21. Oktober 1971 gaben die Landeshauptmänner von Kärnten, Salzburg und Tirol in der »Heiligenbluter Vereinbarung« die Absicht zur Realisierung eines gemeinsamen Nationalparks bekannt. Doch auch dieses politische Bekenntnis konnte die Interessenkonflikte zwischen Elektrizitätswirtschaft und Tourismus einerseits und dem Naturschutz andererseits so rasch nicht lösen. So mußten noch zehn Jahre vergehen, bis die Kärntner Landesregierung einen Teil des seinerzeit vereinbarten Gebiets zum Nationalpark erklärte, weitere drei Jahre, bis Salzburg nachzog, und insgesamt zwanzig (!) Jahre, bis er auch in Tirol gesetzlich verankert wurde. Die Großvorhaben im Oberpinzgau und in Osttirol konnten damit verhindert werden – eine Leistung, die gar nicht hoch genug eingeschätzt werden kann.

Heute umfaßt der Nationalpark Hohe Tauern eine Gesamtfläche von gut 1800 Quadratkilometern, gegliedert in »Kernzonen« (die zum größeren Teil in den hochalpinen Fels- und Gletscherregionen liegen) und »Außenzonen« (als »Puffer« zur Umgebung). Aber ist damit bereits das Schutzziel erreicht? Die klare Antwort: Nein, noch lange nicht. Nationalparke werden weltweit zum Schutz der Naturlandschaften eingerichtet und sollen als »genetische Pools« die Erhaltung und Weiterentwicklung natürlicher und naturnaher Lebensgemeinschaften garantieren. Die natürlichen Prozesse müssen hier vom Menschen unbeeinflußt ablaufen. Angesichts der rapide wachsenden Umweltprobleme kommt Nationalparken gerade heute eine immer größere Bedeutung als großflächige Lebens- und Rückzugsräume zahlreicher Tier- und Pflanzenarten zu.

Der Nationalpark Hohe Tauern wurde von der IUCN noch nicht anerkannt, weil sich die Natur nicht einmal in seinen Kernzonen »ungestört und frei« entwickeln kann. Dem stehen nach wie vor die Interessen der Land- und Forstwirtschaft, vor allem aber der Jagd entgegen. Es gilt daher, die eigentlichen Naturschutzaufgaben wahrzunehmen: den »planmäßigen Rückzug« der menschlichen Nutzungen aus den Kernzonen des Nationalparks. Wie schwierig dies ist, läßt sich schon an den Besitzverhältnissen erahnen: Der Nationalpark Hohe Tauern befindet sich zum Großteil in privatem Grundbesitz, mit dem oft jahrhundertealte jagdliche, alm- und forstwirtschaftliche Nutzungsrechte verbunden sind. Diese werden durch die Nationalparkgesetze nicht eingeschränkt. Nur in den sogenannten »Sonderschutzgebieten« – das sind derzeit etwa 2,5 Prozent des Nationalparkgebiets – sind mit ausdrücklicher Zustimmung der Grundeigentümer totale Nutzungsbeschränkungen vorgesehen. Für die verbleibenden 97,5 Prozent der Fläche gab es bisher wenig Bereitschaft von Jägern, Förstern und Bauern, Nutzungen auch nur in Frage zu stellen. Ganz im Gegenteil: Die teilweise bewußt von einflußreichen Interessenten geschürte Angst vor Nutzungsbeschränkungen ließ manche Einheimische zu Nationalparkgegnern werden. Andere wieder wollen zwar den zugkräftigen Nationalpark-Titel, der sich in den Tourismusbroschüren so gut verkaufen läßt, nicht aber die dafür notwendigen Schutzmaßnahmen: die Freistellung zumindest der »Kernzonen« von menschlicher Nutzung.

Das »heißeste Eisen« ist dabei die Jagd: Der jahrzehntelange, nach wirtschaftlichen Kriterien und an den »Trophäen« ausgerichtete Jagdbetrieb hat nachhaltig in das natürliche Wald-Wild-Ökosystem eingegriffen. Waldschäden wie der Verbiß junger Bäume durch stark überhöhte Wildbestände, die für die Trophäenjagd regelrecht herangezüchtet werden, oder die schon ins vorige Jahrhundert zurückreichende Ausrottung von Großraubtieren wie Bären, Luchsen und Wölfen sind nur einige der fatalen Folgen dieser »Jagdtradition«. Die Umstellung auf ein nationalparkgerechtes Wildmanagement wird zwei wesentliche Elemente beinhalten: Erstens müssen gefährdete Arten wie Rauhfußhühner, Schneehasen oder Murmeltiere sofort ganzjährig geschont werden, denn obwohl sie keinen regulierenden Jäger brauchen, dürfen sie derzeit im ganzen Nationalpark ohne jede Naturschutzbeschränkung abgeschossen werden. Und zweitens muß die Regulierung der Rehe, Hirsche, eventuell auch der Gemsen auf die Erhaltung der natürlichen Waldentwicklung hin ausgerichtet werden.

Eine derartige Umstellung liegt aber noch in ferner Zukunft. Bislang gibt es erst zwei konstruktive Ansätze: Im Salzburger Sonderschutzgebiet Piffkar (oberhalb der Glocknerstraße) wurde die Bejagung der Gemsen seit 1991 versuchsweise eingestellt. Ein erstes, 2300 Hektar großes Forschungsrevier hat der WWF 1991 im Seebachtal bei Mallnitz eingerichtet. Hier wird langfristig beobachtet, ob überhaupt und in welchem Ausmaß Rehe, Hirsche und Gemsen reguliert werden müssen. Damit erarbeitet der WWF ein Modell, das für den gesamten Nationalpark richtungweisend ist. Ein weiteres Beispiel: die Waldentwicklung. Obwohl die Wälder der Hohen Tauern durch die Jahrhunderte genutzt wurden, zeichnen sie sich in weiten Teilen dennoch durch große Naturnähe aus. Ein Grund dafür liegt in den steilen, oft kaum zugänglichen Talhängen oder in ihrer Funktion als Bannwälder zum Schutz vor Lawinen. Erst in den letzten Jahren wurde ein Teil dieser Wälder intensiv genutzt, wodurch beispielsweise die Artenvielfalt – Stichwort: Fichtenmonokultur – sehr stark verringert wurde. Solche Wirtschaftswälder müssen im Nationalpark durch Waldpflegemaßnahmen wieder in einen naturnahen Zustand zurückgeführt werden. Das Ziel sind reich gegliederte Wälder verschiedener Altersstufen, in denen unterschiedliche, standortgerechte Baumarten und -größen vorkommen. Windwürfe, ste-

***Schmuckstücke auf den Almen der Tauern: das rote Kohlröserl.***

hende und liegende tote Bäume gehören zur gesunden Walddynamik, zum Bild eines echten Naturwaldes, in dem letztendlich jeglicher forstliche Eingriff unterlassen wird. Viele Forstleute stehen dieser Idee jedoch immer noch verständnislos gegenüber. Vor allem will man kein Holz scheinbar nutzlos vermodern lassen. An Ordnung Gewöhnte lehnen einen »verwilderten« Wald ab. Zudem wird eine Massenvermehrung von Forstschädlingen befürchtet, die – wie Versuche im Nationalpark Bayerischer Wald gezeigt haben – die Natur jedoch bald selbst regelt. Nicht einmal die Österreichischen Bundesforste verzichten in ihrem Nationalpark-Anteil auf die forstliche Nutzung. Es steht also noch ein hindernisreicher Weg zurück zu natürlichen Waldformen bevor...

Der ganz besondere Reiz der Hohen Tauern liegt im Zusammenspiel von Natur- und Kulturlandschaft: Berggipfel, Gletscher, Felsen und alpine Matten bestimmen ihr Bild ebenso wie die jahrhundertelang mühevoll von den Bergbauern gestalteten Almen, Bergwiesen, Wälder und Feldfluren. Im Nationalpark geht es daher natürlich auch um die Erhaltung und Pflege des Bergbauernlandes und um die Unterstützung bodenständiger, ökologisch angepaßter Bewirtschaftungsformen – allerdings nur, solange sich dies nicht allein auf die Förderung von Almhütten, Wegsanierungen oder den Bau neuer Zufahrtsstraßen beschränkt.

Das Ziel des Nationalparks ist also die Erhaltung einer Naturlandschaft, die in eine entsprechend intakte Umgebung eingebettet sein muß; eine Naturlandschaft, in der Bäume heranwachsen, reifen, fallen und zu Erde werden können, in der die Tiere wieder natürlich leben und sterben können. Viel ist schon geleistet worden, dank jenen, die sich in all den Jahren mit aller Kraft für einen Nationalpark in den Hohen Tauern eingesetzt haben. Vieles ist jedoch noch zu tun, damit dieses Ziel endgültig Wirklichkeit wird.

*Johanna Mang,*
WWF Österreich

***Hochalpine Weide vor der Gletscherkulisse der Venedigergruppe: Der Blick geht über die Alte Prager Hütte zum Hohen Zaun und zur Schwarzen Wand.***

# Vor der Wanderung

## Praktische Hinweise

### Wichtige Adressen

- *Nationalparkverwaltung Salzburg, A-5741 Neukirchen/Großvenediger Nr. 306, Tel. 06565/6558 oder 6541.*
- *Nationalparkverwaltung Kärnten, A-9843 Großkirchheim, Tel. 04825/5161-0 und A-9822 Mallnitz, Tel. 04784/255-15.*
- *Nationalparkverwaltung Osttirol, A-9971 Matrei/Osttirol, Rathaus, Tel. 04875/ 5161.*

### Touristische Information

erhalten Sie in folgenden Tourismusbüros:
A-5743 Krimml, Tel. 06564/339;
A-5742 Wald/Pinzgau, Tel. 06565/8243;
A-5741 Neukirchen/Großvenediger, Tel. 06565/6256; A-5733 Bramberg/ Wildkogel, Tel. 06566/251; A-5731 Hollersbach, Tel. 06562/8105;
A-5730 Mittersill, Tel. 06562/369;
A-5732 Uttendorf, Tel. 06563/585;
A-5743 Kaprun, Tel. 06564/239; A-5671 Bruck/Glocknerstraße, Tel. 06545/295;
A-5672 Fusch/Glocknerstraße, Tel. 06546/ 236; A-5661 Rauris, Tel. 06544/237;
A-5640 Badgastein, Tel. 06434/2755;
A-5612 Hüttschlag, Tel. 06417/204;
A-5583 Muhr, Tel. 06477/622;
A-9854 Malta, Tel. 04733/240;
A-9822 Mallnitz, Tel. 04784/290;
A-9841 Winklern, Tel. 04822/227-16;
A-9843 Großkirchheim, Tel. 04825/521-21;
A-9844 Heiligenblut, Tel. 04824/2001-21;
A-9991 Dölsach, Tel. 04852/8140;
A-9990 Lienz, Tel. 04852/4747;
A-9951 Ainet-Schlaiten, Tel. 04853/5290;
A-9900 St. Johann/Walde, Tel. 04872/812;
A-9981 Kals/Großglockner, Tel. 04876/ 211; A-9961 Hopfgarten/Defereggen, Tel. 04872/5356; A-9962 St. Veit/Defereggen, Tel. 04879/336; A-9963 St. Jakob/ Defereggen, Tel. 04873/5265;
A-9971 Matrei/Osttirol, Tel. 04875/6527;
A-9972 Virgen, Tel. 04874/5210 und
A-9974 Prägraten, Tel. 04877/6217.

### Anreise

Der Nationalpark Hohe Tauern ist problemlos mit der Bahn erreichbar:
*Aus Richtung München:* InterCity-Verbindungen (mit Schlaf- und Liegewagen) über Rosenheim – Wörgl – Zell am See oder Salzburg – Bischofshofen – Schwarzach/St. Veit – Spittal/Drau – Lienz.
*Aus Richtung Wien:* InterCity-Verbindungen über Salzburg – Bischofshofen – Schwarzach/St. Veit – Badgastein bzw. Zell am See (Westbahn) oder über Bruck/Mur – Villach – Spittal/Drau – Lienz (Südbahn).

### Bahn- und Busverbindungen im Bereich der Hohen Tauern

Folgende regionale **Bahnlinien** verbinden die wichtigsten Talorte der Hohen Tauern:
Die Pinzgauer Schmalspurbahn *Zell am See – Mittersill – Krimml,* die Westbahnstrecke *Zell am See – Bischofshofen,* die Tauernbahnstrecke *Schwarzach/St. Veit – Badgastein – Tauerntunnel – Mallnitz – Spittal/ Drau* und die Pustertalbahn *Spittal/Drau – Lienz.* Auf allen Linien werden auch Dampflok-Sonderfahrten durchgeführt.

**Bundesbus-Linien** erschließen fast alle wichtigen Ausgangspunkte. Mit einigen Ausnahmen (z. B. im hinteren Rauristal) ist der Großteil der Abfahrtszeiten am Morgen und am Abend für Wanderer brauchbar. Es gilt das österreichische Kursbuch für Oberösterreich, Salzburg, Tirol, Vorarlberg und Kärnten (Fahrpläne Bus West), das alle halbe Jahre neu erscheint. Darüber hinaus sind in den Postämtern der Salzburger, Kärntner und Osttiroler Nationalparkregionen *kostenlose Fahrplanhefte* erhältlich. In einigen Gebieten werden sehr preisgünstige Nationalpark-Tikkets angeboten.
*Im Salzburger Land*
*Mittersill – Krimml – Hotel Gerlosplatte* Nr. 4094–96; 3421; *Mittersill – Felbertauern – Matrei* Nr. 4014, 4096, 5010; *Zell am See – Mittersill* Nr. 3421, 3423, 4010; *Uttendorf – Enzingerboden* Nr. 3423; *Zell am See – Ka-*

*prun – Mooserbodenstausee* Nr. 3430, 8243; *Zell am See – Großglockner-Hochalpenstraße Franz-Josefs-Höhe* Nr. 3064, 3432; *Zell am See – St. Johann/Pongau* Nr. 3203, 3441; *Taxenbach – Rauris – Kolm – Saigurn* Nr. 3434; *St. Johann/Pongau – Badgastein – Sportgastein* Nr. 8228, 8252, 8253; *St. Johann/Pongau – Liechtensteinklamm* Nr. 3212; *St. Johann/Pongau – Großarl – Stockham* Nr. 3214; *St. Michael/Lungau – Muhr – Rotgüldensee-Aufstieg* Nr. 3304.

*In Kärnten*

*Spittal/Drau – Gmünd – Oberdorf* Nr. 5132; *Spittal/Drau – Gmünd – Malta – Pflüglhof* Nr. 5130; *Spittal/Drau – Oberdrauburg – Lienz* Nr. 5021, 5052; *Spittal/Drau – Obervellach – Winklern – Heiligenblut – Franz-Josefs-Höhe* Nr. 5108, 5002; *Obervellach – Mallnitz – Ankogelbahn bzw. Jamnigalm* Nr. 5114; *Winklern – Iselsberg – Lienz* Nr. 5002.

*In Osttirol*

*Lienz – Huben – St. Jakob/Defereggen – Staller Sattel* Nr. 5014; *Lienz – Huben – Kals – Gasthof Taurer oder Lucknerhaus* Nr. 5008; *Lienz – Huben – Matrei – Virgen – Ströden* Nr. 5012; *Lienz – Huben – Matrei – Felbertauernstraße – Matreier Tauernhaus* Nr. 5010, 4014, 4096; *Lienz – Sillian* Nr. 5021, 5050; *Sillian – Innervillgraten* Nr. 8513.

### Taxibusse

verkehren auf folgenden für den öffentlichen Verkehr gesperrten Tal- und Hüttenzufahrtsstraßen:

- Von Krimml zum Krimmler Tauernhaus.
- Von Neukirchen/Großvenediger zur Talstation der Materialseilbahn zur Kürsingerhütte im Obersulzbachtal und zur Stockeralm im Untersulzbachtal.
- Von Bramberg zum Gasthof Alpenrose im Habachtal.
- Von Hollersbach in den Talschluß des Hollersbachtals.
- Von Niedernsill zur Schaunbergalm im Mühlbachtal.
- Von Rauris bis zur Palfnerhütte im Seidlwinkltal.
- Von Muhr zur Sticklerhütte (Lungauer Tälerbus).
- Von Kals zur Lesachriegelhütte.
- Von St. Veit/Defereggen zur Speikbodenhütte.
- Von Virgen zur Wetterkreuzhütte.
- Von Prägraten zur Johannishütte und auf die Bodenalm.
- Vom Matreier Tauernhaus ins Innergschlöß (auch Kutschenfahrten).

Die Zufahrtszeiten sind in den Pinzgauer Tauerntälern und im Innergschlöß auf den frühen Vormittag bzw. den Spätnachmittag beschränkt. Voranmeldung und Mindestteilnehmerzahlen (Anfrage im jeweiligen Tourismusbüro) sind überall notwendig.

### Radfahren

Auch der Drahtesel kann mit großem Gewinn in die Tourenplanung eingebunden werden – Wanderungen kombiniert mit Radausflügen zählen zum Allerschönsten!

- Ein Paradies fürs Radl ist das flache Oberpinzgauer Salzachtal zwischen Zell am See, Taxenbach und Krimml. Der über 100 km lange »Pinzga-Radwanderweg« kann zwischen den Haltestellen der Pinzgauer Schmalspurbahn (Achtung: nicht alle Züge transportieren Räder!) in beliebig viele Etappen geteilt werden. Zusätzlich gibt es etliche ruhige Nebenstraßen und einige markierte Mountain-bike-Strecken.
- Von den Oberpinzgauer Tauerntälern empfiehlt sich am ehesten das Krimmler Achental zum Radeln (Zufahrt von Krimml über die Gerlosstraße und die neue Almstraße; Anfrage im Tourismusbüro wegen der rechtlichen Situation).
- Etliche markierte Radwege und radfahrfreundliche Nebenstraßen gibt es im Gasteiner Tal, wobei der Höhenunterschied zwischen Bad Hofgastein und Badgastein gut mit der Bahn überwunden werden kann.
- Auch der Lungau besitzt einige interessante und nicht allzu anstrengende Radrouten.
- Zwei kleine, feine Radreviere sind das Maltatal zwischen Gmünd und dem Pflüglhof sowie das Seebachtal bei Mallnitz.
- Das Mölltal weist im unteren Bereich zwischen Spittal/Drau, Obervellach und Flattach ruhige Nebenstraßen und Feldwege zum Radeln auf. Im oberen Teil beschränken sich

die Möglichkeiten nur auf die vielbefahrene Hauptstraße.

- Zahlreiche ebene und verkehrsarme Radlstrecken bieten das Lienzer Becken, das Oberkärntner Drautal bis Spittal/Drau, das Gebiet um Sillian und das Iseltal bis Matrei hinauf.
- Für konditionsstarke Radlfans ist die Großglockner-Hochalpenstraße natürlich eine große Herausforderung – trotz des zeitweise starken Verkehrs und der damit verbundenen »dicken Luft«. Ein Tip: Nur am frühen Morgen und am Abend strampeln, wenn die Motorwanderer noch schlafen oder schon im Hotel sitzen!
- Daneben empfehlen sich noch etliche andere sportliche Strecken, z. B. Rauris – Kolm-Saigurn, das Großarltal, Großkirchheim – Heiligenblut – Apriach, die Straße zum Neuen Sadnighaus, die Kalser Glocknerstraße, die Routen ins Defereggen (auf den Staller Sattel) oder ins Virgental.

Grundsätzlich gilt natürlich der Radl-Knigge, der Fußgängern jederzeit den Vorrang einräumt sowie Vollbremsungen und das Befahren abgeschrankter Straßen, von freien Almwiesen oder schmalen Waldsteigen ausnahmslos ächtet.
Leihräder können Sie in den Bahnhöfen der größeren Orte bzw. in vielen Sportgeschäften mieten (Anfrage in den Tourismusbüros).

### Campingplätze

gibt es in Wald/Pinzgau, Hollersbach, Mittersill, Kaprun, Zell/See, Bruck/Glocknerstraße, Fusch/Glocknerstraße, Rauris, Bad Hofgastein, Badgastein, St. Johann/Pongau, St. Michael/Lungau, Malta, Spittal/Drau, Mallnitz, Lainach bei Winklern, Großkirchheim, Heiligenblut, Lienz, Matrei und Prägraten.

### Ausrüstung

Für die leichtesten der vorgestellten Unternehmungen ist bei trockenem Wetter nichts Besonderes nötig.
Die *Wandermontur*, die sich für die meisten Tourenvorschläge empfiehlt, besteht aus festen Wanderschuhen mit griffiger Profilsohle (mit leichten Turnschuhen ist ein Fuß schnell umgeknickt oder gebrochen!), langer Hose oder Bundhose (Jeans haben sich bei nassem Wetter nicht bewährt), mehreren »Schichten« von Unterwäsche, Hemd und Pullover (dadurch ist eine »stufenlose« Anpassung an die Gegebenheiten möglich), Turnhose und T-Shirt für heiße Tage, Anorak und gesondertem Wind- und Regenschutz, Reservewäsche, Sonnenhut, einer warmen Mütze, Handschuhen oder Fäustlingen (auch im sommerlichen Gebirge ist ein Wettersturz schneller da als man glaubt!), Sonnencreme, einem Pfeiferl fürs alpine Notsignal, einer Alu-Rettungsdecke (wiegt nur wenige Gramm) und einer kleinen Tourenapotheke.
Die *Bergausrüstung* für hochalpine Touren wird durch die der Höhenlage entsprechende Kleidung, Biwaksack, Gletscherbrille, Sonnencreme mit hohem Schutzfaktor, Kompaß, Höhenmesser und eventuell einer Reepschnur bzw. einem Seil zum Sichern schwächerer Gefährten ergänzt. Grundkenntnisse in der alpinen Orientierung, der Ersten Hilfe sowie in der Seil- und Sicherungstechnik werden hier vorausgesetzt. Ausrüstung und Können müssen auf die denkbar schlimmsten Gegebenheiten ausgerichtet sein!

### Wanderkarten

Die geeigneten *Wanderkarten* werden in den »Touristischen Angaben« im Anschluß an die einzelnen Tourenbeschreibungen aufgelistet (ÖK = Österreichische Karte im Maßstab 1:50 000 sowie 1:25 000; AV = Alpenvereinskarte im Maßstab 1:25 000; f&b = Freytag & Berndt-Wanderkarten im Maßstab 1:50 000).

### Bücher über die Hohen Tauern

*Nationalpark-Naturführer* gibt es bisher zu folgenden Lehrwegen: Krimmler Wasserfälle (ÖAV), Gletscherweg Obersulzbachtal (ÖAV), Wasserlehrweg Hollersbachtal (Salzburger Nationalparkfonds), Inneres Fuscher Tal (Naturschutzbund), »Rauriser Urwald« (Naturschutzbund), Seebachtal (ÖAV), Winklerner Alm (ÖAV), Gletscherweg Pasterze (ÖAV), Blumenweg Oberseite – St. Jakob (ÖAV), Wasserschaupfad Umbalfälle (ÖAV) und Gletscherweg Innergschlöß (ÖAV). Die Broschüren sind in den jeweiligen Tourismusbüros bzw. in Hütten und Jausenstationen vor Ort erhältlich.

*Alpenvereinsführer* sind über folgende Gebiete erschienen: Rieserfernergruppe (Werner Beikirchner), Venedigergruppe (Hubert Peterka, Willi End), Glockner- und Granatspitzgruppe (Hubert Peterka, Willi End), Schobergruppe (Walter Mair), Ankogel- und Goldberggruppe (Liselotte Buchenauer, Peter Holl), Hohe Tauern-Südseite (Walter Mair) sowie Kleiner Führer Glockner-, Granatspitz- und Venedigergruppe mit angrenzenden Berggebieten (Hubert Peterka, Willi End); alle im Bergverlag R. Rother, München.

*Kompass-Wanderbücher* sind über folgende Gebiete erschienen: Zell am See – Oberpinzgau, Gasteiner Tal – Pongau, Mölltal – Maltatal – Liesertal und Lienz – Osttirol; alle im geographischen Verlag Heinz Fleischmann, Innsbruck.

*Weitere Wanderführer*
Helmut Dumler: Rother Wanderführer Osttirol. Bergverlag Rother, München 1989.
Martin Gasser: Defereggental. Eigenverlag, St. Jakob/Defereggen 1988.
Hans Hönigschmied: Wanderungen im Oberpinzgau. Verlag des Vereins Naturschutzpark e. V., Stuttgart/Hamburg 1981.
Walter Mair: Osttiroler Wanderbuch. Tyrolia Verlag, Innsbruck 1989.
Eberhard Stüber und Norbert Winding: Erlebnis Nationalpark Hohe Tauern, Band 1, Salzburg, und Band 2, Kärnten (Band 3, Osttirol, wird vorbereitet). Eigenverlag des Salzburger Nationalparkfonds, Salzburg 1990 und 1992.

*Text- und Bildbände*
Reinhard Böhm: Der Sonnblick. Österreichischer Bundesverlag, Wien 1986.
Liselotte Buchenauer: Hohe Tauern, Band 1 und 2. Leykam Verlag, Graz 1980 und 1981.
Liselotte Buchenauer: Höhenwege in den Hohen Tauern. Bruckmann Verlag, München 1988.
Roland Floimair, Wolfgang Retter: Nationalpark Hohe Tauern (3 Bände über den Salzburger, Kärntner und Tiroler Anteil). Druckhaus Nonntal, Salzburg 1984, 1985, 1986.
Clemens M. Hutter, Lothar Beckel: Großglockner – Saumweg, Römerweg, Hochalpenstraße. Residenz Verlag, Salzburg 1985.
Clemens Hutter, Peter Schreiner: Österreichs Nationalpark Hohe Tauern. VCM Verlag, Salzburg 1990.
Christine Schemmann: Die Hohen Tauern im Zeitraffer – Ein Charakterbild von Land und Leuten. Verlag A. Pustet, Salzburg 1990.
Sepp Schnürer: Hohe Tauern – Bergwandern und Bergsteigen. BLV, München 1990.
Außerdem können Chroniken oder Heimatbücher meist auch in den Gemeindebüchereien entliehen werden.

### Verpflegung

Ob Speck oder Körndlfutter: Der Inhalt der Proviantdose soll vor allem gut schmecken und nach den Kriterien *Bekömmlichkeit* (nicht zu fett, nicht zu dursterzeugend), *Gewicht* und *Umweltverträglichkeit* ausgewählt werden. Verantwortungsvolle Leute kaufen nichts in Plastik Verschweißtes (vor allem keine Mini-Portionspackungen) und keine Getränke in Aludosen, die außerdem nach dem Öffnen gleich ausgetrunken werden müssen. Kohlensäurehaltige Limos erzeugen eher noch mehr Durst – bewährt haben sich dagegen (Früchte)Tee oder gespritzter Apfelsaft. Das herrlichste Getränk ist natürlich quellfrisches Bergwasser, das allerdings wirklich aus unbelasteten Gebieten kommen muß. Wie das Beispiel des fürs Skifahren »versalzenen« Wurtenkees (»Mölltaler Gletscher«) zeigt, ist leider nicht einmal mehr das selbstverständlich.
Übrigens: Der Einkauf im Talort und die Einkehr in den Hütten oder Gasthäusern sind auch eine Art positiver »Entwicklungshilfe«!

### Das alpine Notsignal

muß jeder Bergwanderer im Kopf haben: Innerhalb einer Minute wird *sechsmal in regelmäßigen Abständen,* also alle zehn Sekunden ein hörbares (Rufen, Pfeifen) oder sichtbares (Blinken, Winken) Zeichen gegeben. Dazwischen folgt jeweils eine Minute Pause. Die Antwort kommt mit *dreimaliger* Zeichengebung pro Minute. Die Meldung eines Unfalls erfolgt nach dem *5-W-Schema:* WAS ist geschehen? WANN war das Unglück? WO passierte der Unfall? WO sind die Verletzten? WER ist verletzt? WER macht Meldung? WETTER im Unfallgebiet (Sichtweite)?

# Der Tauern-Nationalpark im Salzburger Land: Vom Pinzgau durch den Pongau in den Lungau

## 1 Das Salzburger Wasser-Weltwunder

### Ein spritziger Besuch bei den Krimmler Wasserfällen

*Erlebnisreiche Halbtagestour auf gut ausgebauten Wegen mit abgesicherten Aussichtskanzeln; ab der Schneeschmelze bis November.*

»Das größte und prächtigste Schauspiel in dem Lande, welches die Natur an Schönheiten dieser Art so sehr ausgezeichnet hat« – mit diesem Superlativ bedachte Franz Vierthaler die Krimmler Wasserfälle schon anno 1816 auf seiner Wanderung durch das Salzburger Land: »Wir sahen die langen und schimmernden Wassersäulen der Ache am Hohen Tauern herab sich wälzen und hörten das Donnern ihrer Katarakte.« Genauso spektakulär präsentieren sie sich noch heute, die mit 380 Metern Gesamthöhe (vermutlich) zweithöchsten Wasserfälle Europas – und zwar schon von weitem. Natürlich hat die E-Wirtschaft immer wieder begehrliche Blikke auf die Gletscherwassermassen geworfen, von denen zu Spitzenzeiten (an den Abenden im Juli) bis zu 390000 Liter pro Sekunde talwärts tosen. 1967 wurden die Krimmler Wasserfälle jedoch – als einziges Naturdenkmal Österreichs – mit dem begehrten Europäischen Naturschutzdiplom ausgezeichnet; seit 1984 liegen sie außerdem im Bereich des Nationalparks Hohe Tauern.
Leider werden Sie die beeindruckende Landschaftsszenerie kaum jemals für sich allein genießen können – pro Jahr tummeln sich nämlich mehr als 400000 Touristen in babylonischer Sprachenvielfalt zwischen den drei Wasserfallstufen. Entsprechend breit und serpentinenreich wurde der Besichtigungsweg angelegt. Der uralte Saumpfad über den Krimmler Tauern, der ja nur den wirtschaftlichen Verbindungen ins Südtiroler Ahrntal und dem Viehtrieb zu den Almen diente – der wich dem Wasserwunder noch aus. Erst 1879 eröffnete der Alpenverein einen ersten »Schaupfad«, der jedoch aufgrund des ständigen Sprühregens und etlicher Hochwasserkatastrophen immer wieder renoviert bzw. überhaupt neu gebaut werden mußte.
Es brauchte also viel Arbeit, Geld und Idealismus, damit wir das entfesselte Wasserspektakel heute aus nächster Nähe erleben können: die tobenden Kaskaden und ausgewaschenen Felskolke, Nebelschleier, die uns im Gesicht kitzeln, vielleicht einen Regenbogen über dem Tal, aufgerissene Böden und vom Wasser davongepeitschte Steine – und überall dazwischen üppig wucherndes Grün...

#### Der Wegverlauf

Vom Krimmler Ortszentrum (1060 m) bzw. von der Mautstelle der Gerlosstraße spazieren wir zum Gasthaus mit der Nationalpark-Informationsstelle (für die Begehung wird eine kleine Gebühr eingehoben, AV-Mitglieder haben freien Eintritt). Nun überwindet der Steig in vielen Serpentinen die steilen Waldhänge neben der unteren und der mittleren Wasserfallstufe (140 m bzw. 100 m hoch; Aussichtskanzeln) und erreicht in einer kleinen Talverflachung das Gasthaus Schönangerl (1300 m; schöne Gletscherschliffe). Zuletzt überwinden wir auch die oberste, 140 m hohe Wasserfallstufe, bis das Tal plötzlich flacher wird. Die Schettbrücke über die Krimmler Ache vermittelt den Weiterweg zum Tauernhaus. Entweder drehen wir hier um und steigen auf dem Wasserfallweg wieder talwärts, oder wir folgen der neuen Almstraße, die knapp oberhalb der Brücke einmündet, talauswärts bis zu einem Tunnel, vor dem links der alte, etwas verwachsene Tauernweg abzweigt. Dieser führt ebenfalls zum Ausgangspunkt hinunter.

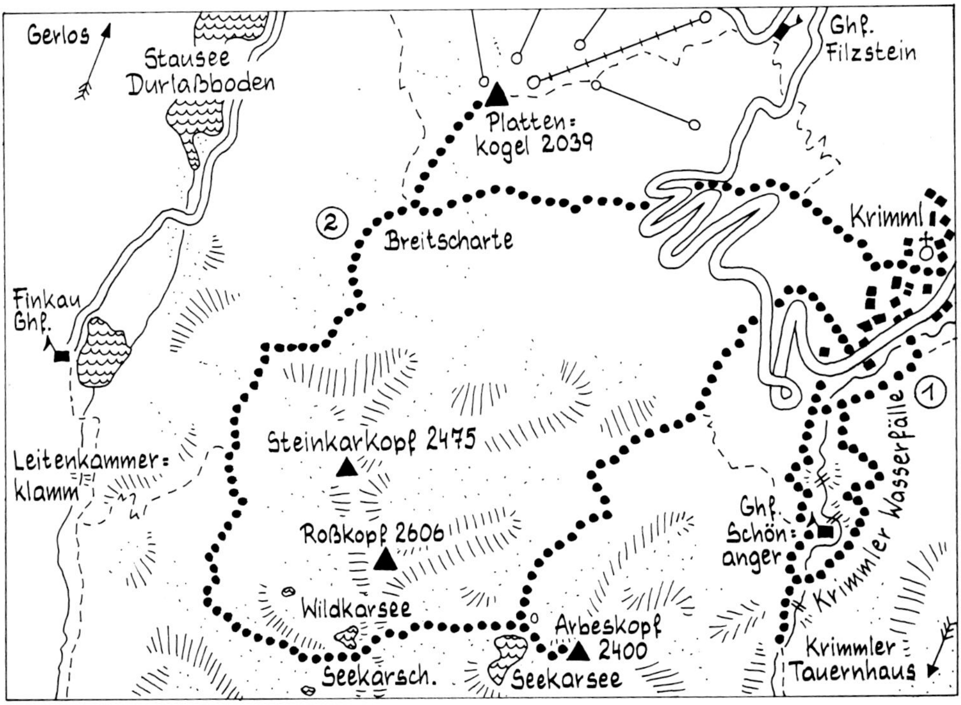


## Touristische Angaben

**Ausgangspunkt:** Krimml (1067 m).
**Höhenunterschied:** 500 m.
**Reine Gehzeit:** 3–5 Stunden.
**Ausrüstung:** Wandermontur.
**Einkehrmöglichkeit:** Gasthaus Schönangerl (1300 m, privat, 18 Betten, ganzjährig bewirtschaftet).
**Karten:** ÖK Nr. 151, f&b Nr. 121.
**Hinweis:** Ein handlicher Naturführer über die Krimmler Wasserfälle ist in der Nationalpark-Informationsstelle oder im Tourismusbüro Krimml erhältlich.
**Zusatzprogramm:** • Der Weiterweg auf der Almstraße ins Krimmler Achental ist landschaftlich sehr schön. Das 1389 erstmals urkundlich erwähnte Krimmler Tauernhaus (1622 m, privat, 28 Betten, 38 Lager, im Sommer bewirtschaftet, Zugang von Krimml 3–3½ Stunden) besitzt eine holzgetäfelte Stube aus dem 14. Jahrhundert und ist Ausgangspunkt für weitere Touren, z. B. zur Warnsdorfer Hütte am Krimmler Kees (2336 m, ÖAV, 18 Betten, 42 Lager, bewirtschaftet von Mitte Juni bis Ende September, Zugang 2–3 Stunden) oder zur Richterhütte im Raintal (2374 m, DAV, 18 Betten, 36 Lager, bewirtschaftet von Anfang Juni bis Ende September, Zugang 2½ Stunden). • In Krimml wird im Sommer jeden Mittwoch ab 14.30 Uhr eine »Kinder-Olympiade« veranstaltet; Auskunft und Anmeldung im Tourismusbüro. • Zu den »Knappenlöchern« am alten Krimmler Tauernweg, zum Seekarsee und in die Leitenkammerklamm werden Führungen angeboten. In Vorderkrimml (Gemeinde Wald im Pinzgau) ist jeden Donnerstag ab 19 Uhr ein Fluorit-Schaustollen zu besichtigen, wobei auch kleine Erinnerungsstücke erworben werden können. Auskunft und Anmeldung im Tourismusbüro.
• Dampfzugfahrten mit der Pinzgauer Schmalspurbahn werden im Juli und August jeweils am Dienstag und Donnerstag, im September am Samstag, durchgeführt (Fahrpreisermäßigung für Familien).

***Das große Krimmler Wasserspektakel – die untere der drei Riesenkaskaden der Krimmler Ache.***

## 2 Richtung Reichenspitze

### Durch das Wildkar und das Seekar von hüben nach drüben

*Nicht allzu schwierige, aber ausgefüllte Tagestour; gute Steige durch einsames, bei Nebel sehr unübersichtliches Gelände; Juni bis Oktober.*

»In der Krimml is a wilds Getümmel« – dieser alte Pinzgauer Spruch verliert schon ein paar hundert Höhenmeter oberhalb der Wasserfälle seine Gültigkeit: Dort oben liegt der türkisgrüne Seekarsee (eine bemerkenswert »logische« Wortschöpfung); wie eh und je besuchen ihn nur ein paar Wanderer, vielleicht auch einmal ein Hirte auf der Suche nach seinen Schafen oder ein Jäger, der sich zur Pirsch in der Seekar-Jagdhütte einquartiert hat. Jenseits des Gebirgskammes träumt der kleine Gletscher der Wildkarspitze von schneereicheren Zeiten. Bäche, Wetterzirben und Kraxelfelsen laden große und kleine Wanderer zu Spielpausen ein, so daß der lange Weg durch diese unspektakuläre, aber doch irgendwie ergreifende Landschaft allen in guter Erinnerung bleiben wird.
Geographisch ganz genau genommen, liegt dieses Gebiet gar nicht mehr in den Tauern, sondern schon in den östlichen Zillertaler Alpen, wo sich die Reichenspitze mit ihrem firnbuckligen Dreitausender-Nachbarn, dem Gabler, in die Luft reckt. Durch ihre Zugehörigkeit zum Nationalpark bleiben uns die Gletscher, Seen und Hochalmen des Wildgerlostals auch in Zukunft erhalten – als Rückzugsgebiet gleich über dem Riesenstausee Durlaßboden und dem Skiliftzirkus auf der Gerlosplatte…

#### Der Wegverlauf

Von Krimml (1067 m) bzw. vom Gasthof Schönmoosalm (1434 m) an der Gerlosstraße führt der Steig Nr. 49 zur Schönmoos-Hochalm und in die Breitscharte (1925 m) hinauf. Ganz Bequeme erreichen diesen Sattel auch von Hochkrimml via Sessellift über den Plattenkogel (2039 m).
Nun schwenkt der vorerst noch breite Leitenkammersteig (Nr. 54) nach Süden und quert in sanftem Auf und Ab die herrlichen Zirbenwaldhänge zur Wildkar-Hochalm (1962 m) hinüber. Bei der dortigen Wegteilung halten wir uns nach links und steigen, der Markierung Nr. 51 folgend, durch das karger werdende Wildkar zum Wildkarsee und zur knapp darüber eingesattelten Seekarscharte (2519 m) hinauf.
Jenseits wandern wir zum bereits sichtbaren Seekarsee (2232 m) abwärts, ersteigen von dort – wenn das »Schmalz« in den Beinen noch reicht – den nahen Arbeskopf (2400 m) und trollen uns schließlich auf dem Steig Nr. 19 durch das Seekar und den steilen Bergwald darunter zur Gerlosstraße bzw. nach Krimml hinunter. Ganz Unentwegte können auf ca. 1500 m Seehöhe auch nach rechts abzweigen und über die Almstraße ins Krimmler Tauerntal noch die Wasserfälle »mitnehmen«!

#### Touristische Angaben

**Ausgangspunkt:** Krimml (1067 m) oder Gasthof Schönmoosalm (1434 m; Busverbindung von Krimml), eventuell auch Gasthof Filzstein in Hochkrimml (1641 m; Busverbindung von Krimml; Sessellift und Steig auf den Plattenkogel).
**Höhenunterschied:** Ab Krimml 1500 m, ab Gasthof Schönmoosalm 1100 m, ab Gasthof Filzstein 950 m oder ab Plattenkogel 650 m.
**Reine Gehzeit:** Ab Krimml 7–8 Stunden, ab Gasthof Schönmoosalm oder Gasthof Filzstein 6–7 Stunden, ab Plattenkogel 5–6 Stunden. Vom Seekarsee auf den Arbeskopf und retour: 1 Stunde.
**Ausrüstung:** Wandermontur.
**Einkehrmöglichkeit:** Außer in den Gasthöfen an den Ausgangspunkten keine.
**Karten:** ÖK Nr. 151, f&b Nr. 121, AV Nr. 35/3.
**Zusatzprogramm:** • Vom Gasthaus Finkau hinter dem Durlaßboden-Speichersee (Zufahrt per PKW oder Taxibus von der Gerlosstraße möglich) ist in 15 Minuten die sehenswerte Leiterkammklamm erreichbar (Aussichtskanzeln). Der Steig führt weiter zur Zittauer Hütte am Unteren Gerlossee (2328 m,

***Schon in den Zillertaler Alpen, aber noch im Nationalpark gelegen: die Reichenspitze.***

ÖAV, 9 Betten, 70 Lager, bewirtschaftet von Mitte Juni bis Ende September, Zugang 3 Stunden). • Unterhalb der Gerlosplatte breiten sich ausgedehnte, zum Teil jedoch durch die Straße und die Wintersportanlagen zerstörte Hochmoore aus. Die »Sieben Möser« stehen unter Naturschutz und sollen nicht betreten werden.

## 3 Neukirchner Naturwunder

### Rund um den malerischen Untersulzbachfall

*½ Tag; leichte, aber steile Wege mit abgesicherten Aussichtskanzeln; außer bei Schneelage immer begehbar.*

Es gibt nur einen Platz im Pinzgau, wo man dem »höchsten Salzburger« vom Tal aus aufs Eis schauen kann: Über der Mündung des Untersulzbachtals steht, sichtiges Wetter vorausgesetzt, seine »weltalte Majestät«, der Großvenediger – 3674 Meter hoch.
Die ersten Versuche zur Ersteigung des »Sulzbachers« führten den Bramberger Förster Paul Rohregger im Sommer 1810 über das Untersulzbachkees auf den Kleinvenediger, wo Nebel und Gletscherspalten ein weiteres Vordringen vereitelten. Der nächste Vorstoß des später vielbejodelten Erzherzogs Johann, der mit seinen Führern schon durch das Obersulzbachtal heraufkam, endete beinahe unter einer Lawine. Erst am 23. September 1841 erreichten 26 Personen einer 40köpfigen Großexpedition zum ersten Mal den höchsten Punkt – zu diesem Zeitpunkt lag das Untersulzbachtal jedoch schon wieder in seinem Dornröschenschlaf.
Daran hat sich bis heute nicht viel geändert: Gleich hinter der Stockeralm beginnt ein 3000 Hektar großes Sonderschutzgebiet des Nationalparks; die »klassisch« hinausgestreckte Zunge des Untersulzbachkees darf somit nur mehr im Rahmen von Führungen besucht werden. Lediglich im Taleingang

herrscht mitunter reges Treiben: Die Knappenwand gilt seit 130 Jahren als weltbekannte Fundstelle von Epidot-Kristallen, während aus der Bachschlucht vermutlich schon die Kelten und Römer Kupfer geschürft haben. Inzwischen ist auch der 50 Meter hohe Wasserfall, der über die unterste Talstufe braust, zu touristischen Ehren gekommen: Ein mit Holzgeländern abgesicherter Rundweg erschließt uns heute abwechslungsreiche Einblicke in das Wasserinferno, wobei mich vor allem seine feenhaften Sprühnebelschleier und die knallgelben Leuchtflecken in den Felsen beeindruckt haben.
Wenn Sie Ihren Lieben eine besondere Freude machen wollen, dann setzen Sie den Untersulzbachfall in der Sommersaison an einem Dienstag oder Donnerstag aufs Programm: Da dampft nämlich der Schnauferlzug durch den Oberpinzgau und setzt Sie um 11.40 Uhr in der Haltestelle »Sulzbachtäler« ab!

## Der Wegverlauf

Vom Gasthaus Schiedhof (850 m) führt eine kurze Straße zur Brücke über den Untersulzbach, wo der nicht zu verfehlende Rundweg beginnt. Auf welcher Seite man aufsteigt, ist eigentlich egal. Oberhalb der Geländestufe wird der Bach auf einem Holzsteg überquert; auf der orographisch rechten Talseite führt eine sanft ansteigende Forststraße weiter zur Knappenwand und zur Stockeralm hinein (Abzweigung bei einem Wegkreuz, 1020 m).

## Touristische Angaben

**Ausgangspunkt:** Gasthaus Schiedhof (850 m; ganz schnell erreichbar von der Bahnhaltestelle oder – etwas weiter – von den Bushaltestellen Neukirchen bzw. Rosental).
**Höhenunterschied:** Wasserfall-Rundweg 150 m; bis zur Stockeralm insgesamt 400 m.
**Reine Gehzeit:** Rundweg 1½ Stunden; zur Stockeralm 2 Stunden.
**Ausrüstung:** Wanderschuhe und gegebenenfalls Regenschutz.
**Einkehrmöglichkeit:** Eventuell Gasthof Stokkeralm (1280 m, privat, 16 Betten, bewirtschaftet von Ende Juni bis Ende September).
**Karten:** ÖK Nr. 151; f&b Nr. 121.
**Zusatzprogramm:** • Im Sommer wird jeden Donnerstag eine Führung zum Untersulzbachfall und zu den Kupferbergbauanlagen durchgeführt; Anmeldung im Tourismusbüro Neukirchen, Treffpunkt jeweils um 10 Uhr beim Gasthof Schiedhof. • Im Neukirchner Kultur- und Informationszentrum Samerhofstall sowie im Kammerlanderstall (mit Steinberg-Thoma-Museum) werden regelmäßig Vorträge gehalten und Ausstellungen gezeigt. • In Neukirchen werden stimmungsvolle »Sagenwanderungen« durchgeführt; Auskunft und Anmeldung im Tourismusbüro. • Der Wildkogel (2225 m), der aussichtsreichste »Hausberg« von Neukirchen, ist per pedes (3½ Stunden) oder mit dem Sessellift erreichbar. • Dampfzugfahrten mit der Pinzgauer Bahn siehe Tour 1.

# 4 Ein Knieschnaggler in die Einsamkeit

## Der Seebachsee und sein Wasserfall

*1–1½ Tage; unschwierige, aber steile Bergsteige, Juni bis Oktober.*

So schön sie sind, die Pinzgauer Tauerntäler – eines ist ihnen allen gemeinsam: Sie sind lang, viele Gehstunden lang. Besonders im Obersulzbachtal, der »Eintrittskarte« zum Großvenediger, ist daher oft ein merkwürdiges Phänomen zu beobachten: Mit verbissenem Gesicht hasten ganze Karawanen von pickelbewehrten und seilumschlungenen Nordwandgesichtern südwärts, hektisch wie Skifahrer, die ihre Tageskarte »gewinnbringend« ausnützen müssen... Man muß es dagegen einmal ausprobiert haben, zur Berndlalm hinaufzuschlendern und dabei viel Zeit zum Schauen zu haben, während am Vene-

***Ein Fall für Romantiker: der versteckte und umschleierte Wassersturz des Untersulzbachs bei Neukirchen am Großvenediger.***

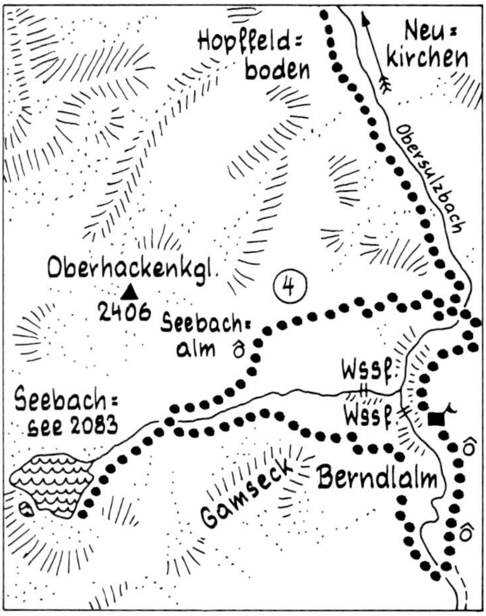


diger-Highway der Streß förmlich in der Luft liegt! Da will der Blausee, ein kleiner Quelltümpel neben dem ungestümen Obersulzbach, erkundet werden, da laden die Blumenwiesen der Kampriesenalm zum Spielen und Träumen ein, da zieht der 300 Meter hohe Seebach-Wasserfall seine weiße Spur durchs Gewänd. Wie viele Bergbegeisterte wandern wohl achtlos am Gamseckfall vorbei, obwohl ihn der Obersulzbach gleich neben dem Weg vorführt?
Die Konkurrenz des Venedigers ist natürlich auch beim Seebachsee spürbar – und das ist gut so: So streunten wir einmal ganz allein um das stille Wasser herum, entdeckten ein zweites, schon fast verlandetes Seelein hinter seinem Westufer und schauten uns schließlich von der Seebachalm an der jenseitigen Gletscherkulisse satt...

## Der Wegverlauf

Von der Bus- oder Bahnhaltestelle Rosental leitet vorerst eine Straße über die Salzach in die Streusiedlung Sulzau und über die Obersulzbachbrücke zum Gasthaus Siggen (891 m). Ab hier wandern wir auf einer Forststraße (Nr. 28) zum nahen Blausee und dann oberhalb des Baches, zuletzt auf einem Waldsteig, der Kampriesenalm (1415 m) entgegen. Bald darauf erreichen wir die Forststraße, die in Serpentinen zur Berndlalm (1514 m) hinaufführt (Nr. 914). Knapp unterhalb des Gasthauses wird der Seebachfall sichtbar, und gleich darauf ermöglicht rechts eine Aussichtskanzel den Blick zum 80 m hohen Gamseckfall.
Wir folgen der Straße noch ein Stück taleinwärts bis zur Poschalm (herrlicher Blick auf den Großen Geiger, 3360 m, im Talschluß), wo ein Steg den Obersulzbach überquert. Der jenseitige Pfad Nr. 41 quert die Waldhänge hinauf bis zur »Abendweide« im oberen, flacheren Seebachtal und erreicht hinter einer Geländekuppe schließlich den Seebachsee (2083 m).
Für den Abstieg wählen wir am besten die Route über die Seebachalm (1995 m), die uns zuletzt in zahllosen Serpentinen über einen steilen Waldrücken wieder ins Obersulzbachtal hinunterleitet. Auf der Forststraße kommt man über den Hopffeldboden zum Ausgangspunkt zurück.

## Touristische Angaben

**Ausgangspunkt:** Gasthaus Siggen (891 m).
**Höhenunterschied:** 1200 m.
**Reine Gehzeit:** Bis zur Berndlalm 2½ Stunden; Aufstieg zum Seebachsee 1½ Stunden, Abstieg 2½ Stunden.
**Ausrüstung:** Wandermontur.
**Einkehrmöglichkeit:** Berndlalm (1514 m, privat, 21 Betten, 15 Lager, bewirtschaftet von Anfang Mai bis Mitte Oktober); in der Seebachalm ist manchmal Milch erhältlich.
**Karten:** ÖK Nr. 151; f&b Nr. 121.
**Zusatzprogramm:** • Vielleicht ein Abstecher zu den Mauerresten der Ruine Friedburg oberhalb von Sulzau oder zur Hieburg bei Rosental. • Jeden Dienstag wird eine geführte Tour zum Seebachsee angeboten; Auskunft und Anmeldung im Tourismusbüro Neukirchen.

***Am Beginn des spannenden Gletscherlehrweges zum Obersulzbachkees.***

GLETSCHERWEG
OBERSULZBACHTAL
OEAV
Oesterreichischer Alpenverein
Nationalpark Hohe Tauern
Nationalpark Hohe Tauern
Obersulzbachkees
Türkische Zeltstadt
Kürsinger Hütte
AV-Weg Nr. 914
Materialseilbahn
Sonntagskees
Keeslahnerwand
Talstation 1930 m
Stierlahnerwand
Obersulzbach Hütte 1742 m
0 300 m
Der Gletscherweg Obersulzbachtal wurde im Jahre 1986 vom Oesterreichischen Alpenverein in Zusammenarbeit mit der Marktgemeinde Neukirchen aus Mitteln der OeAV-Aktion Patenschaft für den Nationalpark Hohe Tauern errichtet.
Anmarsch:
Neukirchen - Sulzau - Obersulzbachtal
Parkplatz Hopffeldboden
Hopffeldboden bis Beginn Gletscherweg ca. 2½ Stunden Gehzeit.
Begehungszeit des Gletscherweges
hin und retour ca.4-5 Stunden.
Einkehrmöglichkeit:
"Gletscherweg Obersulzbachtal"
erhältlich bei: Verkehrsverein Neukirchen

# 5 Auch das ewige Eis ist nicht ewig

## Auf dem Gletscherlehrpfad zum Maul des Obersulzbachkeeses

*1½–2 Tage; unschwierige Wanderung in hochalpines Gletschergelände; Juli bis Oktober*

Die Venedigergruppe besitzt die größte Gletscherbedeckung der Hohen Tauern. Allein das Obersulzbachkees hat eine Ausdehnung von mehr als 11 Quadratkilometern und hält damit Rang eins in der Salzburger Eis-Hitparade. Wie alle seine weißen Nachbarn erreichte es, dem schwankenden Klima entsprechend, um 1850 seinen letzten nacheiszeitlichen Höchststand. Seither sind wieder fast fünf Quadratkilometer Fläche und rund 900 Millionen Kubikmeter Eismasse abgeschmolzen, wobei sich die Gletscherzunge um zweieinhalb Kilometer zurückgezogen hat – nur mehr alte Fotos und die vom Gletscher aufgeschütteten Moränenwälle künden noch von der alten Herrlichkeit.
Wie und warum dies alles passiert, erläutert ein interessanter Alpenvereins-Gletscherweg, der 1985 angelegt wurde. Der dazugehörige Naturführer schärft den Blick für Zusammenhänge: Wie entstand dieses Gebirge, woher hat es sein heutiges Aussehen? Wie verhält sich das »ewige« Eis? Welche Pflanzen besiedeln das ausgeaperte Gelände?
Erst mit den Antworten auf diese Fragen wird es für jung und alt zum Aha-Erlebnis, der kalten Pracht einmal »nachzuwandern« – von den seltsamen »Gletschertöpfen«, die noch das Schmelzwasser der Eiszeitgletscher in der Nähe der heutigen Poschalm aus dem Fels gewaschen hat, bis zu den Moränen; von den glatten Gletscherschliffen bis zum heutigen Zungenende, aus dem die »Gletschermilch«, das vom abgehobelten Sand getrübte Wasser, sprudelt.

### Der Wegverlauf

Der Zugang zur Berndlalm (1514 m) erfolgt wie bei Tour 4. Dann leitet uns die Forststraße (Nr. 914) weiter taleinwärts (herrlicher Blick auf den Großen Geiger, 3360 m) zur Postalm (1699 m) und zur Obersulzbachhütte (1739 m). Hier beginnt der Gletscherweg mit dem ersten von 18 markierten Haltepunkten: Er folgt zunächst noch den Kehren der Straße bis zur Talstation der Materialseilbahn für die Kürsingerhütte (1929 m); ab hier führt der Steig den Obersulzbach entlang bis zum Gletscher (derzeit 2150 m; großartiger Blick auf die Gipfel der Venedigergruppe).
Der Abstieg erfolgt auf der gleichen Route.

### Touristische Angaben

**Ausgangspunkt:** Berndlalm (1514 m).
**Höhenunterschied:** 600 m.

**Reine Gehzeit:** Bis zur Postalm 1 Stunde; bis zum Gletscher und retour 2½ Stunden.
**Ausrüstung:** Wandermontur.
**Einkehrmöglichkeit:** Berndlalm (siehe Tour 4); Gasthaus Postalm (1699 m, privat, 18 Betten, 20 Lager, bewirtschaftet von Ostern bis Anfang Oktober); Hofrat Keller-Hütte (1669 m, Verein Naturschutzpark e. V., Selbstversorgerhütte mit 35 Betten, Anmeldung bei Johann Dengg, Sulzau 65, A-5741 Neukirchen am Großvenediger).
**Karten:** ÖK Nr. 151; f&b Nr. 121.
**Hinweis:** Der naturkundliche Führer über den Gletscherweg Obersulzbachtal ist beim Verkehrsbüro bzw. in der Nationalparkverwaltung in Neukirchen erhältlich.

***Am derzeitigen Endpunkt des Gletscherweges ist der legendäre Eisbruch der »Türkischen Zeltstadt« schon längst abgeschmolzen. Der Große Geiger prägt die hochalpine Landschaft jedoch nach wie vor souverän.***

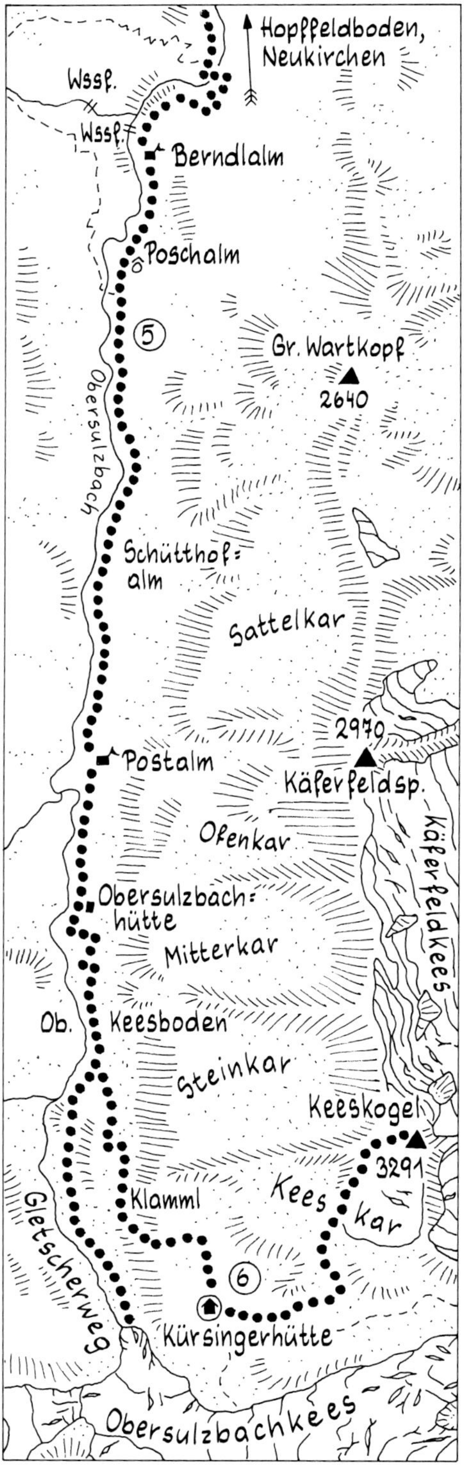


# 6 Im Angesicht der weltalten Majestät

## Dünne Luft und weite Sicht: Von der Kürsingerhütte auf den Keeskogel

*2 Tage; hochalpine, zum Teil ausgesetzte und gesicherte Steige, die Schwindelfreiheit und Trittsicherheit erfordern (niemals bei Nebel oder Vereisung gehen); Juli bis Oktober.*

Es war ein herrlicher Sommertag, als ich mit meiner Familie ins Obersulzbachtal kam. Mutter und Tochter gefiel's auf den Wiesen um die Postalm – und für den Herrn Sohn stand der erste Dreitausender auf dem Programm: der Keeskogel.

Trainiert durch heimatliche Kraxeltouren und etliche Pinzgauer Wanderungen, konnte ich meinem Zwölfjährigen den »Hausberg« der Kürsingerhütte schon zutrauen. Vorläufig hatte er jedoch kaum einen Blick für das Gletscherpanorama übrig – die Nase wie ein Spürhund am Boden, sammelte er Unmengen von winzigen, aus dem Fels gesplitterten Bergkristallstücken ein, bis seine Hosentaschen zu platzen drohten. Erst der exponierte Steig durchs »Klamml« konnte ihn ein wenig beeindrucken, das abendliche Alpenglühen des Großvenedigers – und der Kaiserschmarrn in der Kürsingerhütte...

Gut gestärkt – wann gibt's daheim schon einen Kaiserschmarrn zum Frühstück? – turnten wir am nächsten Morgen auf den Gipfel: rechts das Gletschereis, mit dem der Keeskogel seine Südseite schmückt, links die Felsabbrüche der Gratschneide – und am Seil mein flinker Kamerad, der unseren Höhenzuwachs alle zwei Minuten auf dem Höhenmesser kontrollierte. Beim Gipfelkreuz fiel ihm endlich der Milchzahn heraus, an dem er schon so lange herumgewackelt hatte. Der Tiefblick ins Untersulzbachtal, direkt über das zerrissene Käferfeldkees, war nicht schlecht; und drüben, auf der 3674 Meter hohen Eis-Schaumrolle des Großvenedigers, konnte man ganz deutlich Mengen von winzigen Ameisenmenschen erkennen. Während die Sommerwolken nach und nach um die Gipfel quollen, stiegen wir vorsichtig wieder ab – noch einem Kaiserschmarrn entgegen...

***Abenteuerlust und Magenkribbeln halten sich wohl die Waage: Im obersten Gratanstieg auf den Keeskogel, den Hausberg der Kürsingerhütte.***

## Der Wegverlauf

Von der Postalm (1699 m) wie bei Tour 5 zur Talstation der Materialseilbahn. Hier beginnt links der Steig, der über Moränenschutt zur Keeslahnerwand hinaufführt (Nr. 914). Diese wird auf dem ausgesetzten, aber gut mit Drahtseilen abgesicherten »Klammlsteig« überlistet. Oberhalb geht es durch zahmes Almgelände der Kürsingerhütte (2548 m) entgegen.

Der Pfad Richtung Keeskogel folgt von der Hütte weg vorerst dem Venediger-Zustieg (Nr. 902), zweigt aber nach 250 m links ab und schlängelt sich durch den Schutt des Keeskars höher (prachtvolles Gipfelpanorama vom Venediger über den Großen Geiger, 3360 m, bis zur Schlieferspitze, 3290 m, und zur fernen Reichenspitze, 3303 m). Auf ca. 3100 m Höhe erreicht man neben dem Gletscher den blockigen Südwestgrat; seine ausgesetzte, im oberen Teil durch ein Drahtseil entschärfte Schneide wird bis zum Gipfel (3291 m) erklettert. Der Rückweg erfolgt auf der gleichen Route.

## Touristische Angaben

**Ausgangspunkt:** Postalm (1699 m).
**Höhenunterschied:** Bis zur Kürsingerhütte nur 850 m; auf den Keeskogel nochmals 750 m.
**Reine Gehzeit:** Bis zur Hütte 2½–3 Stunden; von dort auf den Gipfel 2½ Stunden.
**Ausrüstung:** Bergausrüstung; eventuell ein Seil zum Sichern.
**Einkehrmöglichkeit:** Kürsingerhütte (2548 m, ÖAV, 52 Betten, 84 Lager, bewirtschaftet von Ostern bis Ende September).
**Karten:** ÖK Nr. 151; AV Nr. 36; f&b Nr. 121.

# 7 Das Tal der Smaragde

## Dem munteren Habach entlang – aber besser nur zum Käseverkosten in der Moaralm

*1 Tag; unschwieriger Weg bzw. Forststraße; Juni bis Oktober.*

Natürlich ist es nur ein subjektiver Eindruck – aber das Habachtal ist mir unter all den Tauern-Zubringern eines der liebsten: Ist es der schattige Wanderpfad, der gleich von der Habachklause weg dem spritzigen Bach entlangführt und mit ein paar Holzschildern auf die kleinen Wunder in der grünen Wildnis aufmerksam macht, oder der großartige, vergletscherte Talschluß mit seinem 80 Meter hohen Wasserfall? Wer weiß, vielleicht ist es doch nur das Wissen um die geheimnisvollen Smaragde, die europaweit nur hier, irgendwo hoch droben in einem Seitenkar vorkommen? Diese ampelgrünen Edelsteine verschönern Monstranzen der Salzburger Bischöfe ebenso wie den Kronschatz der englischen Königin; auch in der Wiener Hof-Schatzkammer und im Salzburger Haus der Natur sind respektable Exemplare zu besichtigen. Ab 1826 ließ ein Wiener Juwelier bis zu 30 Knappen den Bergsegen aus dem Fels holen; seither jagen natürlich auch Massen von »Hobby-Stoanklopfern« mit erlaubten und unerlaubten Methoden nach dem »Stein der Könige«.

Ich finde ja nicht einmal Schwammerl im Wald und kehre daher lieber in der urigen Moaralm ein: In dem archaischen Bauwerk zieht der Rauch des offenen Feuers noch durch die rußgeschwärzten Dachsparren ab; ein Mühlrad »motorisiert« das Butterrühren. Vor dem sauber aufgeschichteten »Holz vor der Hütt'n« ist es gut rasten, und gestärkt mit frischer Milch, selbstgebackenem Brot und einem ordentlichen Stück Käse, der ebenfalls hier heroben hergestellt wird, ist der Blick auf das zerrissene Habachkees noch einmal so schön!

### Der Wegverlauf

Vom Gasthaus Habachklause (872 m) führt ein abwechslungsreicher Wanderweg talein-

***Ein idyllischer Rastpunkt im Habachtal: die Moaralm, in der noch gebuttert und gekäst wird.***

***Die Eiszeitgletscher haben das Habachtal zu einem klassischen Trogtal ausgebaggert.***

wärts. Auf etwa 1000 m Seehöhe mündet der Steig in die Forststraße ein (rechts ein sehenswerter Gletschertopf, Informationstafel). Die Straße führt zunächst noch steiler zur Kramer- oder Wennseralm (1243 m) hinauf, wo nach und nach die Gletscherumrahmung im Talschluß (der charakteristische Spitz des Schwarzkopfs, 2996 m, der Plattige Habach, 3207 m, und zuletzt auch die Hohe Fürleg, 3243 m) sichtbar wird. Mit sanfterer Steigung geht es weiter zum Gasthaus Enzian (1312 m) und zum Gasthaus Alpenrose (1384 m), von dem aus die nahe Moaralm (1410 m) bald erreicht ist. Der bald schmaler und steiniger werdende Weg führt noch weiter in den Talgrund hinein.
Der Abstieg erfolgt auf der gleichen Route.

## Touristische Angaben

**Ausgangspunkt:** Gasthof Habachklause (872 m; 15 Minuten südlich der Bahnhaltestelle Habachtal bzw. der Bushaltestelle Bramberg-Weyerhof im Taleingang gelegen).
**Höhenunterschied:** 550 m.
**Reine Gehzeit:** Aufstieg 2¼ Stunden, Abstieg 1½ Stunden.
**Ausrüstung:** Wandermontur.
**Einkehrmöglichkeit:** Gasthaus Enzian (1312 m, privat, 13 Betten, 40 Lager, bewirtschaftet von Pfingsten bis Mitte Oktober); Gasthaus Alpenrose (1384 m, privat, 35 Betten, 40 Lager, bewirtschaftet von Mitte Mai bis Mitte Oktober); Moaralm (1410 m, privat, Milch und Almjause erhältlich).
**Karten:** ÖK Nr. 151 und 152; f&b Nr. 121.
**Zusatzprogramm:** • Zum verfallenen Smaragdbergwerk und ins Habachtal werden geführte Touren durchgeführt; Auskunft und Anmeldung im Tourismusbüro Bramberg.
• Das sehenswerte Bramberger Heimatmuseum wurde im Wilhelmgut aus dem 14. Jahrhundert und seinen Nebengebäuden (Freilichtmuseum mit Mühle, Venetianergatter und Backofen) untergebracht; neben volkskundlichen Ausstellungsstücken ist u. a. eine Mineraliensammlung zu sehen. • Dampfzugfahrten (siehe Tour 1).

# 8 Vom Kräuterfeld in den Schluchtwald

## Unterwegs auf dem Hollersbacher Natur- und Bachlehrpfad

*Zwei unschwierige Halbtageswanderungen auf gut angelegten Wegen; ab der Schneeschmelze bis November.*

Haben Sie, liebe Leser, schon einmal eine Wasseramsel beobachtet, wie sie im Gebirgsbach taucht? Haben Sie sich die Flechten auf den Bäumen schon einmal genauer angeschaut, im Wasser nach Insektenlarven gefahndet oder nachgeforscht, welche Pflanzen sich auf den feuchten Schluchtwald spezialisiert haben? Ich muß gestehen, daß ich das auch erst im Hollersbachtal getan habe, nachdem mich der dortige Bachlehrpfad auf diese und viele andere interessante Dinge aufmerksam gemacht hat. Mit meinem Kinderanhang bin ich dann allerdings gleich hinter dem Stausee im Taleingang »hängengeblieben«, dort, wo sich der Bach im Schuttbett aufteilt – zu schön war das Spielen im klaren Wasser...
Auch der zweite Naturlehrpfad von Hollersbach beginnt an einem bei Kindern besonders beliebten Platz: bei der Pizzeria und Gelati-Station am Badesee, hinter dem auch ein Öko-Teich angelegt wurde. Die 30 Informationstafeln sind zwar manchmal nicht ganz leicht zu lesen, aber dafür erschließt der Rundweg zwei charakteristische Gegenden um das »Kräuterdorf«: die verschilften Sumpfwiesen, die einst den ganzen Talboden ausgefüllt haben, und den sogenannten Wehrwald über dem Müllner Buckel. Von dort oben kiebitzt man wie durch ein Schaufenster zur Salzach hinunter, ins Hollersbachtal oder hinüber zu den Pinzgauer Grasbergen – ein guter Tip also für ein erstes »Hineinschmecken« in diese Landschaft!

### Der Wegverlauf

*Der Naturlehrweg*
Vom Klausnerhaus im Hollersbacher Ortszentrum (807 m) folgen wir den Hinweistafeln zum Freizeitzentrum und um den Badesee herum zum Ökoteich. Ab hier führt der Weg auf Brettern durch die verschilften Wiesen nach Süden, quert eine Straße und erreicht den Wehrwald, durch den es nun auf einem Steig zur Stockwieshütte hinaufgeht. Weiter oben tun sich schöne Ausblicke auf; auf etwa 1000 m Seehöhe wandern wir nach links (Osten) auf einer Forststraße zur Zwieselmulde und wieder auf einem Steig über den Müllner Buckel (Kräuterlehrweg) in den Ort hinunter.

*Der Bachlehrweg*
Vom Ortszentrum wandern wir nach Süden zur Mündung des Hollersbachtals, wo eine Straße über einen kurzen Berg zu einem Parkplatz hinaufführt. Gleich dahinter liegt

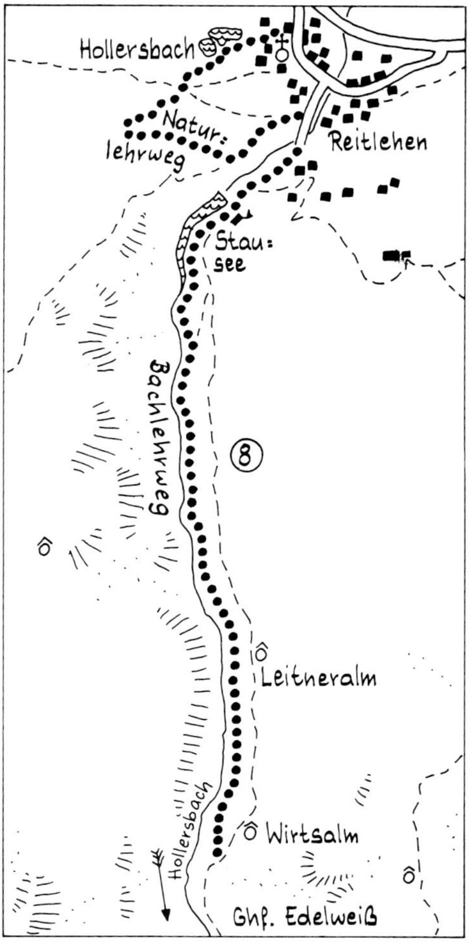

***Ein Dorf voller Ideen: Der Hollersbacher Kirchturm lugt über das liebevoll renovierte Klausnerhaus in den Kräutergarten einer französischen Kosmetikfirma hinein. Ganz in der Nähe beginnen auch der Natur- und der Wasserlehrweg.***

ein Gasthaus am Damm des kleinen Stausees. Eine Forststraße und der bald rechts abzweigende Steig folgen dem See und dem Hollersbach weiter ins Tal hinein, bis bei der folgenden Straßenquerung der Bachlehrweg beginnt (Übersichtstafel). Er führt nahe am Wasser, einmal auch über eine Anhöhe, zur Wirtsalm (1088 m) hinauf und ist mit 11 Informationspulten und einer abschließenden Orientierungstafel illustriert.
Der Rückweg erfolgt am besten auf der gleichen Route.

## Touristische Angaben

**Ausgangspunkt:** Hollersbach (807 m).
**Höhenunterschiede:** Am Naturlehrweg 200 m; am Bachlehrweg 300 m.
**Reine Gehzeit:** Am Naturlehrweg 2–3 Stunden; für den Bachlehrweg (hin und retour) 2½ Stunden.
**Ausrüstung:** Wanderschuhe und gegebenenfalls Regenschutz.
**Einkehrmöglichkeit:** Gasthäuser im Bereich von Hollersbach.
**Karten:** ÖK Nr. 122 und Nr. 152; f&b Nr. 121 oder Nr. 382.
**Hinweis:** Ein handlicher Naturführer über das Hollersbachtal ist im Klausnerhaus in Hollersbach erhältlich.
**Zusatzprogramm:** • Im Klausnerhaus, einem liebevoll restaurierten Bauernhof aus dem 14. Jahrhundert (heute Seminarhaus, ORF-Studio, Tourismusbüro und Nationalpark-Informationsstelle), werden eine Tonbildschau und eine Kräuterausstellung gezeigt. • Hinter dem Klausnerhaus kann man ein großes Kräuterfeld mit beschilderten Pflanzen besichtigen. • Im Gemeindeamt ist ein Heimatmuseum untergebracht.
• Dampfzugfahrten mit der Pinzgauer Bahn (siehe Tour 1). • Jeden Mittwoch wird eine Wanderung auf dem Bachlehrweg geführt; Treffpunkt jeweils um 8.30 Uhr beim Klausnerhaus. Auskunft und Anmeldung im Tourismusbüro im Klausnerhaus.

**Wenn der Winter seine weiße Pracht bis in den Juli hinein zurückläßt und die Nebelschleier durch die Tauern ziehen, gibt sich der Kratzenbergsee als arktisches Gewässer.**

## 9 Unter Geiern

### Wo sich der Larmkogel im Kratzenbergsee spiegelt

*2 Tage: hochalpine Bergtour auf guten, stellenweise gesicherten Steigen; der Anstieg auf den Larmkogel erfordert Schwindelfreiheit und ist bei Schneelage sehr gefährlich; Juli bis Oktober.*

Das 18 Kilometer lange Hollersbachtal hält für seine Besucher noch viel Sehenswertes bereit: Nach dem netten Empfang durch den Bachlehrweg begleiten uns gepflegte Almen in den Talgrund hinein, über dem sich die Berge immer wilder und höher auftürmen. Weiter hinten, wo verheerende Felsstürze (der letzte ging 1933 nieder) den kleinen, beinahe schon wieder verlandeten See am Ofnerboden aufgestaut haben, entdecken scharfe Augen seltsame, weiße Streifen in den Felsen der Steigklamm: Das sind Hinterlassenschaften der Weißkopf- oder Gänsegeier, die sich hier gelegentlich zur Ruhe begeben. Die respektablen Aasfresser (ihre Flügelspannweite mißt zweieinhalb Meter und mehr) kommen vermutlich aus dem Balkan und verbringen die Sommerferien in den Hohen Tauern – ihre Schlafplätze haben sie sich jedoch nur hier, zwischen dem Habach- und dem Rauristal, ausgesucht. Übrigens: Lämmergeier, die ganze Schafe oder womöglich sogar Ihre Kinder abtransportieren, gibt es weder hier noch anderswo; und auch der Pleitegeier ist nicht heimisch...

Schließlich verbirgt der östliche der beiden Talschlüsse noch zwei einsame Flachmoore, während sich der westliche Bach in fröhlichen Kaskaden aus dem Kratzenbergsee stürzt und dabei ein Mini-Kraftwerk für die Fürther Hütte speist. In diesem größten (natürlichen) See des Nationalparks spiegeln sich der vergletscherte Kratzenberg (3022 m) und der Gerade-noch-Dreitausender Larmkogel (3017 m), der den erlebnisreichen Übergang ins benachbarte Habachtal bewacht.

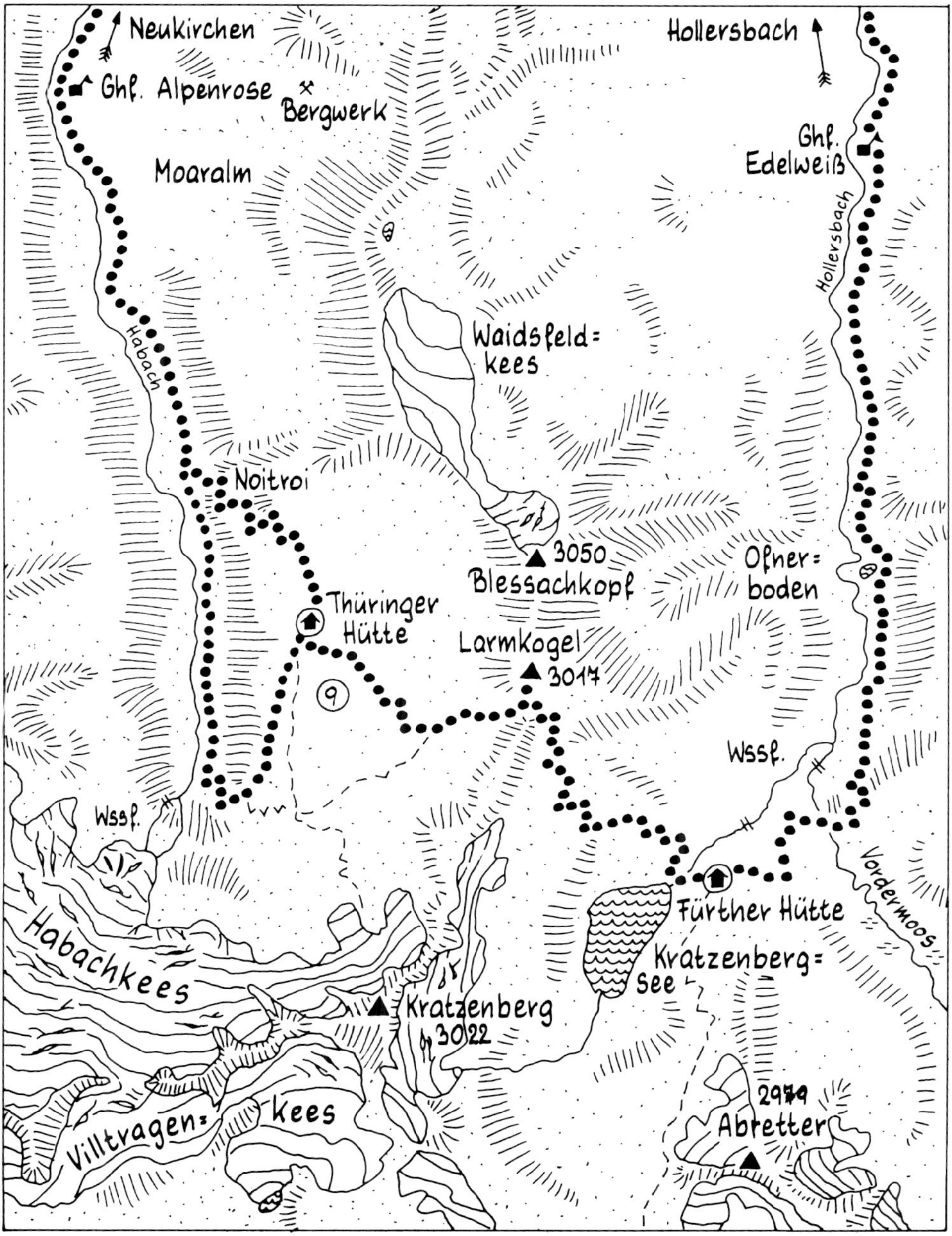


## Der Wegverlauf

Vom Ende des Bachlehrweges (Tour 8) führt die Almstraße weiter ins Hollersbachtal hinein, vorbei am Gasthaus Edelweiß (1219 m) und der Roßgrubalm (1315 m). Hinter dem Ofnerboden (1465 m) führt ein steilerer Steig (Nr. 916) durch die Talflanke zur Fürther Hütte (2201 m) am Kratzenbergsee hinauf. Der Weiterweg Richtung Larmkogel (Nr. 918) überquert unterhalb der Hütte den Seeabfluß und schlängelt sich in Serpentinen durch steile Gras- und Schutthänge in die Larmkogelscharte (2933 m) empor.

Den Larmkogel erreicht man über den nach Norden führenden Blockgrat, dessen oberster Aufschwung erst nach links, dann rechts in die Ostseite hinein und zuletzt wieder nach links erkraxelt wird.
Von der Scharte führt der Steig in ähnlicher Weise wie schon beim jenseitigen Aufstieg durch Schutt und Hochweiden zur Thüringer Hütte (2212 m) hinunter. Der weitere Abstiegsweg quert zunächst noch freie Wiesen, schwindelt sich dann jedoch in vielen, z. T. mit Seilen und Stufen versehenen Serpentinen durch die Steilstufe des »Noitroi« ins Habachtal hinunter, wo man bald die Moaralm (1410 m) und das Gasthaus Alpenrose (1384 m) erreicht. Weiter wie bei Tour 7.

### Touristische Angaben

**Ausgangspunkt:** Hollersbach (807 m).
**Höhenunterschied:** 2200 m.
**Reine Gehzeit:** Hollersbach – Gasthof Edelweiß 2 Stunden; weiter bis zur Fürther Hütte 3½–4 Stunden; Aufstieg zur Larmkogelscharte 2½ Stunden (auf den Larmkogel und zurück 1 Stunde); Abstieg zur Thüringer Hütte 1½ Stunden; weiter zum Gasthaus Alpenrose 1½ Stunden und zum Gasthaus Habachklause 1½ Stunden.
**Ausrüstung:** Bergausrüstung; eventuell eine Reepschnur zum Sichern
**Einkehrmöglichkeit:** Senningerbräualm (1132 m, privat, 12 Lager, bewirtschaftet von Anfang Juni bis Mitte September); Gasthaus Edelweiß (1219 m, privat, 11 Betten, im Sommer bewirtschaftet); Fürther Hütte (2201 m, DAV, 16 Betten, 30 Lager, bewirtschaftet von Anfang Juli bis Mitte September); Thüringer Hütte (2212 m, DAV, 30 Betten, 52 Lager, bewirtschaftet von Ende Juni bis Mitte September); siehe auch Tour 7.
**Karten:** ÖK Nr. 152; AV Nr. 36; f&b Nr. 121.

***Was lebt denn da im Hintersee? Die Schautafeln des Lehrweges geben Auskunft für groß und klein.***

# 10 Wasserspiele unterm Felbertauern

## Ein vergnüglicher Abstecher durch die Schößwendklamm zum Hintersee

*Ausgefüllte Halbtageswanderung auf unschwierigen Wegen; ab der Schneeschmelze bis November.*

Die meisten Seen der Tauern stammen aus der Eiszeit – der Hintersee bei Mittersill nicht: Er wurde erst anno 1495 aufgestaut, als ein gewaltiger Bergsturz das Tal verschüttete. Gemeinsam mit zwei unübersehbaren Wasserfällen im Talschluß und der kleinen Schößwendklamm, die der Bach ein Stück weiter unten mit kunstvollen Felslöchern versehen hat, besitzt damit auch das Felbertal ein kleines Nationalparkrevier.
Ansonsten muß man hier oft beide Augen zudrücken: Der 1967 eröffnete Felbertauerntunnel ermöglicht zwar eine wintersichere Straßenverbindung vom Pinzgau nach Osttirol, hat aber das früher so entlegene Amertal nachhaltig verändert. Daneben schwingt sich eine monumentale Hochspannungsleitung über den 2481 Meter hohen Felber Tauern hinüber, während auf dem benachbarten Bergkamm Wolfram abgebaut wird.
Da stehen die beiden uralten Tauernhäuser fast ein wenig verloren neben der Zufahrtsstraße – als Relikte aus den Zeiten, in denen sich noch Saumzüge mit 20 oder 30 Pferden, jeweils bis zu 150 Kilo schwer mit Salz, Wein, Stoffen oder Gewürzen beladen, über den Tauern schinden mußten. Noch 1878 kamen auf dem gefürchteten Paß vier Männer, 104 Kühe, ein Pferd und 25 Ziegen in einem heimtückischen Schneesturm ums Leben. »Idyllisch« waren die Berge für die Menschen damals sicher nicht...

### Der Wegverlauf

Gleich nach der Brücke, mit der die Felbertauernstraße in der markanten Kurve hinter dem Wolframwerk den Felberbach überquert (1025 m), zweigt der alte Tauernweg ab. Er folgt dem Bach in die Schößwendklamm hinauf, überquert ihn bei der Schößwendalm (Tauernhaus Schößwend) und überquert vor dem Tauernhaus Spital (1169 m) die Zufahrtsstraße zum Hintersee. Auf dem »Alten Boden« oberhalb des Tauernhauses überschreiten wir die Straße und den Bach nochmals und wandern am jenseitigen Ufer über die letzte Talstufe zum Hintersee (1313 m) hinauf.
Eine Forststraße leitet zum nahen Gasthof Gamsblick am Südufer, während der mit 13 Schaupulten ausgestaltete Lehrweg beim Parkplatz am Nordufer seinen Ausgang nimmt und in einer weiten Schleife über den Almboden zu seinem Ausgangspunkt zurückführt.
Der Rückweg erfolgt wieder auf dem Tauernweg.

### Touristische Angaben

**Ausgangspunkt:** Felbertauernstraße, Bushaltestelle an der Abzweigung der Straße zum Hintersee.
**Höhenunterschied:** 300 m.
**Reine Gehzeit:** Aufstieg 1 ½ Stunden; Lehrpfad ¾ Stunden; Abstieg 1 Stunde.

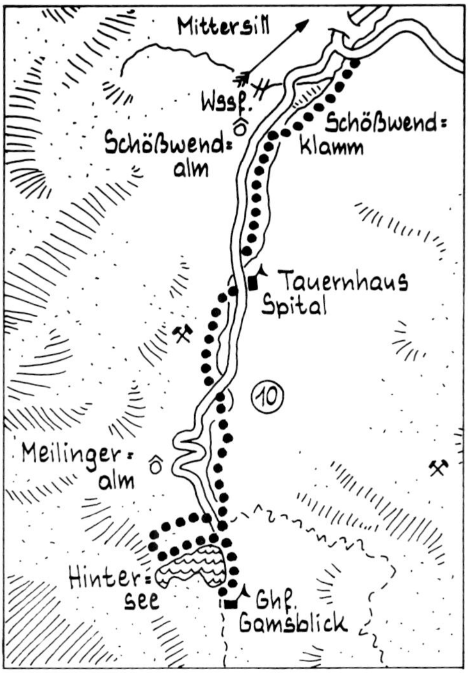

***Wie ein zeitgenössisches Kunstobjekt präsentiert sich diese vom Schößwendbach ausgewaschene Felsbrücke.***

**Ausrüstung:** Wandermontur.
**Einkehrmöglichkeit:** Tauernhaus Spital (1169 m, privat, 40 Betten, ganzjährig bewirtschaftet – das 1323 erstmals urkundlich erwähnte, noch weitgehend ursprünglich erhaltene Haus ist sehr sehenswert); Gasthof Gamsblick am Hintersee; Meilingeralm (knapp unterhalb des Sees nahe der Zufahrtsstraße gelegen; Milch und Almjause erhältlich).
**Karten:** ÖK Nr. 152; f&b Nr. 121 oder Nr. 382.
**Zusatzprogramm:** • Die »Windlöcher« bei der »Heidnischen Kirche« (1450 m; Klüfte in einem Bergsturz-Blockfeld) sind ein kurzes Ausflugsziel neben der Felbertauernstraße (Zugang vom Gasthaus Taimeralm, 20 Minuten). Jeden Dienstag wird eine Tour zum Plattachsee geführt. • Auf dem Weg zum Tauernhaus Spital werden auch »Nationalparkwanderungen zur Dämmerstunde« durchgeführt; Auskunft und Anmeldung im Tourismusbüro Mittersill. • Eine Führung durch das Schloß Mittersill – mit dem Schloßherrn! – oder ein Besuch im Nationalparkmuseum im dreistöckigen Felberturm aus dem 12. Jahrhundert (größte Sammlung im Nationalparkgebiet mit angeschlossenem Freilichtmuseum; zu sehen sind u. a. alte Werkstätten, Jagdwaffen und Mineralien). • In Mittersill werden eigene Kinderprogramme wie Indianerfeste, Kutschenfahrten oder Besuche im Bauernhof veranstaltet; Auskunft und Anmeldung im Tourismusbüro. • Eifrige Wanderer können beim »Mittersiller Wanderquiz« gewinnen. • Dampfzugfahrten mit der Pinzgauer Bahn (siehe Tour 1).

## 11 Alpines rund um das Alpinzentrum

35 Gletschern entgegen: Aus dem Stubachtal auf den Medelzkopf, zum Sonnblickkees oder in den Ödenwinkel.

*2 bis 3 Tage; weitgehend unschwierige Wanderwege in hochalpines Gelände (Wegvarianten mit gesicherten Abschnitten sind möglich); Juli bis Oktober.*

Heute kaum zu glauben, aber wahr: Die »Wiege« des Nationalparks stand einmal im Stubachtal. Wo heute Stromleitungen und Seilbahnen um die Wette surren, hat der »Verein Naturschutzpark Stuttgart-Hamburg« schon 1913 Grund und Boden erworben, um diese herrliche Landschaft mit ihren 35 Gletschern für alle Zeiten zu erhalten.
Doch es kam anders: Die stäubende Ache, die dem Tal seinen Namen gegeben hat, fiel der Eisenbahndirektion in Wien zum Opfer – der (einst natürliche) Weißsee und der Tauernmoossee wurden aufgestaut, zahlreiche Bäche verschwanden in Rohrleitungen. Daneben entstanden Seilbahnen und Lifte bis zum Alpenhauptkamm hinauf (die 1988 jedoch wegen mangelnder Rentabilität um sage und schreibe einen Schilling verscherbelt wurden). Und die alte Rudolfshütte mutierte zu einem überdimensionalen »Alpinzentrum« mit allem Komfort, das auch den Alpenverein bei vielen Naturschützern in Mißkredit gebracht hat. Immerhin beherbergt der Riesenbau nicht nur eine Bergsteigerschule, sondern auch wissenschaftliche Forschungseinrichtungen für Hochgebirgsmedizin und Gletscherkunde.
Von der Rudolfshütte aus ist es nicht mehr weit hinauf zum Kalser Tauern, einem uralten, aber nie besonders frequentierten Paßübergang. Dazu entstand in den letzten Jahren ein »Gletscher-Panoramaweg« zum wild zerborstenen Eis der ungleichen Felsbrüder Sonnblick und Granatspitze (3088 m bzw. 3086 m).
Einen besonders interessanten Pfad legten jedoch die Wissenschaftler der Universität Salzburg an: Er führt zum Ödenwinkelkees, einem langgezogenen, 2,1 Quadratkilometer großen und mit reichlich Schutt bestreuten Talgletscher unter den düsteren Nordwänden des Eiskögeles (3434 m) und des Johannisberges (3460 m). 15 markierte Haltepunkte begleiten uns auf dem Weg dorthin; sie dokumentieren das »Leben« und »Sterben« des Gletschers – von der Eisbodenlacke, in der sich die kalte Pracht noch um 1850 spiegelte, bis zur heutigen, 1,4 Kilometer weiter hinten gelegenen Gletscherstirn. Eine solche »Zeitreise« bleibt natürlich besonders dem Nachwuchs in guter Erinnerung – gurgelnde Bäche, abgelagerter Sand und Unmengen von glitzernden Steinen gestalten hier ja ein wahres Naturparadies, und mit etwas Glück finden Adleraugen vielleicht sogar einen Bergkristall oder einen Strahlstein!

### Der Wegverlauf

*Wanderwege zum Alpinzentrum*
Von der Talstation der alten, zum Tauernmoossee hinaufführenden Seilbahn auf dem Enzingerboden (1480 m) führt ein breiter, grün markierter Zubringerweg in vielen Kehren durch den steilen Bergwald und über das Sametjoch zur niedrigen, aber weitgeschwungenen Staumauer des Tauernmoossees (2048 m) hinauf. Von dort begleitet eine Straße (Nr. 711) das Westufer bis zur Niederen Scharte (2070 m). Nun wandern wir entweder rechts über den Vorderen und den Hinteren Schafbichl zum Alpinzentrum (2311 m) hinauf, oder links, noch am See entlang, bis zur Mündung des Ödenwinkelbaches, von wo der Steig oberhalb des Talbodens, zuletzt über die gesicherte »Steinerne Stiege«, zum Haus hinaufführt.
Für den Abstieg empfiehlt sich der Steig Nr. 715, der im Bereich der Seilbahn zum Grünsee (1712 m; schöner Gletschertopf am Nordufer) und von dort auf einer Forststraße zum Enzingerboden hinableitet.

*Auf den Medelzkopf*
Vom Alpinzentrum (2311 m) wandern wir zunächst südwärts in die Senke bei der kleinen Staumauer des Weißsees, nahe der Talstation des Medelz-Sessellifts. Nun entweder mit diesem oder zu Fuß auf einem guten

Steig (Nr. 711 bzw. Nr. 702) um den felsigen Stierbichl herum auf die Paßhöhe des Kalser Tauern (2515 m) und – links abzweigend – zur Medelzlacke bei der Bergstation. Der Gipfel (2761 m) wird über den schutt- und blockbedeckten Westhang erstiegen.
Der Abstieg erfolgt auf der gleichen Route.

*Der Panoramaweg zum Sonnblickkees*
Diese Route ist rot-weiß und grün markiert. Vom Alpinzentrum steigt man wie oben zum Seeufer ab, das nun im Süden umgangen wird. Nach einer Bachquerung führt der Steig in Serpentinen über einen Schutthang ins

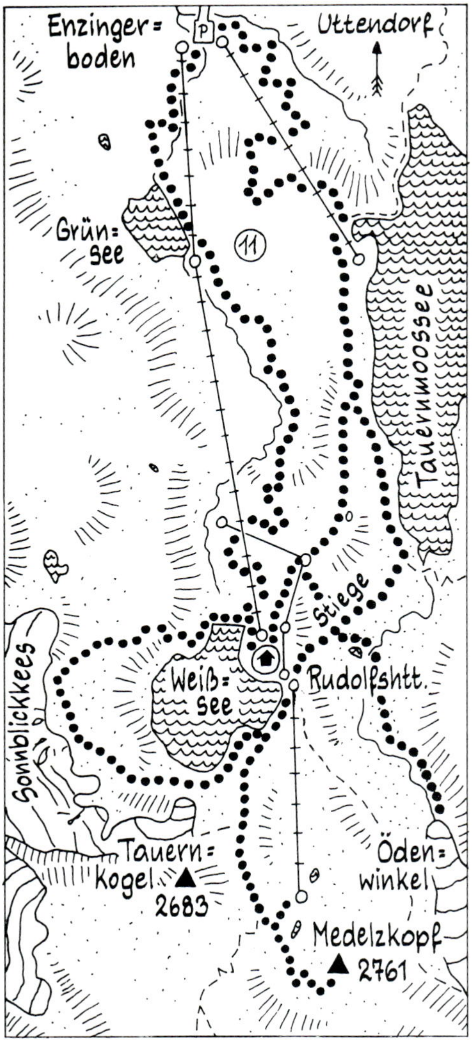

***Die hochalpine Welt rund um das Alpinzentrum: Von links nach rechts geben sich der Kalser Bärenkopf, die Granatspitze, der Stubacher Sonnblick und das Hochfilleck die Ehre. Der Wasserfall ist übrigens ein künstlicher Überlauf des aufgestauten Weißsees.***

Gletschervorfeld hinauf. Der Gletscherbach wird überquert; dann geht es dem Eisrand entlang – vorbei an Tümpeln und Gletscherschliffen – zum höchsten Punkt des Weges auf ca. 2500 m. (Tafel mit der Aufschrift »Ende des ausgebauten Weges«.) Der Rückweg erfolgt nun auf der gleichen Route; Geübte können auch direkt zur Staumauer des Weißsees absteigen, wo der »Hans-Gruber-Weg« auf Leitern die steilen, felsdurchsetzten Hänge überwindet. Vom jenseitigen Ende der Staumauer wandern wir in Kürze zum Alpinzentrum hinauf.

*Der Gletscherweg zum Ödenwinkelkees*
Vom Alpinzentrum wandern wir über den nahen Schafbichl (herrlicher Blick zum Ödenwinkelkees und zum Johannisberg, 3453 m) oder auf der gesicherten »Steinernen Stiege« zur Eisbodenlacke (2068 m) hinunter. Nun werden der Gletscherbach und eine alte Staumauer überschritten; in der Folge leitet der Steig durch den Talgrund bis zum Gletscher (2150 m) hinauf. Achtung: Im möglicherweise vorhandenen Gletschertor besteht Einsturzgefahr; vom Gletscherrand können Steine herabkollern!
Der Rückweg erfolgt auf der gleichen Route, wobei man oberhalb der Eisbodenlacke auch auf dem Weg Nr. 711 zur Niederen Scharte (2070 m) oberhalb des Tauernmoossees und von dort zur Mittelstation am Grünsee oder direkt zum Enzingerboden absteigen kann.

**Touristische Angaben**

**Ausgangspunkt:** Enzingerboden (1480 m; Busverbindung von Uttendorf; Seilbahn zum Alpinzentrum).
**Höhenunterschiede:** Enzingerboden – Alpinzentrum 850 m; auf den Medelzkopf 450 m; Gletscherpanoramaweg zum Sonnblickkees 300 m; Gletscherweg zum Ödenwinkelkees 300 m.
**Reine Gehzeit:** Aufstieg zum Alpinzentrum 2½–3 Stunden; auf den Medelzkopf (ohne Liftbenützung) 1½ Stunden; Gletscherpanoramaweg (hin und zurück oder Rundtour) 1½ Stunden; Gletscherweg 2–3 Stunden.
**Ausrüstung:** Wandermontur.
**Einkehrmöglichkeit:** Alpinzentrum Rudolfshütte (2311 m, ÖAV, 214 Betten, 56 Lager,

bewirtschaftet von Anfang Juni bis Mitte Oktober und von Anfang Dezember bis Mitte Mai); Gasthaus am Grünsee (Seilbahn-Mittelstation; 1742 m).
**Karten:** ÖK Nr. 153; AV Nr. 39; f&b Nr. 122.
**Hinweis:** Eine naturkundliche Begleitpublikation über den Gletscherweg (in Form einer interessanten Luftbild-Karte mit Erläuterungen) ist im Alpinzentrum bzw. im Tourismusbüro oder in der Nationalpark-Informationsstelle in Uttendorf erhältlich.
**Zusatzprogramm:** • In der Nationalpark-Informationsstelle am Uttendorfer Badesee ist eine Ausstellung über naturkundliche und historische Besonderheiten des Stubachtals zu sehen. • Der Wiegenwald, ein unberührtes Nationalpark-Sonderschutzgebiet, in dem sich die Gletscherberge zwischen zerzausten Zirben in Moortümpeln spiegeln, darf nur im Zuge von Führungen betreten werden; Auskunft und Anmeldung im Tourismusbüro oder in der Nationalpark-Informationsstelle.
• Dampfzugfahrten mit der Pinzgauer Bahn (siehe Tour 1).

## 12 Kaprun – einmal unten

### Spaziergänge ins Filzmoos oder in die Siegmund-Thun-Klamm

*Zwei kurze Ausflüge, die auch zu einer strammen Halbtageswanderung zusammengefaßt werden können; breite Wege im Nahbereich des Ortes; außer bei Schneelage immer begehbar.*

Kaprun – ein Synonym für Wasserkraft und Fremdenverkehr! Das einstige Bergbauerndorf präsentiert sich heute im Spannungsfeld zwischen Natur, Dorfkultur und Technik, als geschäftiger Touristenmagnet zwischen Hochgebirge und Hochspannungsleitung. Trotzdem lohnt es sich, hier auch einmal nach den »Ruhepolen« zu suchen.
So kennen wohl nur Stammgäste das Kapruner Filzmoos, ein verschilftes Flachmoor, das durch die Verlandung eines Sees entstanden ist. Zehn Jahre lang hat es der Österreichische Naturschutzbund durch Pacht vor der Zerstörung bewahrt; nunmehr ist es auch »offiziell« geschützt. Ein Tip: Wenn bei Regenwetter die Nebelschleier durch das Moorwäldchen zur Kapruner Burg hinaufkriechen und der Papa vielleicht noch ein paar Gespenstergeschichten zum besten gibt, liegt wohliges Gruseln in der Luft; bebilderte Tafeln geben uns dazu noch naturkundliches »Know-how« mit nach Hause.
Auch die Sigmund-Thun-Klamm empfiehlt sich für einen Schlechtwetterbesuch. Der runde Bürglkopf, auf dem die Ur-Pinzgauer schon in der frühen Bronzezeit hausten, drängt die Kapruner Ache in eine kleine Schlucht, wo das (heute vom Kraftwerk reduzierte) Wildwasser Kolke und Höhlen aus dem Schiefer gewaschen hat. Der im 19. Jahrhundert angelegte Klammsteig soll wieder begehbar gemacht werden; ein oberhalb angelegter Weg gibt ebenfalls Einblicke in den finsteren Schlund frei.

### Der Wegverlauf

*Ins Filzmoos*
Aus dem Kapruner Ortszentrum (786 m) durch die Augasse spazieren und dann auf einer Forststraße dem rechten Ufer der Kapruner Ache entlang bis zu ihrer Mündung in die Salzach. Dort beginnt ein Weg, der entlang der Salzach nach Osten bis zum Beginn des Filzmooses führt. Scharf nach rechts abbiegend, folgen wir ein kurzes Stück einer Forststraße, bis links der Filzmoosweg abzweigt. Dieser führt nach Süden durch das Moor und – vorbei an der Burg mit ihrer barocken Kapelle – wieder in den Ortsbereich zurück. Der Zugang zum Moor kann auf dem »Brunnwiesenweg«, der östlich des Ortszentrums (knapp vor der Pension Häuslhof) links von der Schloßstraße abzweigt, auch abgekürzt werden.

*Durch die Sigmund-Thun-Klamm*
Vom Ortszentrum (786 m) wandern wir auf der Schulstraße und dem Achenweg taleinwärts zu den Kraftwerksgebäuden am Fußpunkt der Maiskogel-Druckrohrleitung. Im hintersten der Gebäude ist eine Kraftwerks-Ausstellung zu besichtigen; genau davor führt ein Steg über die Ache. Jenseits schlen-

***Kaprun einmal anders: Das alte Burggemäuer am Rand des geschäftigen Ortes.***

dern wir nach rechts zur Klamm hinein. Der Steig windet sich in Serpentinen höher und mündet in den Zugangsweg von der Maiskogel-Seilbahn, der die Schlucht auf einer hohen Brücke überquert und kurz darauf die »Wasserfall-Staumauer« des Klammsees erreicht (unterhalb davon führt ein Steg über den Bach; Zugang zur Kapruner Straße möglich). Den Stausee und die Ache entlang wandern wir weiter bis zum Gasthaus Wüstelau (871 m). Die Rückkehr erfolgt auf der gleichen Route oder per Bus.

## Touristische Angaben

**Ausgangspunkt:** Kaprun (786 m).
**Höhenunterschied:** Im Filzmoos praktisch keiner; durch die Siegmund-Thun-Klamm nicht einmal 100 m.
**Reine Gehzeit:** Filzmoos-Rundweg je nach Wegwahl 2–3 Stunden; durch die Klamm 1½–2 Stunden.
**Ausrüstung:** Feste Schuhe sind empfehlenswert.
**Einkehrmöglichkeit:** Gasthöfe und Cafés in Kaprun.
**Karten:** ÖK Nr. 123 und Nr. 153; f&b Nr. 382 oder Nr. 193.
**Zusatzprogramm:** • Auf der renovierten Kapruner Burg wird ein reichhaltiges Kulturprogramm geboten, u. a. werden Konzerte, Kabarettabende, Theateraufführungen, Lesungen und Kinderfeste und der »Kapruner Hagmoar« mit lustigen, traditionellen Bewerben wie Armbrustschießen, Saututten-Stechen oder Schwanzlbaum-Gehen veranstaltet. • Ein Besuch im Kapruner Heimatmuseum (im Hetzwarterpark) und in der Nationalpark-Informationsstelle (im Hetzhäusl). • Im nahen Zell am See werden im Sommer Trachten- und Seefeste abgehalten; im historischen Vogtturm ist das Stadtmuseum untergebracht. • Dampfzugfahrten mit der Pinzgauer Bahn (siehe Tour 1).

# 13 Wasserkraft zwischen Kees und Käse

## Eine Stausee-Promenade zum Karlingerkees – und ein Alpenblumen-Abstieg zur Ebmattenalm

*1 Tag; mit Ausnahme eines kurzen ausgesetzten und gesicherten Wegabschnitts über dem Mooserboden-Stausee unschwierige Steige (keinesfalls bei Schneelage gehen); Juni bis Oktober.*

Die Sensationen stehen im Prospekt: Zwei gewaltige Staumauern speichern insgesamt beinahe 170 Millionen Kubikmeter Wasser, mit dem 650 Millionen Kilowattstunden Strom im Jahr produziert werden. Bisher haben mehr als sieben Millionen Besucher per Bus und Schrägaufzug die Kraftwerksanlagen im Kapruner Tal besucht – begeistert wohl von der vergletscherten Dreitausender-Kulisse (Wiesbachhorn, 3564 m, Klockerin, 3425 m, Bärenköpfe, 3396 m und 3358 m, Hohe Riffel, 3338 m, Hocheiser, 3206 m, und Kitzsteinhorn, 3203 m) und fasziniert von der monumentalen, verglichen mit anderen Großkraftwerken geradezu landschaftsangepaßten Ingenieursleistung. Vielleicht denken manche auch an die vielen Toten beim Bau oder an die unersetzliche Naturlandschaft, die unter den Fluten und mit den abgeleiteten Bächen verlorengegangen ist?
Sehenswert ist die Umgebung der Stauseen, die eigentlich recht ruhig geblieben ist. Am Südostufer des Mooserboden-Stausees führt ein wahrer Promenadenweg entlang, der jedoch gleich hinter der Staumauer mit den absturzbereiten Hängegletschern des Wiesbachhorns (3564 m) und einer seilgesicherten Felspassage Magenkribbeln vorprogrammiert. Hinter dieser Hürde wartet jedoch allerhand Interessantes auf uns: das blauschillernde Bärenkopfkees mit seinem spritzenden Gletscherbach, viele Moränenblöcke zum Herumkraxeln und ganz zum Schluß ein hautnahes Gletschererlebnis: da schickt das Karlingerkees seine zerhackten Eiskaskaden und »unterirdischen« Wasserfälle über eine Felswand bis zum Talboden herunter!
Viel weniger dramatisch ist dagegen der »Alpenblumensteig« von der Moosersperre zur Ebmatten- oder Fürther Moaralm, auf der sogar noch gebuttert und gekäst wird – welch ein Kontrastprogramm gegen das viele Eis und dem ausufernden Beton rundum!

### Der Wegverlauf

*Zum Karlingerkees*
Nach der Überquerung der Mooser- und der Drossensperre (2040 m) müssen wir (auf Trittbrettern) eine Absperrung übersteigen. Dann folgen wir der Markierung Nr. 717 durch abgestürztes Blockgewirr in die sandige Mulde unter dem Klockerinkees (nicht stehenbleiben – Eisschlaggefahr!), steigen kurz durch Moränenschutt an und queren eine ausgesetzte, seilgesicherte Felspassage. Ab hier folgt der Steig ohne Hindernisse und ziemlich eben dem Seeufer bis zur Einmündung des Baches, der im nahen, großartigen Talschluß dem Karlingerkees entspringt. Jenseits des Steges über den Karlingerbach kann man auf dem Steig beliebig weit durch die »Wintergasse« bis zum Kapruner Törl (2639 m) aufsteigen.
Der Rückweg erfolgt auf der gleichen Route.

*Der Alpenblumenweg zur Ebmattenalm*
Vom Busparkplatz beim Restaurant Heidnische Kirche an der Moosersperre (2040 m) führt der beschilderte Steig in Serpentinen durch Wiesenhänge abwärts, benützt kurz die Zufahrtsstraße und leitet zum Schluß durch die sanft geneigten Weidehänge zur Alm hinunter (1805 m; Bushaltestelle).

### Touristische Angaben

**Ausgangspunkt:** Restaurant Heidnische Kirche (Moosersperre, 2040 m). Zufahrt von Kaprun bzw. vom Parkplatz beim Kesselfall-Alpenhaus (1034 m) nur mit Bussen und mit dem spektakulären Lärchwand-Schrägaufzug.

***Gleich oberhalb des Mooserboden-Stausees hängen drohende Gletscherzungen von den Dreitausendern herab – im Bild die Zunge des Bärenkopfkeeses.***

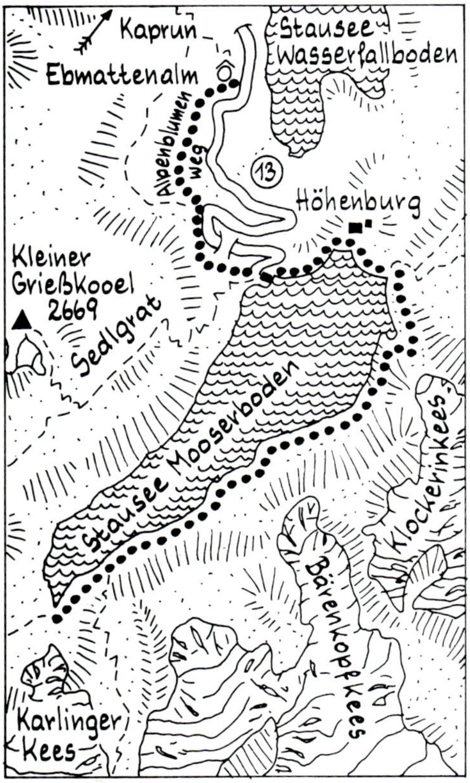


**Höhenunterschied:** Entlang des Stausees ca. 50 m; im Abstieg zur Ebmattenalm 250 m.
**Reine Gehzeit:** Zum Karlingerkees und zurück 3 Stunden; zur Alm 45 Minuten.
**Ausrüstung:** Wandermontur; eventuell eine Reepschnur zum Sichern.
**Einkehrmöglichkeit:** Restaurant Heidnische Kirche (2040 m); Ebmatten- oder Fürther Moaralm (1805 m, privat, Jausenstation mit Nächtigungsmöglichkeit, im Sommer bewirtschaftet).
**Karten:** ÖK Nr. 153; AV Nr. 40;f&b Nr. 382 oder Nr. 122.
**Zusatzprogramm:** • Wer noch höher hinaus will, sei auf das Heinrich-Schweiger-Haus am Wiesbachhorn (2802 m, ÖAV, 14 Betten, 64 Lager, bewirtschaftet von Mitte Juni bis Anfang Oktober, Zugang von der Drossensperre auf dem Steig Nr. 718 in 2½ Stunden) verwiesen. • Jeden Dienstag wird eine geführte Tour auf den Sedlgratkopf angeboten. Auskunft und Anmeldung im Tourismusbüro Kaprun.

## 14 Wo die Hexen tanzten

### Die stille Ecke des Kitzsteinhorns: Weite Kare und ein luftiger Grat vom Skizirkus zum Maiskogel

*Tagestour auf gut angelegtem, aber stellenweise luftigem Steig (nicht bei Nebel oder Schneelage gehen); Juli bis Oktober.*

Es ist noch gar nicht so lange her, daß die Bergbewohner felsenfest davon überzeugt waren, da oben auf den Gipfeln und Gletschern würden allerlei böse Geister, verlorene Seelen oder Hexen ihr Unwesen treiben. Bei einem Hexenprozeß anno 1575 schwor

beispielsweise ein Hirte Stein und Bein, er hätte Hexen gesehen, wie sie auf ihrem Besen geflogen seien und Gletschereis zu Hagelkörnern zerschlagen hätten – der Bramberger Pfarrer und seine Köchin starben daraufhin wegen »Wettermacherei« auf dem Scheiterhaufen.

Es braucht im Hochgebirge tatsächlich wenig Phantasie, um bei Nebeltreiben oder Schneesturm Gespenstisches zu sehen. Als ich zum ersten Mal auf das 3203 Meter hohe Kitzsteinhorn kam, zogen auch gerade Wolkenschleier um das Schmiedingerkees – ich erschauerte aber erst, als ein Windstoß den grauen Vorhang teilte: Da war die wilde Jagd unterwegs – zwar nicht auf fliegenden Besen, aber dafür auf schmalen Bretteln, mit kreuz

***Sommerlicher Neuschnee verwandelt das Wiesbachhorn in einen Himalayariesen. Der Höhenweg von der Krefelder Hütte zum Maiskogel bringt die Szenerie des Kapruner Tals besonders schön und luftig zur Geltung.***

und quer über den Gletscher gespannten Liften, über die höchste Seilbahnstütze der Welt und in Form einer Warteschlange vor der Gondelkasse.

Im oberen Bereich des 3203 Meter hohen Kitzsteinhorns hat sich also ein Gletscherskizirkus etabliert, während sein unteres »Eck«, der Kapruner Maiskogel, neben der Druckrohrleitung der Tauernkraftwerke ebenfalls mit Seilbahnen und Liften erschlossen wurde. Dazwischen blieb jedoch ein stilles Na-

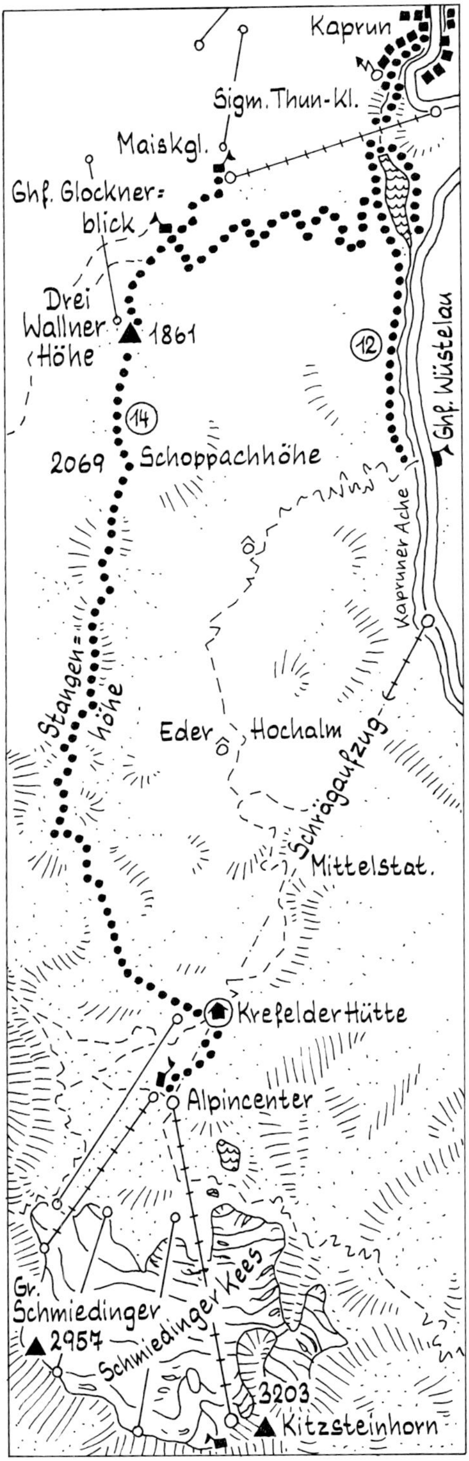


turrevier von besonderer Schönheit erhalten: Vor der »Skyline« der Glocknergruppe verbergen sich hier grüne Abenteuerwinkel mit duftenden Kräuterwiesen und putzigen Mini-Schluchten, zwischen denen Schafe blöken und Murmeltiere pfeifen. Für Spannung sorgt der anschließende, recht luftige Gratsteig genauso wie der vermutlich höchstgelegene Elektro-Weidezaun der Alpen – wir sind ja schließlich in Kaprun! Zuletzt erwartet uns noch eine prächtige Vogelschau auf den Zeller See und die bayerisch-salzburgischen Kalkalpen, und wer den südlichen Horizont ganz genau absucht, weiß bald, warum das Gasthaus am Maiskogel »Glocknerblick« heißt.

## Der Wegverlauf

Von der Bergstation des Kitzsteinhorn-Schrägaufzugs beim Alpincenter Kaprun (2446 m) empfiehlt sich zunächst der kurze Anstieg auf den Moränenhügel vor dem Schmiedingerkees (ca. 2500 m; schöner Blick auf das Kitzsteinhorn). Dann wandern wir auf dem Steig Nr. 719 zur nahen Krefelder Hütte (2293 m) hinunter. Ab hier wenden wir uns auf dem Enzingerweg (Nr. 10) nach Norden und durchqueren die Weidehänge unterhalb des Tristkogels (2642 m) im stetigen Auf und Ab bis zur Stangenhöhe (2212 m) hinüber. Deren (gesicherte) Grathöhe wird überschritten; dann schlängelt sich der Steig – mehrmals bergab, doch stellenweise ausgesetzt und mit ordentlichem Tiefblick – durch die Ostflanke des Graskammes bis zur Schoppachhöhe (2069 m) hinüber. Ab hier ist das Gelände wieder harmlos und leitet uns, vorbei am Kreuz auf der Dreiwallnerhöhe (1861 m), zum Gasthaus Glocknerblick (1659 m) und zur Seilbahnstation auf dem Maiskogel (1540 m) hinunter. Zuletzt geht es zu Fuß oder mit der Gondel nach Kaprun zurück.

## Touristische Angaben

**Ausgangspunkt:** Alpincenter Kaprun (2446 m), erreichbar mit dem Schrägaufzug (Gletscherbahn; Zufahrt von Kaprun mit dem Bus möglich) oder zu Fuß vom Gasthaus Wü-

stelau (871 m) im Kapruner Tal auf dem Steig Nr. 711 (4 Stunden).
**Höhenunterschied:** Alpincenter – Maiskogel ca. 100 m im Aufstieg und 1000 m im Abstieg; nach Kaprun weitere 750 m Abstieg.
**Reine Gehzeit:** Alpincenter – Maiskogel 2½ Stunden, bis Kaprun zusätzlich 1½–2 Stunden.
**Ausrüstung:** Wandermontur; eventuell eine Reepschnur zum Sichern.
**Einkehrmöglichkeit:** Restaurant im Alpincenter (2446 m); Krefelder Hütte (2293 m, DAV, 35 Betten, 70 Lager, außer im Juni und bei Schlechtwetter im Oktober ganzjährig bewirtschaftet); Gasthaus Glocknerblick (1659 m) und Gasthaus bei der Seilbahnstation am Maiskogel (1540 m; beide im Sommer bewirtschaftet).
**Karten:** ÖK Nr. 153; f&b Nr. 382 oder Nr. 122.

## 15 Die Tauernbären an der Glocknerstraße

### Durch den Wildpark Ferleiten

*Ein kurzer Ausflug für alle; geöffnet von Mai bis November.*

Hier wird Ihnen kein Bär aufgebunden: Tiere, die in den Hohen Tauern heimisch sind oder waren, können Sie beim traditionsreichen Gasthof Lukashansl in Ferleiten beobachten: Direkt an der Großglockner-Hochalpenstraße, vor der gletscherweißen Gipfelkulisse des Fuscher Tals, wurde ein Wildpark angelegt. Besonders Ihre kleinen Begleiter werden mit Begeisterung zwischen all den Hirschen, Gemsen und Steinböcken herumspazieren. Wildschweine, Wölfe und Wisente werden lieber mit etwas Respektabstand bewundert. Der ist auch bei den Braunbären angebracht. Vielleicht suhlt sich Meister Petz gerade in seinem Wasserbecken – gut, daß er nicht weiß, daß sein letzter (allerdings eingewanderter) Vorfahre erst 1971 drüben im Osttiroler Matrei erschossen wurde!
Ob der Waschbär so fern der Heimat in seinem kleinen Kobel recht glücklich ist? Auch der Luchs würde wahrscheinlich lieber im Wald jagen, als hinter Gittern herumzulungern... Den possierlichen Meerschweinchen sind beengte Wohnverhältnisse vermutlich kein so großes Problem. Sie entzücken allerdings nicht nur Kinderherzen: Auch die angebundenen Greifvögel freuen sich zweimal täglich über diese leichte Beute...

### Der Wegverlauf

Der breit angelegte Weg führt in zwei großen Schleifen durch den Wildpark, wobei sich vom Ententeich ein besonders schöner Blick zum Fuscherkarkopf (3331 m) und zum Sinwellecks (3261 m) eröffnet.

### Touristische Angaben

**Ausgangspunkt:** Gasthof Lukashansl (1151 m), direkt vor der Mautstelle der Glocknerstraße gelegen.
**Höhenunterschied:** Nicht nennenswert.
**Reine Gehzeit:** 1 Stunde.
**Ausrüstung:** Nichts Besonderes nötig.
**Einkehrmöglichkeit:** Restaurant beim Wildpark.
**Karten:** ÖK Nr. 153; f&b Nr. 193 oder Nr. 122.
**Hinweis:** Ein handlicher Naturführer über das Fuscher Tal ist im Andenkenladen bei der Kasse oder im Tourismusbüro Fusch erhältlich.
**Zusatzprogramm:** • Entlang der Großglockner-Hochalpenstraße empfehlen sich einige interessante Rastplätze: Beim Gasthof Piffkar (1633 m; auch Bushaltestelle) wurde ein Panorama-Lehrweg mit Informationstafeln angelegt (Gehzeit 30 Minuten) und eine Ausstellung über den Bergwald gestaltet; beim Parkplatz Hochmais (1853 m) informieren Schaupulte über naturkundliche Besonderheiten der Umgebung; im Naßfeld (2270 m) entstehen in der »Eduard-Paul-Tratz-Forschungsstelle« ein Informationszentrum und ein Museum; der Aussichtsturm auf der Edelweißspitze (2572 m; Zugang vom Fuscher Törl, 2400 m, in 20 Minuten) beherbergt eine Nationalpark-Informationsstelle; beim Parkplatz am Elendboden (2400 m) befindet sich eine geologische Informationsstelle mit einer Ausstellung typischer Gesteine.

## 16 Teufelskees und Boggenei

### Gletscherschau'n im Schatten des Wiesbachhorns: Ein Ausflug zur Schwarzenberghütte

*1½ bis 2 Tage, unschwieriger Steig in hochalpines Gelände; Juli bis Oktober.*

Das innere Fuscher Tal, auch Ferleitental genannt, ist eine Gegend voller Wunder. Unterschiedlichste Gesteine bauen hier eine vielfältige Gipfelwelt auf: Das 3564 Meter hohe Wiesbachhorn besteht beispielsweise aus eisenhartem Grünschiefer; sein Gipfel überragt den Talboden um mehr als 2400 Meter und hält damit den Rekord in den Ostalpen. Die benachbarten Dreitausender – etwa der Fuscherkarkopf (3331 m) mit seinem »Zwilling«, dem Sinwelleck (3261 m), der markante »Tafelberg« der Hohen Dock (3348 m) oder der nördlich benachbarte, riesenhafte Hohe Tenn (3368 m) – sind wiederum zum Teil aus weichen Glimmerschiefern aufgebaut, deren hauchdünne Schichten zum Schrecken aller Bergsteiger so leicht verwittern, daß sie mancherorts sogar der Wind formt. Dazwischen kommen auch Kalkfelsen und Marmorbänder vor.

Diese geologische Vielfalt prägt auch das wertvollste Schmuckstück des Tals, das Rotmoos. Das »erst« ein paar tausend Jahre alte Kalk-Niedermoor, in dessen Tümpeln sich roter Eisenocker abgelagert hat, läßt so wunderschöne Pflanzen wie Knabenkräuter, Sonnentau oder Fieberklee gedeihen – solange die Krone der Schöpfung nicht alles kaputtmacht. Damit es also nicht intensiv beweidet wird oder überhaupt gleich unter einem Stausee verschwindet, hat es der Österreichische Naturschutzbund gepachtet. Aber auch wohlmeinende Fotografen mögen das Moor bitte nicht betreten, denn das Umfeld der Orchideen ist äußerst empfindlich!

Da hält das Umfeld der 22 Gletscher im Fuscher Tal schon mehr aus. Im Gegenteil – die eisigen Dinger verhalten sich manchmal selbst nicht ganz anständig: Im Sommer 1945 schickte das Nördliche Bockkarkees zum Beispiel mehrere Millionen Kubikmeter Eis in die Tiefe, das, in tausend Stücke zerschellt und eine ungeheure Luftdruckwelle vor sich herblasend, noch die hintersten Almen erreichte. Solche Eisstürze kommen hier immer wieder vor; der letzte donnerte in der Nacht vom 5. auf den 6. Oktober 1979 bis auf 1400 Meter Seehöhe hinunter. Einer dieser Gletscher, das kleine Boggeneikees, »lebt« überhaupt nur von Lawinenschnee und vom oberhalb »kalbenden« Teufelsmühlkees. Mit seinem Gletscherende auf 1900 Metern Seehöhe ist es das tiefstgelegene Eisfeld der Ostalpen. Und auch unser heutiges Tourenziel, die Mainzer- oder Schwarzenberghütte, hat bereits Bekanntschaft mit dem weißen Segen gemacht: Seit der Eröffnung im Jahr 1897 wurde die Schutzhütte mehrmals von Lawinen niedergewalzt; in ihrer jetzigen Form ist sie erst wieder seit 1987 geöffnet. Der Weg dorthin »zieht« sich zwar ein bißchen, vermittelt aber Eindrücke, die niemanden kaltlassen: Da klagen umgebogene Bäume ihr Lawinenleid, dort verwehen die Schleier eines Wasserfalls im Nichts, und hoch oben wälzt sich das Sandbodenkees wie ein eisgewordenes Ungeheuer über die Felsen. Die »Eichhornruhe«, die etwa Halbzeit markiert, bietet sich fürs Familienpicknick an – frisches Wasser ist in der Nähe, und der Rundblick macht selbst den letzten Wurstzipfel zum Festmahl!

### Der Wegverlauf

Vom Tauerngasthof Ferleiten (1151 m) marschieren wir zunächst gut 2 km auf der Forststraße nach Süden, bis bei der Vögerlalm die Route zur Schwarzenberghütte rechts abzweigt. Ab hier führt der Steig Nr. 727 durch Grünerlenbestände und freie Almwiesen zum Tümpel bei der »Eichhornruhe« (1722 m) hinauf. Dann geht es in vielen Serpentinen durch steileres Gelände zum Schutzhaus (2269 m) hinauf, wobei der Gletscherbach des Hochgruberkeeses überquert wird. Der Abstieg erfolgt auf der gleichen Route.

***Der Bergkönig im Fuscher Tal: das Wiesbachhorn mit seinen Wandfluchten und Gletschern – darunter das tiefgelegene Boggeneikees (in Bildmitte).***

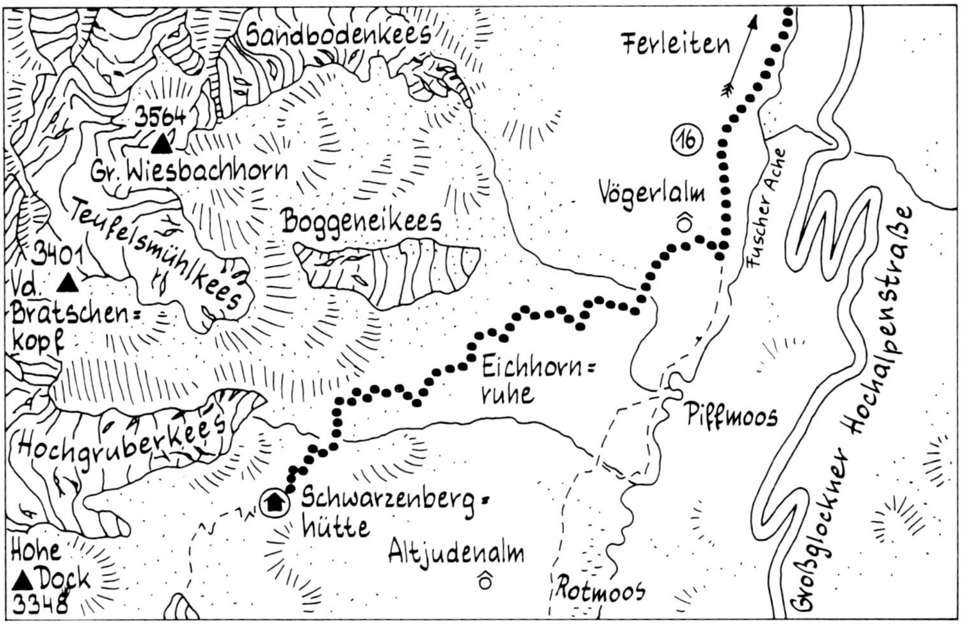


### Touristische Angaben

**Ausgangspunkt:** Tauerngasthof Ferleiten (1151 m).
**Höhenunterschied:** 1150 m.
**Reine Gehzeit:** 3½ Stunden im Aufstieg, 2½ Stunden im Abstieg.
**Ausrüstung:** Wandermontur.
**Einkehrmöglichkeit:** Schwarzenberghütte (2269 m, ÖAV, 35 Lager, bewirtschaftet von Anfang Juli bis Ende September).
**Karten:** ÖK Nr. 153; AV Nr. 40; f&b Nr. 122 oder Nr. 193.
**Hinweis:** Naturkundlicher Führer s. Tour 14.
**Zusatzprogramm:** • Für Geübte lohnt sich der Weiterweg zum aussichtsreichen Remsschartl (2369 m; 1 Stunde). • Durch wunderschönes Gelände führt auch die Tour von Fusch (813 m) dem (leider für die Kapruner Kraftwerke angezapften) Hirzbach entlang zur Gleiwitzer Hütte (2176 m, DAV, 15 Betten, 67 Lager, bewirtschaftet von Mitte Juni bis Ende September, Zugang 3–4 Stunden). Von dort ist der berühmte Aussichtsgipfel des Imbachhorns (2470 m) in 1 Stunde zu erreichen. • Jeden Mittwoch wird eine Almwanderung ins hintere Fuscher Tal geführt; Treffpunkt jeweils um 9.00 Uhr bei der Mautstelle in Ferleiten. Auskunft: Tourismusbüro Fusch.

## 17 Die enge Pforte der Rauris

### Durch die märchenhafte Kitzlochklamm

*½ Tag; gut angelegter und abgesicherter, aber stellenweise steiler Schluchtweg über Holzstege und -treppen; Mai bis November (am schönsten ist die Durchquerung während der Schneeschmelze im Frühsommer, ansonsten rinnt wegen der Ableitung für ein Kraftwerk meist nur wenig Wasser).*

An einem brennend heißen Tag schultern drei Gestalten mitten im Salzachtal ihre nicht gerade kleinen Rucksäcke – an einer Stelle, an der das heutzutage vermutlich nicht mehr oft geschieht: In der Bahnhaltestelle »Kitzlochklamm«. Wir wollten auf den Sonnblick, und die Schlucht der Rauriser Ache erschien uns dafür als das schönste Eingangstor –

***Wenn droben am Sonnblick der Schnee schmilzt, donnert die Rauriser Ache besonders eindrucksvoll durch die Kitzlochklamm.***

nicht nur, weil es dort so schön kühl war, sondern weil sie voller Überraschungen steckt!
Da braust zum Beispiel gleich hinter dem Klammbeginn ein turmhoher Wasserfall auf, da öffnet eine Tropfsteinhöhle ihr Maul (wenn Ihre Sprößlinge eine Taschenlampe mit dabeihaben, können Sie sich vor dem Portal getrost auf längere Landschaftsbetrachtungen einstellen), und inmitten der »Teufelsschlucht« will der bizarre, sogar mit einem Kreuz gekrönte Ederspitz bewundert werden.
Aufmerksame Wanderer entdecken im Wasser einen Riesenstein, der mit einem Edelweiß bemalt wurde, oder in der gegenüberliegenden Felswand die Reste von Bergwerksanlagen, die aus der Römerzeit stammen sollen. Aber auch direkt neben dem Weg gibt es Unterirdisches zu sehen: zwei Versuchsstollen aus den Jahren 1553 und 1640 sowie eine »Klause« mit einer ausgehöhlten »Waschküche«, in der sogar ein Kupferkessel erhalten blieb. Eine Tafel erzählt, daß hier 1913 der letzte Einsiedler von Rauris gestorben ist.
Das schlimmste Unglück passierte hier jedoch am 29. Juli 1974; an diesem Tag stürzten 24 deutsche Kinder und zwei Begleitpersonen in die Schlucht – sie hatten sich gerade für ein Foto zusammengestellt, als der Steg unter ihnen einbrach. Für acht Mädchen kam jede Hilfe zu spät.
Der Klammweg wurde mittlerweile um fast zwei Millionen Schilling ausgebaut; doch das Gedenkkreuz am oberen Ende der Schlucht, gleich hinter dem Kitzloch, das der Klamm seinen Namen gegeben hat, entläßt uns noch heute recht nachdenklich.

## Der Wegverlauf

Vom Gasthaus bei der Mündung der Rauriser Ache in die Salzach (696 m) folgen wir zunächst der kurzen, steilen Straße oberhalb des Kraftwerks taleinwärts zum unteren Klammende (Jausenstation; für die Begehung wird eine kleine Gebühr erhoben). In der Folge führt der Steig großenteils über abgesicherte Stege und steile Holzstiegen durch die Klamm, wobei auch zwei Tunnels zu durchqueren sind. Oberhalb der Teufelsschlucht teilt sich der Weg: Links geht es ein kurzes Stück zur Klause und weiter zum Aussichtspunkt der »Embacher Rast«; weiter taleinwärts gelangt man durch das Kitzloch zur Kassahütte am oberen Klammeingang (ca. 800 m).
Ab hier wandert man entweder wieder durch die Klamm oder über die Embacher Rast zum Ausgangspunkt zurück; weiter taleinwärts führt der fast ebene Weg Nr. 110 (A1) die Ache entlang zum Gasthof Ager an der Rauriser Straße (892 m) oder noch weiter bis Rauris (948 m).

## Touristische Angaben

**Ausgangspunkt:** Das Gasthaus bei der Mündung der Rauriser Ache (696 m). Zufahrtsmöglichkeit von Taxenbach: kurzer Zugang von der gegenüberliegenden Bahnhaltestelle »Kitzlochklamm« oder von der Bushaltestelle in Taxenbach (Bundesstraße).
**Höhenunterschied:** 200 m; bis Rauris nochmals 50 m.
**Reine Gehzeit:** In die Klamm und zurück 1–1½ Stunden; durch die Klamm zum Gasthof Ager 1½ Stunden, weiter bis Rauris 1 Stunde.
**Ausrüstung:** Wanderschuhe sind empfehlenswert.
**Einkehrmöglichkeit:** In den erwähnten Gasthäusern.
**Karten:** ÖK Nr. 124; f&b Nr. 193 oder Nr. 191.
**Zusatzprogramm:** • Beim Gasthaus an der Salzach befindet sich eine Rafting-Station, von wo aus im Sommer zweimal täglich eine dreistündige Fahrt durchgeführt wird (Rückkehr per Bahn).

***Ein schöner Blickwinkel in die kleinen Rauriser Paradiese: das Erkerfenster des Landrichterhauses im alten Bergbauort.***

# 18 Kleine Rauriser Paradiese

## Ausflüge ins Seidlwinkl – oder ins Krumltal

*Eine Tages- und eine Halbtagestour auf harmlosen Talwegen; Juni bis November.*

Die Rauris ist ein ganz besonderer Schatz des Salzburger Landes – nicht nur der schmucke Markt mit seinem »Pinzgauer Dom«, sondern das ganze Tal, das sich 30 Kilometer weit bis zum Gletscher-Dreigestirn Hocharn (3254 m), Sonnblick (3106 m) und Schareck (3123 m) hineinzieht. Menschen müssen hier schon sehr lange unterwegs sein: Im hintersten Seidlwinkltal, einem ewig langen Seitengraben des Rauriser Tals, fand man zum Beispiel einen 3600 Jahre alten Bronzedolch und einen goldenen Halsring, wie ihn die Keltenfrauen im 5. Jahrhundert vor Christus getragen haben. Der Saumweg über den 2576 Meter hohen Heiligenbluter Tauern hat immerhin auch schon fast 2000 Jahre auf dem Buckel: von der Glocknerstraße aus erkennt man noch heute die Reste jenes Plattenweges, den schon die Römer über das Hochtor bauten, um an das Gold der keltischen Taurisker zu kommen. Die große Zeit der Säumer ist längst verweht. Nur mehr das Rauriser Tauernhaus erinnert an die Pferdezüge mit der »Venedigerware« – Wein, Südfrüchte, Glas, Seife und Gewürze, die vor allem gegen Salz, Pelze und Edelmetall über den Paß gehandelt wurden, bei jedem Wetter – und hier sogar im Winter.

Heute führt eine Schotterstraße ins Seidlwinkltal. Sie ist zwar ein bißchen »endlos«, führt jedoch oft durch kühlen Schluchtwald, wird von Wasserfällen aller Art begleitet und bietet auf zahlreichen Almböden ideale Rast- und Spielplätze. »Weitwanderer« können sich schließlich im 1491 erstmals bezeugten Tauernhaus laben; die Gemütlicheren verkosten ihre Pinzgauer Schmankerl eben im Schütthof bei Wörth.

Noch einsamer ist das südlich benachbarte Krumltal geblieben. Zwischen vergessenen Gipfeln rumort wie eh und je das Gletscherwasser vom Krumlkees – da und dort noch im August unter Lawinenschnee. Rund um die Bräuhütte im Talschluß pfeifen pausbäkkige Murmeltiere um die Wette, und ein paar Weißkopfgeier haben sich hier ihre »Schlaf-Felsen« ausgesucht. Mit etwas Glück können wir sogar die Flugkünste der Bartgeier beobachten – vor 100 Jahren wurden sie in den Alpen ausgerottet, heute bürgert sie der WWF hier wieder ein... Glückliche Geier – man könnte sie beim Abschied von diesem kleinen Paradies fast ein wenig beneiden!

### Der Wegverlauf

*Ins Seidlwinkltal*
Von Wörth (958 m), 4 km südlich von Rauris, führt eine Almstraße durch das Seidlwinkltal bis zum Rauriser Tauernhaus (1526 m) hinein. Ab hier kann man auf einem Almweg, der sich bald zum Steig verschmälert, noch beliebig weiterwandern – bis zum Hochtor-Tunnel an der Glocknerstraße (2504 m).
Der Rückweg erfolgt auf der gleichen Route.

*Ins Krumltal*
Beim Gasthaus Lechnerhäusl (1192 m) beginnt die Almstraße, die – zunächst steil über der Schlucht (schöner Rückblick auf das Schareck, 3123 m), dann in etwas geringerer Steigung – zur Bräualm (1606 m) ins Krumltal hineinführt.
Der Rückweg erfolgt auf der gleichen Route.

### Touristische Angaben

**Ausgangspunkt:** Wörth (958 m) bzw. das Gasthaus Lechnerhäusl (1192 m) nahe der Straße durch das Hüttwinkltal (das hintere Rauristal) nach Kolm-Saigurn.
**Höhenunterschied:** Wörth – Rauriser Tauernhaus 600 m; bis zur Bräualm im Krumltal 400 m.
**Reine Gehzeit:** Durch das Seidlwinkltal bis zum Tauernhaus 4 Stunden; zur Bräualm 1½ Stunden.
**Ausrüstung:** Wandermontur.
**Einkehrmöglichkeit:** Rauriser Tauernhaus (1526 m, privat, heute Alm, 14 Lager, bewirtschaftet von Mitte Juni bis Mitte September); Bräualm (1606 m, privat, bewirtschaftet von Anfang Juni bis Mitte September).

**Karten:** ÖK Nr. 154; f&b Nr. 193.
**Zusatzprogramm:** • Im Landrichterhaus, einem der schönsten Rauriser Gewerkehäuser, ist ein sehenswertes Talmuseum (Heimathaus) untergebracht, das insbesondere über den Goldbergbau und das Sonnblick-Observatorium informiert. • Auf der Hochalm (1469 m; von Rauris per Sessellift oder zu Fuß in 1¾ Stunden erreichbar) wurde ein Waldlehrpfad angelegt; er führt in 2 Stunden über den aussichtsreichen Hochbichel (1769 m). • Die kleine, barocke Wallfahrtskirche über der Bucheben (1144 m) ist ein besonders liebenswertes Ausflugsziel.
• Beim Bodenhaus im Hüttwinkeltal kann man sein Glück beim Goldwaschen versuchen. • Jeden Mittwoch wird eine Wanderung ins Seidlwinkltal geführt; Treffpunkt ist jeweils um 9.00 Uhr im Ortszentrum von Rauris. Auskunft und Anmeldung im Tourismusbüro.

## 19 Ein Fenster zur Natur

### Im geheimnisvollen »Rauriser Urwald«

*½ Tag; unschwieriger Lehrweg bzw. Forststraße; Mai bis November.*

Ein Urwald in den Hohen Tauern? Ja, das gibt's wirklich – aber erst für unsere Enkel. Denn der ausgedehnte Durchgangwald am Fuß des Rauriser Sonnblicks wurde natürlich seit dem Mittelalter als Holzquelle genutzt; ohne weitere Störungen könnte er sich jedoch in Zukunft wieder zu einem echten Urwald »zurückentwickeln«. Urig genug schaut er jedenfalls heute schon aus: Nach dem Abschmelzen der Eiszeitgletscher geriet hier der ganze Hang in Bewegung; auf den Felsblökken dieses Bergrutsches haben sich vor allem Fichten, aber auch Lärchen und Zirben angesiedelt. Dreihundertjährige Baum-Methusaleme sind hier zu sehen, und eine gewaltige, vom Blitz gefällte Zirbe soll biblische tausend Jahre alt geworden sein. Oft wehen struppige Flechtenbärte von den Zweigen – ein gutes Zeichen für saubere Luft. Das Wasser, das sich in den Mulden zwischen den Steinen sammelt, bildet tintenschwarze Moortümpel, in denen Molche herumpaddeln und über deren Schilf die Libellen schillern; im Bärlapp-, Farn- oder Almrauschgestrüpp verbergen sich Moosbeeren und Pilze. Alles in allem: So muß Schneewittchens Zwergenwald ausgesehen haben!
Keine Märchen, sondern spannende ökologische Zusammenhänge erzählen uns die 13 Tafeln und das kleine »Waldmuseum«, mit dem der Österreichische Naturschutzbund hier einen Lehrpfad ausgestaltet hat. Vor der Rauriser Gletscherkulisse werden uns hier etliche Tricks der Natur bewußt – etwa am Beispiel der flinken Wasserläufer oder an den »Spitzfichten«, die sich den winterlichen Schneedruck mit besonders kurzen Ästen vom Stamm halten.

#### Der Wegverlauf

Durch den Waldhang hinter dem Hohen Tauernhof (1630 m) führt eine Forststraße (Nr. 121) in zwei Kehren Richtung Durchgangalm hinauf. Wo sie nach etwa 1 km auf einer Kuppe rechts um die Ecke biegt, zweigt links der Naturlehrweg ab (Rastbank und Informationstafel; herrliche Sicht auf den Sonnblick, 3106 m). Der Steig führt nun in kurvigem Auf und Ab zwischen Bäumen und Tümpeln zum Waldmuseum, wobei sich immer wieder unerwartete Durchblicke zum Sonnblick, zum Hocharn (3254 m) oder zum einsamen Ritterkopf (3006 m) auftun. Zuletzt steigen wir den Lenzangerbach entlang wieder zur Forststraße hinauf, die man knapp vor der Kracklalm (1730 m) erreicht.

**Achtung:** Der Durchgangwald steht unter besonderem Schutz des Nationalparks; der Lehrweg möge bitte nicht verlassen werden – das Gelände ist sehr empfindlich!
Der Rückweg erfolgt entweder auf der Straße oder jenseits am Almgebäude vorbei Richtung Sonnblick durch eine Almweide und über eine Waldhöhe, auf der links der Bahlsenweg (Nr. 111) vom Niedersachsenhaus einmündet. Er leitet uns in der Folge zum Ausgangspunkt zurück.

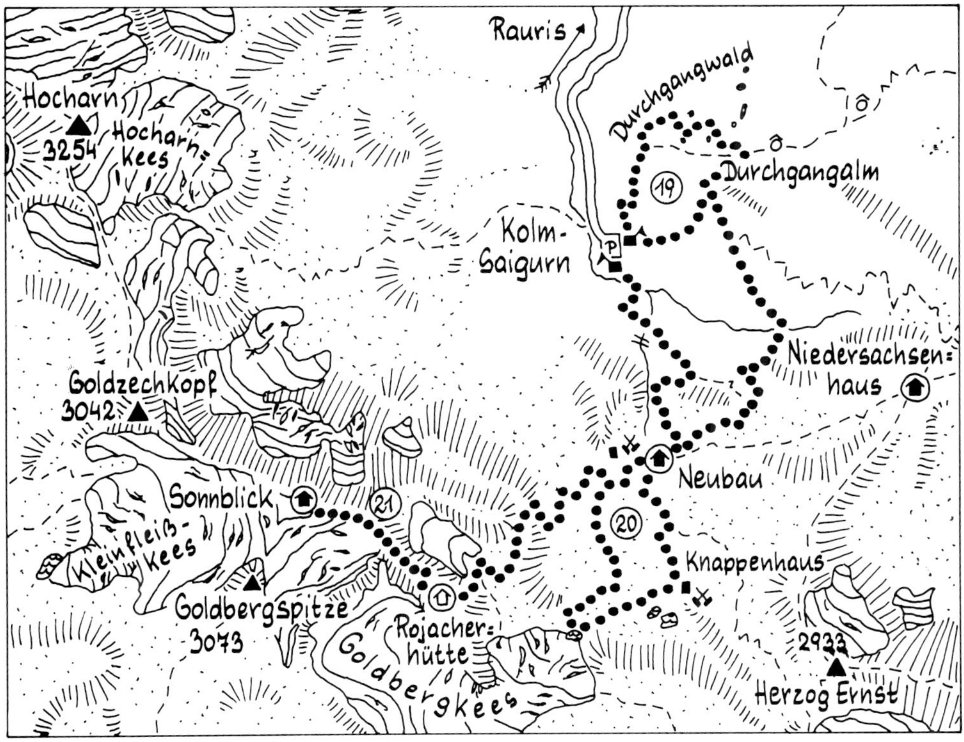


## Touristische Angaben

**Ausgangspunkt:** Hoher Tauernhof (1630 m; früher Ammererhof genannt).
**Höhenunterschied:** Gut 100 m, auf der Rückweg-Variante 50 m mehr.
**Reine Gehzeit:** 1½–2 Stunden.
**Ausrüstung:** Wanderschuhe und gegebenenfalls Regenschutz.
**Einkehrmöglichkeit:** Hoher Tauernhof (1630 m, privat, 30 Betten, 18 Lager, bewirtschaftet von Ostern bis Ende Oktober, AV-Ermäßigung).
**Karten:** ÖK Nr. 154; AV Nr. 42; f&b Nr. 191 oder Nr. 193.
**Hinweis:** Ein handlicher Naturführer über den »Rauriser Urwald« ist im Tourismusbüro Rauris sowie beim Österreichischen Naturschutzbund, Arenbergstraße 10, A-5020 Salzburg, erhältlich.

***Unterwegs im »Rauriser Urwald« am Fuß des Sonnblicks.***

# 20 Vom Goldrausch in den Tauern

## Auf dem Tauerngold-Rundwanderweg zu uralten Bergwerken – und eine Expedition zum Goldberggletscher

*Ausgefüllte Tagestour, die besser auf 1½ Tage aufgeteilt wird; unschwierige, aber hochalpine Steige, die nur bei guten Wetterverhältnissen begangen werden sollten (Vorsicht bei Schneefeldern!); Juli bis Oktober.*

Die Furcht vor Göttern, Hexen oder Tatzelwürmern konnte die Menschen früherer Zeiten noch so sehr vom Gebirge abschrecken – eines lockte sie trotzdem hinauf: das Gold. Daß das gleißende Edelmetall auch in den Hohen Tauern zu finden ist, war vielleicht schon in der Jungsteinzeit bekannt. Der größte Goldrausch brach jedoch um die Mitte des 16. Jahrhunderts aus: Damals holten an die 3500 Knappen insgesamt mehr als 800 Kilo

***Hier beginnt der Nationalpark: an der Wegteilung zwischen dem Sonnblick-Anstieg und dem Tauerngold-Lehrweg oberhalb von Kolm-Saigurn.***

Gold aus den Rauriser, Gasteiner und Großkirchheimer Bergwerken, das zu einem guten Teil an die Salzburger und Kärntner Obrigkeit ging. Manche Stollen wurden auf 3000 Metern Seehöhe in diesen »Goldberg« geschlagen; einige von ihnen wurden später von vorstoßenden Gletschern regelrecht überfahren. Außerdem sank durch das neuentdeckte Gold Amerikas bald der Preis, so daß sich in der Folge mancher Knappe aufs Goldwaschen verlegte.

In Rauris versuchte es Ignaz Rojacher vor 150 Jahren noch einmal: Er ließ die alten Bergwerksanlagen ausbauen und einen spektakulären, wasserbetriebenen Schrägaufzug anlegen: nach einer kurzen Blütezeit versiegte der Bergsegen jedoch allmählich. Trotzdem gab es noch bis in die jüngste Vergangenheit ernsthafte Bemühungen um eine Wiederbelebung des Goldabbaus, der allerdings mit gewaltigen Umweltproblemen verbunden gewesen wäre.

Doch dazu wird es in der Nationalparkgemeinde Rauris nicht mehr kommen. Teile der alten Anlagen wurden mit tatkräftiger Hilfe der Naturfreunde Österreich renoviert und in den wirklich gelungenen »Tauerngold-Rundwanderweg« mit seinem angeschlossenen Gletscherschaupfad eingebunden – eine Tour durch Urlandschaften voller Blumen, Steine, Wasser und Geschichten, die man jeder wanderfreudigen Familie nur wärmstens ans Herz legen kann!

## Der Wegverlauf

Aus dem wasserfallreichen Talschluß von Kolm-Saigurn (1596 m) führen zwei Steige zum Naturfreundehaus Neubau (2176 m) hinauf – der gemütliche »Familienwanderweg« östlich über den Hohen Tauernhof und

***Der Rauriser Sonnblick ist zwar keiner der höchsten, sicher aber einer der bekanntesten und schönsten Tauerngipfel. Das Observatorium und die Schutzhütte stehen genau auf dem exponierten Felsturm, direkt über der Nordwand und dem Pilatuskees.***

die Erlehenalm, der steilere vorbei am Barbara-Wasserfall. Der Tauerngold-Rundwanderweg selbst beginnt beim Naturfreundehaus Neubau und führt – vorbei am ehemaligen Maschinen- und Radhaus des Schrägaufzugs – zum Gletscherbach. Bei der Wegteilung jenseits der Brücke bleiben wir links (rechts geht's auf den Sonnblick) und gelangen über den Obermayer-Felsen und einen weiteren Felsbuckel zur Zunge des Goldberggletschers (Vogelmayer-Ochsenkarkees; 2360 m), die aus dem wild zerklüfteten Felsenrahmen am Fuß des Sonnblicks quillt.
Vom kleinen Gletschersee wandern wir neben dem Gletscherbach abwärts, überqueren ihn auf einem Steg und erreichen – durch Moränenschutt und Abraumhalden ansteigend – die Ruinen des Knappenhauses (2341 m). Auf der ebenen Trasse der einstigen Schleppbahn kommen wir bald zum verfallenen Bremserhäusl (2331 m), von wo die (steile, aber begehbare) Trasse des Schrägaufzugs direkt zum Naturfreundehaus Neubau hinunterzieht.
Der Abstieg nach Kolm-Saigurn erfolgt auf einem der Anstiegswege.

### Touristische Angaben

**Ausgangspunkt:** Kolm-Saigurn (1596 m; Busverbindung von Rauris; die Zufahrtsstraße ist nicht asphaltiert, eng und kurvenreich.
**Höhenunterschied:** Kolm-Saigurn – Naturfreundehaus Neubau 600 m; Rundwanderweg inklusive Gletscherschaupfad 300 m.
**Reine Gehzeit:** Bis zum Naturfreundehaus 2 Stunden; Rundweg insgesamt 3 Stunden.
**Ausrüstung:** Wandermontur.
**Einkehrmöglichkeit:** Naturfreundehaus Neubau (2176 m, TVN, 4 Betten, 32 Lager, bewirtschaftet von Anfang März bis Ende September); Naturfreundehaus Kolm-Saigurn (1596 m, TVN, 60 Betten, 35 Lager, ganzjährig bewirtschaftet).
**Karten:** ÖK Nr. 154; AV Nr. 42; f&b Nr. 193.
**Hinweis:** Eine handliche Broschüre der Naturfreunde über den Goldbergbau und den Rundwanderweg ist kostenlos im Naturfreundehaus Neubau, in Kolm-Saigurn und im Verkehrsbüro Rauris erhältlich.
**Zusatzprogramm:** • Eine schöne Ergänzung wäre die Wanderung über das Niedersachsenhaus (2472 m, DAV, 12 Betten, 46 Lager, bewirtschaftet von Mitte Juni bis Mitte Oktober, Zugang von Kolm-Saigurn in 2½ Stunden, Übergang zum Naturfreundehaus Neubau in 1½ Stunden – Vorsicht, oft steile Schneefelder). • Jeden Donnerstag wird eine Wanderung auf dem Tauerngold-Rundwanderweg geführt. Treffpunkt ist jeweils um 8.00 Uhr im Ortszentrum von Rauris. Auskunft und Anmeldung im Tourismusbüro.

## 21 »Der Sonnblick ruft!«

### Zwischen Himmel und Erde zur höchstgelegenen Wetterstation Österreichs

*2–3 Tage; hochalpine Dreitausender-Tour auf teilweise sehr ausgesetzter Route, die absolute Schwindelfreiheit und Trittsicherheit erfordert (keinesfalls bei Nebel oder Schneelage gehen; bei Gewittern und Vereisung wird der Gratanstieg lebensgefährlich); Juli bis Oktober.*

Neben dem Großglockner und dem Venediger gehört der Rauriser Sonnblick zu den bekanntesten Tauerngipfeln, obwohl er mit einer Seehöhe von 3106 Metern gar nicht im Spitzenfeld der Dreitausender-Hitparade liegt. Trotzdem trägt er einen Superlativ auf seinem Steinspitzerl: die höchstgelegene Wetterstation der Ostalpen. Die Idee dazu kam vor mehr als 100 Jahren vom Wiener Meteorologen Julius Hann, der im Rauriser Goldgewerken Ignaz Rojacher einen tatkräftigen Partner fand: Im Sommer 1886 bauten Knappen die erste Hütte mitsamt einem Beobachtungsturm auf den Gipfel, bald darauf gesellte sich das Zittelhaus des Alpenvereins dazu. Seither gibt es lückenlose Beobachtungen über das Klima der Tauern, die Erscheinungen des Wetters und das Verhalten der Gletscher. Der höchstgelegene Arbeitsplatz Österreichs war dabei fast durchgehend besetzt, trotz der oft unüberwindlich scheinenden Versorgungsprobleme, der arktischen

***Das Observatorium auf dem Gipfel des Hohen Sonnblicks.***

Kälte und der Einsamkeit der Wetterwarte. Nach dem Zweiten Weltkrieg mußte mit Konzerten, Vorträgen und einem Jugendbuch (»Der Sonnblick ruft!«) Geld für die Forschungsstation aufgetrieben werden. Mittlerweile krönt den Sonnblick ein High-Tech-Observatorium, in dem sich die Wissenschaftler auch mit der unsicheren Klima-Zukunft unseres Erdballs beschäftigen.
Ein bisserl Gespür fürs Bergwetter sollte aber jeder für eine Sonnblicktour mitbringen – sei es, um auf dem exponierten Grat keine Schnee- und Sturmüberraschungen zu erleiden, sei es, um sich oben an der ungetrübten Rundsicht erfreuen zu können: »Highlights« sind unbestritten der spitze Glockner (3798 m) im Westen, die spaltigen, durch die sommerliche Ausaperung oft mit allerlei Kreisen gemusterten Eisdecken am behäbigen Hocharn (3254 m) oder die ausgebleichten »Steinberge« im Norden, die Kalkalpen vom Leoganger Birnhorn bis zum Berchtesgadener Watzmann. Aufgestellte Haare, Elmsfeuer und knisterndes Eisenzeug mögen im aufziehenden Gewitter ja recht interessante Erlebnisse sein – aber, wenn schon, bitte erst oben vor der Hüttentür!

## Der Wegverlauf

Vom Naturfreundehaus Neubau (2176 m; Zustiege siehe Tour 20) folgt der Sonnblick-Zustieg (Nr. 122) zunächst dem Tauerngold-Weg zum Gletscherbach, zweigt aber jenseits rechts ab und führt in Serpentinen zur Rojacherhütte (2719 m) hinauf. Oberhalb davon beginnt der gut gangbare, aber luftige Südostgrat des Sonnblicks. Er leitet uns, da und dort durch Eisentritte entschärft, hoch über dem Goldberggletscher zur obersten

Gratschneide hinauf, die ziemlich eben bis zum Gipfelaufbau gequert wird (bei gutem Firn kann man auch durch das darunter ansetzende Gletscherfeld stapfen). Das Zittelhaus auf dem Sonnblickgipfel (3106 m) wird dann in wenigen Minuten über Schutt erreicht.
Der Abstieg erfolgt auf der gleichen Route.

### Touristische Angaben

**Ausgangspunkt:** Kolm-Saigurn (1596 m).
**Höhenunterschied:** Bis zum Naturfreundehaus Neubau 600 m, dann noch 950 m bis zum Gipfel.
**Reine Gehzeit:** Ab Neubau 2½–3 Stunden.
**Ausrüstung:** Bergausrüstung; eventuell ein Seil zum Sichern; Pickel und Steigeisen sind von Vorteil!
**Einkehrmöglichkeit:** Naturfreundehaus Neubau (siehe Tour 20); Rojacherhütte (2719 m; DAV, 9 Lager, einfach bewirtschaftet von Anfang Juli bis Mitte September); Zittelhaus (3106 m, ÖAV, 12 Betten, 65 Lager, bewirtschaftet von Anfang Juli bis Ende September).
**Karten:** ÖK Nr. 154; AV Nr. 42; f&b Nr. 193.

## 22 Besuch bei den Mausohren

### Abenteuer Tropfsteinhöhle: Die »Entrische Kirche« hoch über dem Klammpaß

*½ Tag; unschwieriger, aber steiler Zustieg zur Höhle; Führungen von 20. März bis 20. Oktober stündlich zwischen 11 und 16 Uhr, im Juli und August zwischen 10 und 18 Uhr.*

Der Eingang ins weltbekannte Gasteiner Tal ist eine herbe Enttäuschung: Industrieanlagen unter monströsen Schnellstraßen, Kraftwerksrohre und Tunnelportale, dazwischen die meist wasserlose Gasteiner Klamm, darüber reichlich Stromleitungen – da ist wohl jeder froh, hinter dem Klammpaß ins freundliche Dorfgastein entlassen zu werden.
Nur allzu leicht übersieht man dabei die Entrische Kirche, die größte Naturhöhle der Tauern. Sie verdankt ihr Dasein den sogenannten »Klammkalken«, durch deren Schichten auch die Kitzloch- oder die Liechtensteinklamm gefräst wurden. Das Regenwasser wandelt den Kalkspat in leicht lösliches Kalziumkarbonat um; mit diesem chemischen Vorgang, der Korrosion, beginnt die Höhlenbildung. Da und dort lagert das Wasser den gelösten Kalk auch wieder ab, und zwar in Form von Tropfsteinen und ganzen Sintervorhängen, die im Schein der Karbidlampe zu märchenhaften Figuren werden.
Die »Entrische Kirche«, das unheimliche Felstor oberhalb des Klammpasses, ist den Einheimischen sicher schon lange bekannt. Während der Gegenreformation diente sie den Protestanten als geheimer Treffpunkt. Wissenschaftlich erforscht und für den Tourismus erschlossen hat sie jedoch erst 1962 der Gasteiner »Höhlenmensch« Richard Erlmoser, dem es außerdem gelang, Fledermäuse für seine Unterwelt zu begeistern: Sie nutzen sie heute als Winterquartier. Durch die Beringung der meisten »Mausohren« konnte er sogar nachweisen, daß eines der Flattertiere aus Paris kam!
Die Entrische Kirche wird ganz sicher nicht nur ihre kleinen Besucher beeindrucken. Die riesigen unterirdischen Gewölbe, fragil abgelagerte Felsmonster, wasserüberronnener Tropfsteinschmuck, die einzigartige, stimmungsvolle Gedenkstätte für die Geheimprotestanten und nicht zuletzt der kleine Höhlenbach, der seine Melodie im hundertfachen Echo als gewaltiges Brausen ausgibt – all das verbindet sich zu einem der schönsten Erlebnisse in den Tauern!

### Der Wegverlauf

Von der Bahn- und Bushaltestelle »Klammstein« (805 m) wandern wir auf einem breiten Weg zur Station der Materialseilbahn und dann auf einem serpentinenreichen »Naturlehrweg« durch die steilen Waldhänge zum Höhleneingang (1040 m) hinauf (originelle Tafeln verkünden alle paar hundert Meter, wie weit es noch ist). Vor der Höhlenführung sollte man sich etwa ½ Stunde akklimatisieren.

### Touristische Angaben

**Ausgangspunkt:** Bus- und Bahnstation »Klammstein« (805 m) an der Gasteiner Bundesstraße (unübersehbares Hinweisschild).
**Höhenunterschied:** 250 m.
**Reine Gehzeit:** Zustieg 40 Minuten; Höhlenführung 50 Minuten.
**Ausrüstung:** Auf jeden Fall Wanderschuhe und warme Kleider (Höhlentemperatur 6 Grad Celsius).
**Einkehrmöglichkeit:** Beim Höhleneingang werden Getränke verkauft.
**Karten:** ÖK Nr. 124 und Nr. 125; f&b Nr. 191.
**Hinweis:** Nach Voranmeldung wird auch eine 6stündige »Große Höhlentour« geführt; Auskunft und Anmeldung bei Richard Erlmoser, Unterberg 32, A-5632 Dorfgastein, Tel. 06433/695.
**Zusatzprogramm:** • Ein Besuch in der Burg Klammstein, dem ältesten Gebäude des Gasteinertals, in dem Exponate aus der Burggeschichte, Jagdgegenstände und Mineralien zu sehen sind. • In Dorfgastein hat der »Kinderclub« von Montag bis Freitag seine Pforten geöffnet; jeweils zwischen 10 und 16 Uhr stehen lustige Spiele auf dem Programm. Jeden Montag startet um 14 Uhr eine Kinderolympiade (Treffpunkt beim Solarbad); jeden Freitag um 15 Uhr fährt der Kinderbummelzug beim Tourismusbüro ab.
• Rund um das Arltörl (1797 m) breitet sich ein schönes Wandergebiet aus. Von der Bergstation der Fulseck-Seilbahn (2033 m) erreicht man in ca. 2 Stunden den sagenumwobenen, felsigen und aussichtsreichen Schuhflicker (2214 m; Trittsicherheit nötig) oder flaniert auf leichten Wegen in 2½ Stunden über die bewirtschaftete Heumooseralm (1616 m) nach Dorfgastein (830 m) hinunter.
• Eine sehr lohnende Wanderung führt auch vom Weiler Bergl (1079 m) über die Mayrhoferalm (1593 m) und die Gasteiner Höhe (1970 m) zu den beiden Paarseen (1856 m). Der Abstieg erfolgt am besten zur Haßeckalm (1830 m), wo noch eine Rauchkuchl zu sehen ist, und vorbei am ORF-Sender auf dem Luxkogel (1824 m) zum Bahnhof Loifarn (722 m) hinunter. Gesamtgehzeit ca. 5 Stunden.

## 23 Gastein für Gemütliche

### Ein Spaziergang auf dem Gasteiner Höhenweg in den Malerwinkel

*Beliebte Halbtagestour auf einem breiten, unschwierigen Promenadenweg; Mai bis November.*

»Gastuna tantum una«, heißt es auf lateinisch, »es gibt nur ein Gastein«. Stimmt gar nicht – es gibt drei: Das familiäre Dorfgastein, das lebendige Bad Hofgastein und das mondäne Badgastein: wenn man die Skilifte von »Sportgastein«, hinten im Naßfeld, noch dazurechnet, dann sind's sogar vier!
Das Gasteinertal ist das vielgestaltigste aller Tauerntäler: Gletschergipfel und Golfplatz, Heuharpfen und Hotels, Seilbahn und Spielcasinos – die Gegensätze liegen hier gleich nebeneinander, ja übereinander. Und irgendwo dazwischen, schon ziemlich verstellt von Nobelherbergen im Zuckerbäckerstil und Neobeton, rauscht der Gasteiner Wasserfall wie eh und je seine 341 Meter in die Tiefe. Vielleicht braucht man ein wenig Abstand, um die heimlicheren Winkel dieser überstrapazierten Landschaft zu finden.
Eine gute Möglichkeit dazu bietet der »Gasteiner Höhenweg« (auch »Martin-Lodinger-Weg« genannt), der etwa 100 Meter über dem Tal die beiden Gasteiner Kurorte verbindet: Da oben kleben die Bauernhöfe wie Schwalbennester in den kirchdachsteilen Wiesen, und man schämt sich als fröhlicher Spaziergänger fast ein bißchen, den Bauern bei der Heuernte zuzuschauen. In den beiden Wildgehegen am Weg werden die Kinder bald Freunde finden, und im Wald freuen sich die Eichhörnchen über mitgebrachte Nüsse oder Brotkrumen. Die unterirdische solar-beleuchtete »Wasserfall-Hintergehung« der Gadaunernschlucht würzt unsere Höhenpromenade sogar mit alpiner Romantik. Immer wieder liegt das Tal mit seiner Gipfelumrahmung vor uns ausgebreitet, während der Nachwuchs in den Hinweisschildern für Jausenstationen und Eisoasen wahrscheinlich Näherliegendes findet. Der berühmte »Malerwinkel« im Kötschachtal,

***Hinter den mondänen Hotelburgen von Badgastein hat sich die Idylle des Kötschachtals bis in unsere Zeit herübergerettet. Ein Blick vom »Malerwinkel« zum Tischlerkarkees.***

dem der unvergessene Luis Trenker einst ein geschnitztes Marterl aus Gröden gestiftet hat, krönt die Wanderung schließlich mit einem würdigen Gletscherblick-Finale.

## Der Wegverlauf

Vom Bad Hofgasteiner Ortszentrum (969 m) marschieren wir zunächst auf der Straße zum Café Sonnberg (1024 m) hinauf. Das Sandsträßchen (Beschilderung »Martin-Lodinger-Weg«) wird zusehends schmäler, ab dem letzten Bauernhof quert der Höhenweg in sanftem Auf und Ab die steilen Abhänge des Gamskarkogels – über mehrere Brücken und unterbrochen durch zahlreiche Viehgatter. Der Wasserfall der Gadaunernschlucht wird auf einem mit Geländern abgesicherten Steig und durch einen beleuchteten Tunnel überlistet; dann führt der Weg weiterhin ziemlich eben bzw. sanft ansteigend durch steile Wälder und Wiesen, wiederum vorbei an einigen Cafés und Bauernhöfen. Ab dem Hotel Gamskar (1040 m), hinter dem ein kleiner Wasserfall plätschert, geht es auf einer Waldstraße sanft zur Wegteilung am Kötschachbach hinunter: Links führt die Straße zum Hoteldorf »Grüner Baum« hinauf (1064 m; Busverbindung nach Badgastein), während wir rechts auf der schattigen »Kaiser-Wilhelm-Promenade« nach Badgastein (1002 m) hinüberspazieren können. Vom Hotel Gamskar kann man aber auch zur Bushaltetelle in Badbruck (871 m) absteigen.

## Touristische Angaben

**Ausgangspunkt:** Bad Hofgastein (969 m).
**Höhenunterschied:** Durch ein paar kleine Gegensteigungen ca. 250 m.
**Reine Gehzeit:** 3 Stunden.
**Ausrüstung:** Bei Schönwetter ist nichts Besonderes nötig.
**Einkehrmöglichkeit:** Gasthäuser und Cafés am Weg.
**Karten:** ÖK Nr. 155; f&b Nr. 191.
**Zusatzprogramm:** • Ein Besuch im Felsenbad von Badgastein oder im »Thermentempel« von Bad Hofgastein. • Auf der Pyrkerhöhe oberhalb von Bad Hofgastein wurde ein Vogellehrpfad angelegt; unterhalb ist von einer Brücke aus ein 25 $m^2$ großer Gletschertopf zu sehen. Gehzeit ca. 1 Stunde. • Im Glasgravurgeschäft Hager in Bad Hofgastein kann man beim kunstvollen Glasschleifen zuschauen. • In Bad Hofgastein sind jeden Donnerstag zwischen 9 und 12 Uhr »Kinderabenteuer« zu erleben (Treffpunkt Kurverwaltung); am Badesee werden jeden Freitag von 13.30 bis 16.30 Uhr Kinderwettspiele durchgeführt. Außerdem kann man Hobby- und Kreativkurse besuchen (z. B. »spielerisches Formen mit Kindern«); Auskunft und Anmeldung in der Kurverwaltung. • Das Badgasteiner Museum im Hotel Austria bietet mit seiner Mineralienschau (mit einem 75 kg schweren Riesenkristall!) und den Perchtenlauf-Figurengruppen besondere »Zuckerl«. • Jeden Mittwoch findet ein Kindernachmittag beim Hotel »Grüner Baum« und eine geführte Tour ins Kötschachtal statt; außerdem werden geführte historische, geologische und botanische Spaziergänge angeboten. Information und Anmeldung bei der Kurverwaltung. • Als einer der schönsten Aus-

***Gastein für Gemütliche: Ein wunderschöner Panoramaweg verbindet Bad Hofgastein (im Bild) mit seinem weiter taleinwärts gelegenen Nachbar-Kurort Badgastein.***

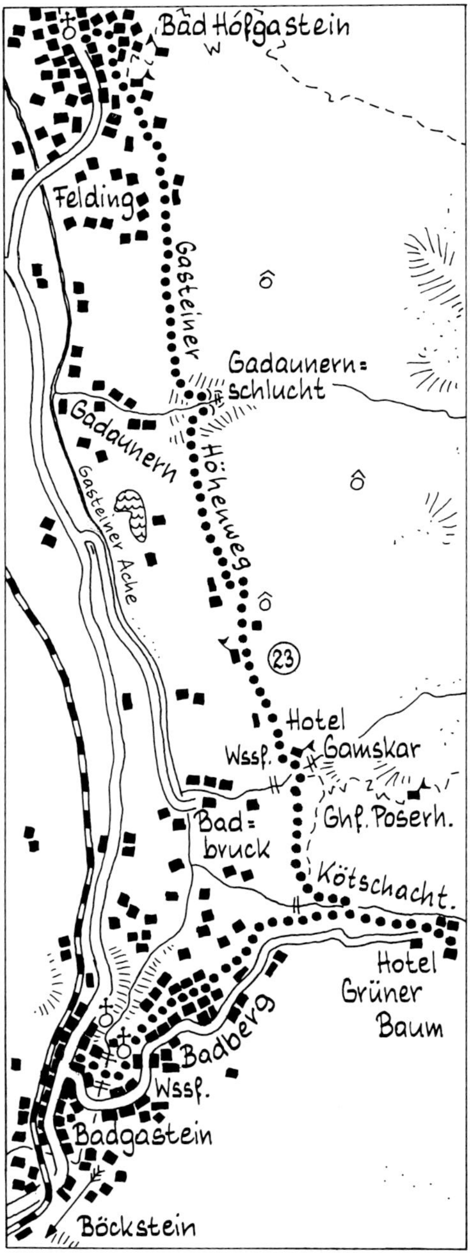


sichtsberge des Gasteiner Tals gilt der Gamskarkogel (2467 m). Auf seinem Gipfel steht die bereits 1829 erbaute Badgasteiner Hütte (ÖAV, 7 Betten, 8 Lager, bewirtschaftet von Mitte Mai bis Ende September, Zustieg von Bad Hofgastein oder Badgastein jeweils in 4½–5 Stunden).

# 24 Seenromantik über der Thermalquelle

## Rund um den Graukogel herum zum Reedsee

*Jeweils 1 Tag; unschwierige, aber stellenweise schmale und steile Steige (der Anstieg auf den Hüttenkogel ist bei Schneelage gefährlich); Juli bis Oktober.*

Was für Krimml die Wasserfälle sind und für Kaprun die Kraftwerke, das sind für Gastein die Thermen. Jeden Tag drängen an die 5 Millionen Liter des leicht radioaktiven und bis zu 47 Grad warmen Wassers aus 17 Quellen hervor. Schon die Römer kannten seine heilende Wirkung; seit 1230 ist Gastein als Kurort bezeugt – »Wildbad« hieß hier der unzugängliche Winkel damals noch.

Kaum jemand macht sich wahrscheinlich Gedanken, wo das heilsame Naß eigentlich herkommt. Es handelt sich um das Regen- und Schneewasser, das in den Klüften des Graukogels versickert; wenn es am Fuß dieses Gasteiner Ski- und Hausberges aus der Unterwelt hervorkommt, soll es eine 3500 Jahre lange Reise bis in 2000 Meter Tiefe hinter sich haben – eine schier unendliche Geschichte also. Unendlich schön ist auch die Umgebung des Graukogels. Zwar erweist sich der 2492 Meter hohe Gipfel selbst als ruppiger Felsklapf und das Graue an ihm entpuppt sich als aalglatter Plattenpanzer – aber die Aussicht von seiner gutmütigen Vorhut, dem Hüttenkogel, ist ohnehin genauso schön wie von ganz oben. Ansonsten breiten sich rundum heimelige Almböden, zerzauste Zirbenwälder, zwei smaragdgrüne Seeaugen und jede Menge einsame Gletschergegend aus – kein Wunder, wenn in einer so bezaubernden Landschaft sogar das Wasser wundertätig wird!

### Der Wegverlauf

*Auf den Hüttenkogel*

Vom Berggasthof neben der Bergstation des Graukogel-Sessellifts (1985 m) wandern wir zur Bergstation des Schlepplifts hinauf; ab hier führt ein Steig in weitausladenden Ser-

***Weit schweift der Blick vom Hüttenkogel, dem zahmeren Nachbarn des Graukogels. Am Horizont breitet sich das Panorama vom Sonnblick über den Hocharn bis zur Glocknergruppe aus.***

pentinen durch freie Grashänge zum Hüttenkogel hinauf (2231 m; schöner Blick auf den Reedsee und die vergletscherte Tischlerkargruppe).
Der Abstieg erfolgt auf der gleichen Route.

*Zum Palfner See und nach Badgastein hinunter*
Gleich oberhalb der Bergstation führt der Steig Nr. 527 durch herrlichen, lockeren Zirbenwald in leichtem Auf und Ab durch die Nordwestflanke des Graukogels. Es folgt ein kurzer Abstieg und die Querung eines steilen Hanges an der Waldgrenze; zuletzt steigt der Steig stärker zum Palfnersee (2070 m) hinauf an.
Der Abstieg erfolgt auf dem Steig Nr. 526, der unterhalb der Palfner Hochalm (1850 m) in steilen Serpentinen durch den Wald zur Palfner Heimalm (1472 m) hinunterführt. Ab hier gibt es zwei Möglichkeiten: Der rechte Waldweg bringt uns vorbei am Gasthaus Windischgrätzhöhe zur Mittelstation (1480 m) hinüber, von der ein Weg zur Talstation (1000 m) hinableitet. Auf dem geradeaus weiterführenden Almweg (Nr. 526) kommen wir dagegen zum Gasthaus Schachen und zum Bahnhof Badgastein (1000 m) hinunter.

*Über die Palfnerscharte und den Reedsee ins Kötschachtal*
Zunächst folgen wir der Route zum Palfnersee; ab dort steigen wir jedoch durch freies Wiesengelände zur Palfnerscharte (2321 m) auf. Jenseits spazieren wir auf dem Steig Nr. 526 gemütlich zum Windschursee (2216 m) und durch steileres, kuppiges Almgelände (und vorbei an zwei weiteren Seelein) zum Reedsee (1826 m) hinab. Oberhalb des Sees beginnt dann der steile Serpentinensteig, auf dem wir zum »Kohlplatzl« und durch den Reedgraben ins Kötschachtal hinunterkommen. Die restlichen 2 km zum Hoteldorf »Grüner Baum« (1064 m; Busverbindung nach Badgastein) werden unseren geschundenen Kniegelenken wie eine Erholung erscheinen.

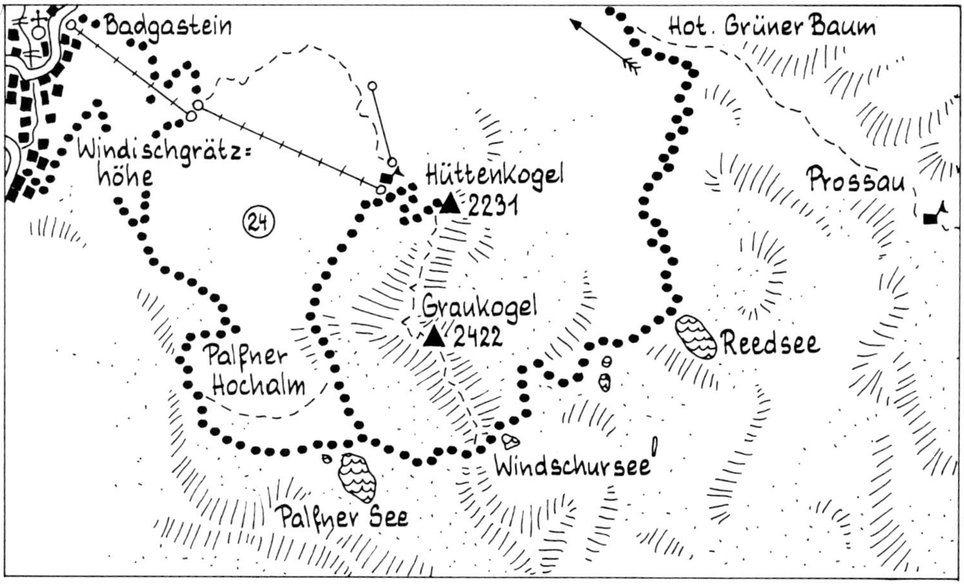


## Touristische Angaben

**Ausgangspunkt:** Bergstation des Graukogel-Sessellifts (1985 m; 2 Sektionen; zu Fuß von der Talstation in Badgastein, 1000 m, in 3 Stunden erreichbar). Achtung Liftbenutzer: Etliche Bäume neben der Trasse sind – hoch über dem Boden – mit lustigen Sprüchen »beschildert«).
**Höhenunterschied:** Auf den Hüttenkogel 250 m (auf den Graukogel nochmals 250 m); zum Palfnersee 200 m im Aufstieg und insgesamt 1100 m im Abstieg; über die Palfnerscharte ins Kötschachtal 450 m im Aufstieg und 1400 m im Abstieg.
**Reine Gehzeit:** Auf den Hüttenkogel 30 Minuten (auf den Graukogel zusätzlich 40 Minuten); zum Palfnersee 1½ Stunden und nach Badgastein hinunter 2 Stunden; über die Palfnerscharte 4½–5 Stunden.
**Ausrüstung:** Wandermontur.
**Einkehrmöglichkeit:** Berggasthaus bei der Sessellift-Bergstation.
**Karten:** ÖK Nr. 155; AV Nr. 42 und Nr. 44; f&b Nr. 191.
**Zusatzprogramm:** • Die Fassung der Elisabethquelle kann jeden Mittwoch zwischen 16 und 18 Uhr besichtigt werden. Auskunft bei der Kurverwaltung.

# 25 Bitte zu Tisch!

## Die Panoramaroute vom Stubnerkogel über den Zittauer Tisch zum Pochkarsee

*1 Tag; weitgehend unschwierige Höhenwanderung; Juli bis Oktober.*

Wie in der Rauris begegnen wir auch im hinteren Gasteinertal auf Schritt und Tritt den Spuren des Gold-, Silber-, Blei- und Arsenbergbaus. Im 15. und 16. Jahrhundert werkten über 1200 Knappen in den Gruben am Radhausberg (Kreuzkogel, 2686 m), im Naßfeld und am Silberpfennig (2600 m) – jahraus, jahrein, bei jedem Wetter und natürlich auch im Winter. Da die Aufbereitungsanlagen im Naßfeldtal 1741 von einer Riesenlawine überrollt wurden, baute man sie in Böckstein neu auf. Dieses einmalige, barocke »Montandorf« besteht dank der Bemühungen des Montanhistorischen Vereins heute noch und erinnert an die »goldenen« Zeiten.

Noch 1924 waren 350 Bergarbeiter im Gasteiner Bergbau beschäftigt; bis 1941 trieb man neue Stollen ins Gestein. Man fand dort

zwar kein Gold mehr, aber dafür wurden die Knappen gesund: Temperaturen bis zu 43 Grad, an die 90 Prozent Luftfeuchtigkeit und das Edelgas Radon in der unterirdischen Luft lassen vielen Krankheiten keine Chance – der Gasteiner »Heilstollen« war geboren!
Die Luft ist aber auch oben im Gebirge nicht schlecht. Wo das gletschergekrönte Schareck seine »Vorhut« zum 2246 Meter hohen Stubnerkogel, dem Badgasteiner Ski-, Sender- und Stromleitungsberg hinausstreckt, läßt sich's für groß und klein gut höhenwandern. Auf dem »Zittauer Tisch«, einem ebenso originellen wie aussichtsreichen Verwitterungsprodukt der Natur, ist man zwar selten allein, dafür wird es dann zwischen den »sprechenden« Namen der Erzwiese, des Silberpfennigs (2600 m) und der beiden Pochkarseen (Bockhartseen) um einiges ruhiger. Erst im Naßfeld unten holt uns die Zivilisation wieder ein – mit Bergwerkshalden, Straßen, Liften, Kraftwerksanlagen, Leitungsmasten, einem Stollen Richtung Rauristal, einer »abgebrannten« Seilbahnruine aufs Schareck und umstrittenen neuen Erschließungsplänen.

## Der Wegverlauf

Von der Seilbahn-Bergstation knapp unterhalb des Stubnerkogels (2246 m) wandern wir auf dem Weg Nr. 111 südwärts in die Jungerscharte hinab und weiter zur Zittauer Scharte (2181 m). Wieder ansteigend, erreichen wir eine Wegteilung: Links auf dem Grat geht es über den Tischkogel (2409 m) und den Zittauer Tisch (2461 m) ins Ortbergschartl (2273 m) hinüber; rechts führt der »Otto-Reichert-Steig« durch die steile, blumenreiche Flanke dorthin. Durch die Nordhänge des Ortberges (2401 m) erreicht man bald die Miesbichlscharte (2237 m). Jenseits teilt sich die Route wiederum: Der linke Steig (Nr. 110) weist direkt zur Staumauer des Pochkarsee (1872 m) hinunter; der nach rechts abzweigende »Zimburgersteig« führt in weitem Bogen oberhalb des Sees dorthin, wobei sich im Talgrund ein kurzer Abstecher zum oberen Pochkarsee (2076 m) lohnt. Zuletzt können wir in der Bockhartseehütte (1933 m) einkehren und auf dem alten Steig neben den Straßenkehren ins Naßfeld (Sportgastein, 1589 m) absteigen.
Die Rückkehr nach Badgastein (1000 m) erfolgt per Bus.

## Touristische Angaben

**Ausgangspunkt:** Bergstation der Stubnerkogel-Seilbahn (2220 m; zu Fuß von der Talstation in Badgastein in 4 Stunden erreichbar).

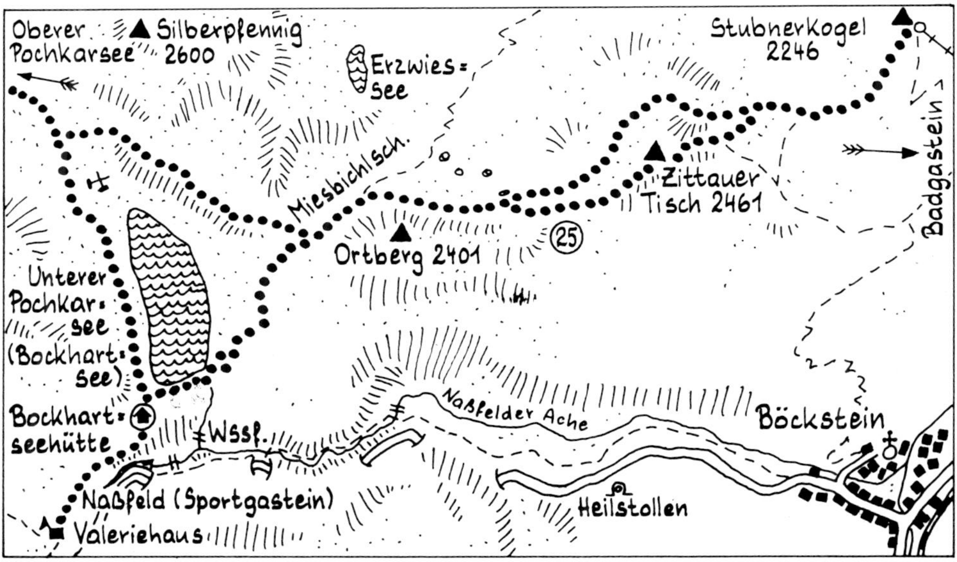

***Ein Blick ins Montan-Museum von Alt-Böckstein.***

**Höhenunterschied:** Stubnerkogel – Naßfeld ca. 300 m im Aufstieg und 900 m im Abstieg.
**Reine Gehzeit:** Stubnerkogel – Bockhartseehütte je nach Wegwahl 3–4 Stunden; Abstieg ins Naßfeld 3/4 Stunden.
**Ausrüstung:** Wandermontur.
**Einkehrmöglichkeit:** Gasthaus bei der Seilbahn-Bergstation auf den Stubnerkogel (2220 m); Bockhartseehütte (Pochkarseehütte; 1933 m, privat, 9 Lager, bewirtschaftet von Mitte Mai bis Anfang Oktober); Gasthäuser im Naßfeld (Sportgastein, 1589 m).
**Karten:** ÖK Nr. 154 und Nr. 155; AV Nr. 42; f&b Nr. 191.
**Hinweis:** Das Naßfeld (Sportgastein) ist auf einer Mautstraße erreichbar (Busverbindung ab Badgastein).

**Zusatzprogramm:** • Beim Damm des kleinen Stausees zweigt der alte Weg durch das schluchtartige Tal der Naßfelder Ache von der Mautstraße ab; er führt vorbei am (meist trockengelegten) Bärenfall, am Schleierfall und am 70 m hohen, spiralenförmigen Kesselfall nach Böckstein (1131 m); Gehzeit 1 1/2 Stunden, bis Badgastein 1 weitere Stunde. • Ein Besuch des Montanmuseums von »Alt-Böckstein«. Durch den Ort werden auch »historische Spaziergänge« geführt: Auskunft und Anmeldung im Museum oder in der Kurverwaltung. • Zwischen 21. Jänner und 25. Oktober kann der Gasteiner Heilstollen jeden Donnerstag um 15 Uhr besichtigt werden, wobei man mit der Stollenbahn 2,5 km ins Berginnere einfährt. M

M= Museum

# 26 Am Tauern tut's schauern...

## Auf den Spuren der Säumer zur Hagener Hütte

*1–1½ Tage; unschwieriger, aber steiler Steig; Juli bis Oktober.*

Wie der gesamte Tauernkamm ist auch sein Abschnitt zwischen der Goldberggruppe und dem Ankogel schon seit jeher recht »durchlässig«: Auf dem 2460 Meter hohen »Korntauern« fand man ein Steinbeil, das dort jemand rund 3000 Jahre vor Christi Geburt verloren haben muß; 1300 Höhenmeter tiefer donnern heute die Schnellzüge durch den Tauerntunnel.

Im westlich benachbarten Niederen oder Mallnitzer Tauern erinnert das nunmehr als Museum renovierte, ursprünglich 1836 eröffnete Tauernhaus an die schwerbeladenen Saumzüge, die sich »in gefährlicher und beschwerlicher Oede« vom Gasteiner Naßfeld nach Mallnitz hinüberquälten. Wenn es am Tauern besonders arg »schauerte«, wurde oben in der Paßhöhe eine Nebelglocke geläutet – sie steht immer noch dort. Oft taten sich auch mehrere Saumtierführer zu »Trieben« bis zu 40 Pferden zusammen, um sich in Notfällen Beistand leisten zu können – es wird aber auch erzählt, daß diese größeren Gruppen bei den Mautstationen mehr Durcheinander erzeugt hätten, wodurch das eine oder andere Gut »schwarz« passierte. Die Chronik berichtet aber auch von Kraxentragern, die friulanischen Wein frech als Essig deklarierten, von Schmugglern, die auf Brettern durch den Schnee abgefahren sein sollen oder von der Autostraße, die einmal über den Mallnitzer Tauern geplant war... Gut, daß wir diese bewegte Vergangenheit heute auf den Schautafeln oder in der gemütlichen Gaststube der Hagener Hütte Revue passieren lassen können!

### Der Wegverlauf

Vom Naßfeld (Sportgastein; 1589 m) wandern wir zunächst auf der sanft ansteigenden Almstraße (Nr. 110) durch die saftigen Weiden nach Süden in den Talschluß hinein. Ab der Veitbauerhütte (1645 m) schwitzen wir auf dem steileren und serpentinenreichen Steig durch das Eselkar (2099 m) zur Hagener Hütte im Mallnitzer Tauern (2446 m) hinauf. Das renovierte Tauernhaus liegt etwas unterhalb auf der Kärntner Seite.

Der Abstieg erfolgt entweder auf der gleichen Route oder über die Kärntner Seite – vorbei am Tauernkreuz (2230 m) – zur Jamnigalm (1745 m). Ab hier gelangt man per Bus oder zu Fuß nach Mallnitz (1191 m), von wo man mit der Bahn durch den Tauerntunnel nach Gastein zurückkehrt.

### Touristische Angaben

**Ausgangspunkt:** Naßfeld (Sportgastein; 1589 m), Zufahrt von Badgastein bzw. Böckstein (Mautstraße, Busverbindung).

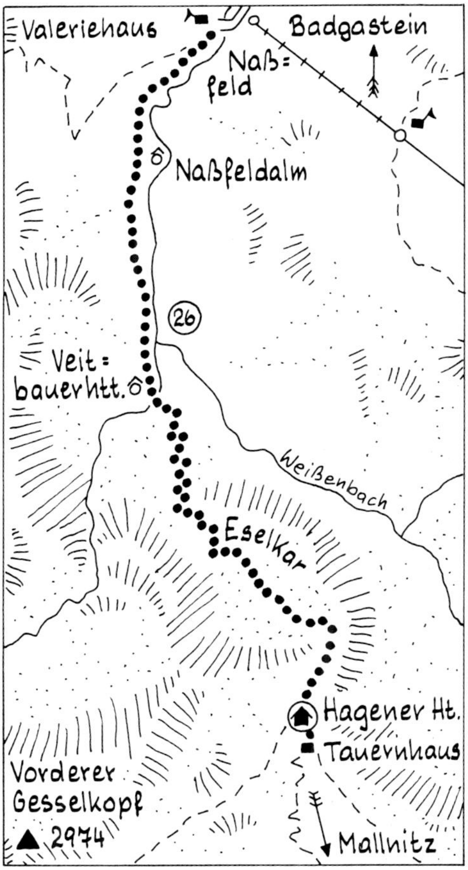

Feldseescharte
Duisburger Hütte
102
D.A.V. S. Hagen
Sektion Hagen e.V.
Hagener Hütte
5 min.

**Höhenunterschied:** 850 m.
**Reine Gehzeit:** 3 Stunden im Aufstieg (Abstieg zur Jamnigalm 1¾ Stunden, nach Mallnitz weitere 1½ Stunden).
**Ausrüstung:** Wandermontur.
**Einkehrmöglichkeit:** Gasthäuser im Naßfeld (1589 m); Hagener Hütte (2446 m, DAV, 16 Betten, 27 Lager, bewirtschaftet von Anfang Juli bis Anfang Oktober); Jamnigalm siehe Tour 38.
**Karten:** ÖK Nr. 154 und Nr. 155; AV Nr. 42; f&b Nr. 191.

## 27 Die Quellen des Teufels

### Durch die Schlünde der Liechtensteinklamm

*½ Tag; gut ausgebauter und mit Geländern gesicherter Steig; Mai bis Oktober.*

Ein Schmied, so erzählten sich die Leute früher, hatte dem Teufel die Seele seiner verkrüppelten Tochter versprochen, wenn ihm dieser dafür bis zum ersten Hahnenschrei die Heilquellen von Gastein bringe. Als die Frau des Schmiedes von diesem Handel erfuhr, sperrte sie den Gockel kurzentschlossen in den Brunnentrog, wo er mitten in der Nacht zu krähen begann. Da der Höllenfürst nun seinen Vertrag nicht einhalten konnte, warf er die Quellen wutschnaubend in die Schlucht des Großarlbachs, wo sie keinem Menschen mehr Heilung bringen sollten. Tatsächlich konnte bis heute niemand die warmen Quellen im hinteren Teil der Liechtensteinklamm nutzen, und so dämmern sie weiterhin als unbekanntes Naturwunder vor sich hin. Beinahe weltbekannt wurde dagegen die vier Kilometer lange Klamm des Großarlbachs selbst. 1876 benannte man sie nach dem Fürsten von Liechtenstein, der den Bau der kühnen Steiganlage mit einer durchlauchtigsten Geldspende zu sponsern geruht hatte. 1942 wurde der Felsschlund zum Naturdenkmal erklärt, was die Kraftwerksbauer allerdings nicht am Abzapfen des Wassers hinderte. Mittlerweile brodeln jeden Sommer rund 100000 Touristen durch den eindrucksvollen Orkus.

***Wenn's am Tauern schauerte, erklang die alte Glocke im Sattel des Mallnitzer Tauern.***

Das Wildwasser hat sich seinen Weg aus dem »weichen« Klammkalk gewaschen – seit etwa 10000 Jahren und mit Hilfe von viel härteren Quarzkieseln aus den Tauern. Am düsteren Grund der 200 Meter hohen, an einigen Stellen nur ganz knapp voneinander entfernten Wände entdeckt man Strudellöcher mit wunderschönen Felszeichnungen. Phantasiebegabte erkennen von der Natur herausmodellierte Tierköpfe, technisch Versierte bewundern vielleicht eher die kunstvolle Verankerung der Stege und »Hühnerleitern«, Romantikern gruselt es im 60 Meter langen Tunnel durch die wirklich ganz finstere »Dunkelklamm« – und ganz am Schluß setzt ein 50 Meter in die Tiefe donnernder Wasserfallschleier ein standesgemäßes Umkehrsignal.

#### Der Wegverlauf

Von der Bushaltestelle »Liechensteinklamm« schlendern wir in wenigen Minuten zu den beiden Gasthöfen vor dem Klammbeginn, wo eine Eintrittsgebühr erhoben wird. Der weitere Weg ist durch den bestens abgesicherten Klammsteg vorgegeben.

#### Touristische Angaben

**Ausgangspunkt:** Parkplatz beim Klammeingang (617 m; Zufahrtsstraße von St. Johann im Pongau; Busverbindung); zu Fuß vom Ortszentrum auf der Straße bis in die Plankenau und dann auf einem markierten Waldsteig in 1 Stunde erreichbar.
**Höhenunterschied:** 100 m.
**Reine Gehzeit:** In die Klamm und retour ca. 45 Minuten.
**Ausrüstung:** Nichts Besonderes nötig.
**Einkehrmöglichkeit:** In den Gasthöfen vor der Klamm.
**Karten:** ÖK Nr. 125; f&b Nr. 191.

***Die höllisch enge Liechtensteinklamm ist heute ein himmlisch schönes Ausflugsziel am Ausgang des Großarltals.***

*»Saukarkopf« ist ja vielleicht kein besonders prunkender Bergname – aber die herbstliche Sicht hinüber zum Schuhflicker läßt seine Qualitäten wohl schon erahnen!*

## 28 Am Ende der Tauern

### Unbeschwerte Stunden über dem Großarltal: Auf den Saukarkopf oder ins Schödertal

*Zwei Tagestouren auf weitgehend unschwierigen, aber stellenweise steilen Almwegen; Juni bis Oktober.*

Im langgezogenen Großarltal ist von der Gletscherpracht der Tauern nicht mehr viel zu sehen – nur ganz im Süden verbirgt der Keeskogel (2284 m) mit dem Gstößkees einen unscheinbaren Eisrest. Die Hohen Tauern sind westlich des Murtörls nicht mehr ganz so hoch, die östlich anschließenden Niederen Tauern mit ihren »aufgesetzten« Kalkruinen noch nicht ganz so harmlos, wie uns ihr Name das weismachen möchte. Kinderfreundlich und voller Blumen sind sie jedoch allesamt.

Nur das Tal selbst kann seine rauhe Schale nicht verleugnen: Felswände, elend steile Waldhänge und Wasserfälle – keine der Zutaten für einen echten Tauerngraben fehlt. Ein Honiglecken war das Leben hier natürlich noch nie – einschichtige Bauernhöfe, halbvergessene Almen oder stillgelegte Kupferbergwerke erinnern uns noch daran. Große und kleine Bergvagabunden sind dagegen von den unbegrenzten und kaum bekannten Auslaufrevieren über dem waldgrünen Großarltal angetan. Zwei recht unterschiedliche Beispiele dafür: Auch wenn man sich unter einem »Saukarkopf« wahrscheinlich nicht recht viel vorstellen wird: Der von versprengten Zirben umstandene, 2048 Meter hohe Mini-Felsgipfel oberhalb von Großarl gibt den Schlüssel für ein wahres Alm-Paradies frei. Ins genauso einsame Schödertal geht es nicht ganz so steil hinein: Dort hat ein Bergsturz einen idyllischen See aufgestaut – die locker übereinandergetürmten Steine halten das Schneewasser aber meist nicht lange zurück, so daß sich im Herbst oft nur mehr der Kolmbach durch den Seegrund schlängelt…
In früheren Jahrhunderten sollen hier viele Wallfahrer, vor allem Frauen, durch das Schödertal ins benachbarte Maltatal und weiter nach Maria Luschari (bei Tarvis) hin-

übergewandert sein. Wieviel Gottvertrauen und Glauben an die Menschheit braucht man da erst heutzutage, wo man von der Arlscharte auf den unbeschreiblichen Maltastausee hinunterschauen muß?

## Der Wegverlauf

*Auf den Saukarkopf*

Vom Marktplatz in Großarl (924 m) überqueren wir den Ellmaubach. Hinter dem Gasthaus Neuwirt zweigt rechts ein Steig ab, der die erste Kehre des Güterweges in der Sonnseiten abkürzt. Nachdem wir der Straße noch ein kurzes Stück gefolgt sind, biegen wir rechts auf den Almweg Nr. 1 ab. Dieser leitet uns über einen Wiesen- und Waldrücken zur Reschenbergalm (1744 m) und schließlich zur Saukaralm (1820 m) hinauf. Kurz davor zweigt rechts der Gipfelsteig ab; er führt – nochmals stramm ansteigend – an einem Wegkreuz vorbei auf den Saukarkopf.
Der Abstieg erfolgt auf der gleichen Route.

*Zum Schödersee*

Von der Bushaltestelle in Stockham (1045 m) wandern wir auf der vorerst noch ziemlich ebenen Forststraße, vorbei am bald sichtbaren Stockham-(oder Kreealm-)Wasserfall, nach Süden zur Jausenstation Ötzlhütte im Talschluß. Ab hier wird das Tal steiler, enger und von Felsen eingefaßt. Ein guter Steig (Nr. 512) leitet uns neben dem Bach und durch Bergsturzblöcke zum periodisch gefüllten Schödersee (1440 m) hinauf. Wer will, kann auf dem Steig noch weiter zu den Seen im Kolmkar oder bis in die Arlscharte (2259 m) hinaufsteigen.
Der Rückweg erfolgt auf der gleichen Route.

## Touristische Angaben

**Ausgangspunkt:** Großarl (924 m) bzw. Stockham (1045 m); Busverbindung von St. Johann im Pongau.
**Höhenunterschied:** Auf den Saukarkopf 1100 m; zum Schödersee 400 m (zur Arlscharte weitere 800 m).

***Spätherbst am Schödersee, dem versteckten Kleinod im Talschluß des Großarltals.***

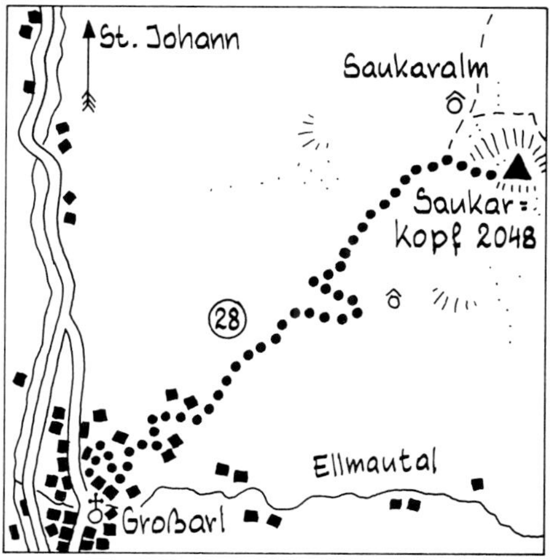


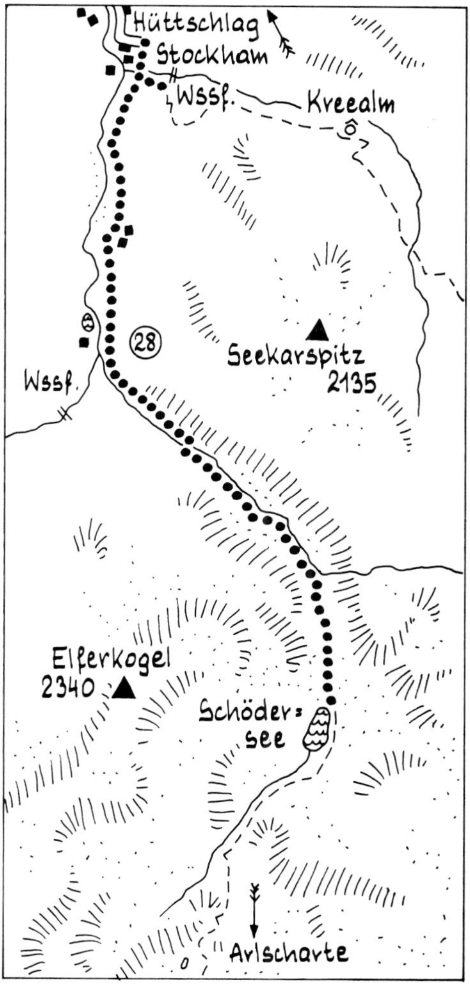

**Reine Gehzeit:** Saukarkopf 3 Stunden; zum Schödersee 2 Stunden (Weiterweg in die Arlscharte 2½ Stunden).
**Ausrüstung:** Wandermontur.
**Einkehrmöglichkeit:** Keine.
**Karten:** ÖK Nr. 155 und Nr. 125; f&b Nr. 191.
**Zusatzprogramm:** • Ein Besuch im Großarler »Denkmalhof« Kößlerhäusl aus dem 15. Jahrhundert, in dem ein sehenswertes Heimatmuseum eingerichtet wurde. • Am Eingang ins Tal, oberhalb der Liechtensteinklamm, liegt die »alte Wacht«, die letzte erhaltene Mautstelle im Salzburger Land. • Eine besonders schöne Wanderung führt von Karteis (1013 m) über das Draugsteintörl (2077 m) zum Tappenkarsee mit der Tappenkarseehütte (1820 m, DAV, 36 Betten, 39 Lager, bewirtschaftet von Mitte Juni bis Ende September); Zugang auf dem Steig Nr. 702 A in 3½ Stunden; Rückweg auf dem Steig Nr. 721 2½ Stunden. • Jeden Mittwoch wird eine geführte Wanderung ins Schödertal angeboten; Treffpunkt ist jeweils um 9.00 Uhr beim Parkplatz Stockham. Auskunft und Anmeldung im Tourismusbüro Hüttschlag.

## 29 König Hafners Reich

### Rotgüldensee und Schrovinschartl – raunende Namen und die Geschichte vom Tod aus dem Berg

*Tagestour; gute, an einigen Stellen gesicherte Bergsteige, die Trittsicherheit erfordern; Juli bis Oktober.*

Einst soll der Hafner ein mächtiger König gewesen sein, reich und weise. Doch die Hexe Schrovin hatte ihn dazu verdammt, niemanden lieben zu können. Nicht einmal die schöne Prinzessin von Faschaun konnte seine Aufmerksamkeit auf sich ziehen – sie war ja selber verwunschen, und nur ein Mann, der aus freien Stücken die Sternwand zu ihr herauf erklettern würde, sollte sie erlösen können. Erst die gute Fee Lieser brachte die beiden doch noch zusammen, indem sie dem König im Traum einflüsterte, er solle über die Felsen klettern. Dies fiel dem sportlichen Monarchen natürlich nicht schwer: Die Geschichte ging gut aus; und der 3076 Meter hohe Hafner ist heute noch der höchste Berg im Lungau.
Die Geschichte dieses Salzburger Anteils am oberen Murtal, in dem wir nun erstmals die Alpensüdseite betreten, verlief aber nicht immer so poetisch. Wie anderswo der Goldrausch, so brach hier im Mittelalter ein wahrer »Giftrausch« aus: Bis 1884 wurden am Fuß des Hafners Tonnen von Arsenik erzeugt und via Venedig bis Kleinasien gehandelt. Schon die Griechen dürften Arsen in ganz geringer Dosis als »Dopingmittel« verwendet haben; manche Bauern gaben es sogar ihren Rössern. Man kannte aber auch andere Verwendungsmöglichkeiten: 1773 wurde im kärntnerischen Gmünd die unglückliche Eva Faschaunerin hingerichtet, die ihren Ehemann mit Arsen in Kasnudeln vergiftet haben soll.
Was die Knappen unter unvorstellbaren Mühen aus den 2000 oder 2500 Meter hoch gelegenen, winzigen, nassen Stollen herausholten und im Tal zermahlten und rösteten, benutzten gern auch Kaiser und Kardinäle, wenn es mit der Politik allein nicht weiterging. Die Geschichte von Rotgülden, dem größten Arsenbergbau der Tauern, ist gleichzeitig eine Geschichte von Ausbeutung, Intrigen, Gier und vom »plötzlichen« Tod.
Heute liegt das Gift eher über dem Blechstau auf der nahen Tauernautobahn in der Luft, und dem Hafner wird nur mehr die Wasserkraft abgeluchst. Der alte Staudamm des Rotgüldensees wurde zwar noch »heimlich« um 20 Meter aufgestockt, aber die Urlandschaft dahinter und darüber steht heute unter dem Schutz des Nationalparks.

#### Der Wegverlauf

Vom Parkplatz beim Kraftwerk Rotgülden (1368 m) führt ein Fahrweg (Nr. 541) zum Damm des Unteren Rotgüldensees (1737 m) und zur Rotgüldenseehütte hinauf. Der weiter taleinwärts führende Steig steigt oberhalb des Stausees an und schummelt sich zuletzt durch eine felsige Karstufe (Seilsicherung)

zum kleineren und einsameren Oberen Rotgüldensee (1996 m) hinauf.
Der Steig Nr. 540 zum Schrovinschartl (2039 m) zweigt gleich hinter der Hütte ab, schlängelt sich in Serpentinen durch die lokker bewaldete Seeleiten und quert – an einigen kurzen Stellen mit Drahtseilen gesichert – die felsdurchsetzten Abhänge des Schobers (2681 m). Jenseits der Scharte geht's etwas sanfter durch die Almböden des Schrovinkars und den Wald über der »Schmalzgruben« zur jungen Mur hinab, die bei der Kapelle der Muritzenalm (1591 m) erreicht wird. Der Rückweg zum Ausgangspunkt erfolgt nach rechts auf der Forststraße, vorbei am Mur-Wasserfall und am kleinen Stausee für das Rotgülden-Kraftwerk.

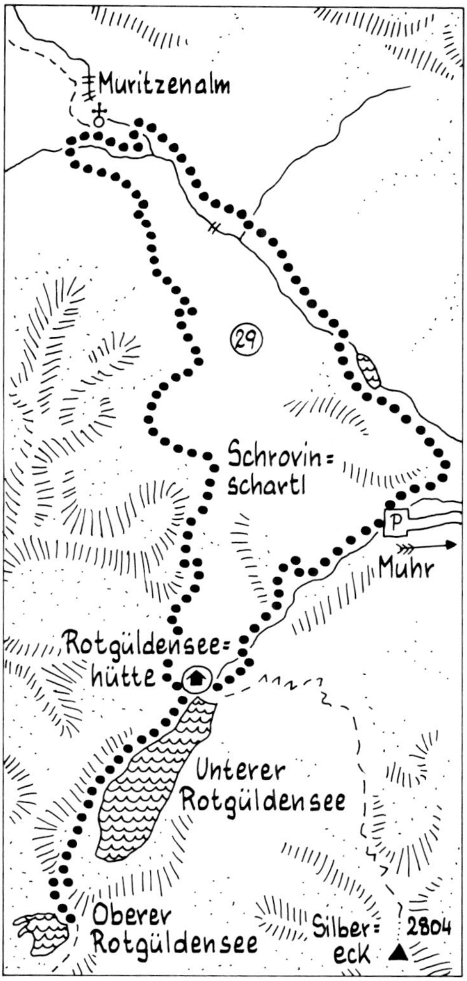


## Touristische Angaben

**Ausgangspunkt:** Parkplatz Rotgülden (Arsenhaus; 1368 m). Erreichbar mit dem Bundesbus bzw. mit dem Lungauer Tälerbus, mit dem man von der Muritzenalm auch wieder zurückfahren kann.
**Höhenunterschied:** 650 m; zum oberen Rotgüldensee zusätzlich 300 m.
**Reine Gehzeit:** Rotgülden – Rotgüldenseehütte 1 Stunde (Abstecher zum oberen Rotgüldensee und retour 2 Stunden); Übergang zur Muritzenalm 2½ Stunden; Abstieg zum Ausgangspunkt 1 Stunde.
**Ausrüstung:** Wandermontur.
**Einkehrmöglichkeit:** Rotgüldenseehütte (1740 m, privat, Nächtigungsmöglichkeit, bewirtschaftet von Mitte Juni bis Ende September).
**Karten:** ÖK Nr. 156; f&b Nr. 202.
**Zusatzprogramm:** • Der botanisch sehr interessante Steppenhang gleich oberhalb von Muhr ist durch einen gemütlichen Rundweg mit Rastbänken erschlossen; Gehzeit 2 Stunden. • Sehr lohnend ist auch die Wanderung von Rotgülden zur Sticklerhütte (1752 m, ÖAV, 22 Betten, 26 Lager, bewirtschaftet von Mitte Juni bis Ende September, Zugang 2½ Stunden, Zufahrtsmöglichkeit mit dem Lungauer Tälerbus) und weiter zum Mur-Ursprung in der »Schmalzgrube« (1898 m; 50 Minuten). • In Muhr wird jedes Jahr am 29. Juni und am Sonntag vor bzw. nach dem 24. September der »Samsonumzug« durchgeführt, wobei eine 6 m hohe Samson-Figur von zwei großköpfigen Zwergen begleitet wird. Am 29. Juni werden außerdem die prachtvoll mit Blumen geschmückten »Prangerstangen« zur Kirche getragen. • In Tamsweg befindet sich das Lungauer Heimatmuseum, in der Burg Mauterndorf das Lungauer Landschaftsmuseum; im Schloß Moosham sind im Rahmen von Führungen Bergbauanlagen und -werkzeuge zu besichtigen. • Zum Mur-Ursprung werden auch geführte Wanderungen angeboten. Auskunft und Anmeldung im Tourismusbüro Muhr.

# Unterwegs in den Kärntner Nationalparkregionen: Erlebnisse zwischen Maltatal, Mallnitz und Mölltal

## 30 Als die Wasser noch stürzten

### Gedanken auf dem Weg durch das Maltatal

*Kurze Abstecher und zwei stramme Halbtagstouren, die notfalls auch an einem Tag durchgeführt werden können; Forststraße bzw. harmlose, aber stellenweise steile Bergsteige; Juli bis November.*

Das Maltatal zu beschreiben ist nicht leicht. Da hatte es der Schweizer Bergdichter Gustav Renker vor neunzig Jahren noch einfacher – er sah die vielen Wasserfälle und nannte es »das Tal der stürzenden Wasser«. Aber heute? »Das Tal des menschlichen Größenwahns« würde vielleicht passen.

Ende der sechziger Jahre eliminierten fortschrittsgläubige Politiker mit einem Federstrich das Naturschutzgebiet rund um die Hochalmspitze. Die Bagger kamen, und es entstand die höchste Staumauer Europas – 198 Meter aufragend und gedacht als Ergänzung zum (nie in Betrieb gegangenen) Atomkraftwerk Zwentendorf. Dahinter versank das »Elend«, der weltentlegene Talschluß des Maltatals, unter 200 Millionen Kubikmeter Wasser; davor verschwand das lebenbringende Naß großteils in Ableitungsrohren. Die meisten der »stürzenden Wasser« plätschern heute, wenn überhaupt, nur mehr recht matt. Um so heftiger begann es dafür aus der Staumauer selbst zu plätschern: Aus Betonrissen drangen zeitweise bis zu 420 Liter pro Sekunde, was mehr als der dreifachen »Restwassermenge« des Melnik-Wasserfalls entspricht. Das Ergebnis: Ein halbleerer Stausee im toten, grauen Riesenbecken, Einbußen bei der Stromproduktion, unvorstellbare Sanierungskosten und unten im Tal der Ruf nach einem Evakuierungsplan.

Technik und Natur können »wie Feuer und Wasser« sein, bemerkt die Kraftwerks-Pressestelle in ihrem Prospekt, »vor allem dort, wo der Mensch schamlos wird und der Technik nicht nur sich selbst, sondern auch die Natur unterzuordnen versucht«. Ob diese Einsicht – auch angesichts der schamlosen touristischen »Restelverwertung« hier – zum blanken Zynismus wird oder ob das alles wirklich ein »bequemer und doch so erlebnisreicher Einstieg in den Nationalpark Hohe Tauern« ist, wie es die Vierfarbglanzpapierbroschüre verspricht – das muß jeder selbst entscheiden.

#### Der Wegverlauf

*Abstecher zu den Wasserfällen im Maltatal*
Vor dem Pflüglhof (854 m), etwa 3 km nordwestlich der Ortschaft Malta, ist das erste (und auch das letzte noch unberührte) der stürzenden Wasser zu sehen: der zweiteilige, insgesamt 150 m hohe Fallbach-Wasserfall. Die Gößfälle beim Pflüglhof sind fast vollständig trockengelegt. Der nächste Schleierfall erwartet uns vor dem Gasthaus Kerschhacklhof. Etwa 1 km hinter der Mautstelle ist rechts über den Hochsteg der breitgefächerte Melnikfall erreichbar; von der nächsten Straßenkehre aus sieht man auch den oberen Teil der insgesamt 300 m hohen Kaskaden. Im Bereich der Gmünder Hütte (1186 m) sind die Reste des Hochalmfalls und des einst berühmten »Blauen Tumpf« der Malta zu besichtigen (Zugang auf dem Steig unterhalb der Straßentunnels durch die Lange Wand). 2 km hinter den Tunnels stürzt rechts der zweiteilige Hintere Moaralmfall zu Tal (ein kurzer Steig führt zu einer Aussichtsplattform). Oberhalb des Galgenbichlspeichers ist noch ein kleinerer Wasserfall zu sehen, dann

***Vom Elend des Maltastausees wandern wir ins Große Elend, das herrliche Kar am Fuß der Hochalmspitze. Von der Tauernkönigin ist hier allerdings nur der prächtige Vorbau des Großen Elendkopfes zu sehen.***

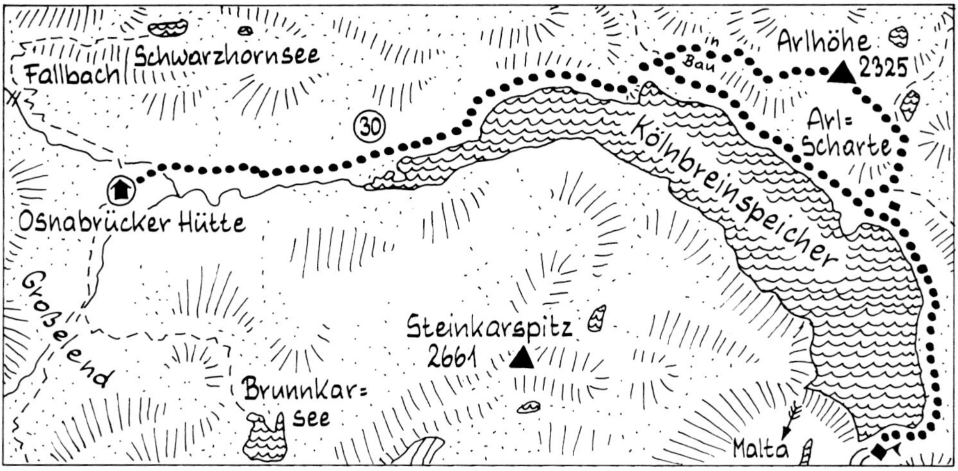


erreichen wir den Parkplatz bei der Kölnbreinsperre (1931 m).

*Der Panoramaweg über die Arlhöhe*

Von der Kölnbreinsperre (1931 m) schlendern wir auf der Schotterstraße (Nr. 537) dem Stausee entlang Richtung Osnabrücker Hütte, queren die unbeschreibliche Schotterwüste, unter der die Sameralm versunken ist, und gelangen nach einer guten halben Gehstunde zur Gedenkstätte über dem See. Rechts führt ein beschilderter Alpenblumenweg zur nahen Jägersteighütte hinauf. Bei der folgenden Wegteilung halten wir uns nach links und wandern – vorbei an einer Quelle – in Serpentinen zur Arlscharte (2325 m; Informationstafeln) hinauf. Links abzweigend erreichen wir in Kürze über den Höhenrücken die Arlhöhe (2325 m; Panoramascheibe). Der Rückweg erfolgt entweder auf der Anstiegsroute oder – sanft, aber stetig absteigend – auf dem neu angelegten Steig durch die felsdurchsetzten Almhänge unterhalb der Pfannlscharte zur Mündung des Kleinelendtals hinunter, wo uns wieder die Straße neben dem See empfängt.

*Zur Osnabrücker Hütte*

Die dem Stausee (1931 m) entlangführende Schotterstraße führt vom Ende des Sees sanft ansteigend durch das Großelendtal bis zur Hütte (2022 m) hinauf; im hinteren Talbereich ist auch noch ein Stück des alten Hüttenweges erhalten. Von der Hütte weg kann man noch beliebig weit dem breiten Großelendkees entgegenwandern (Steig Nr. 552) oder auf dem Steig Nr. 502 zum seltsam schrägen Fallbach-Wasserfall aufsteigen.

## Touristische Angaben

**Ausgangspunkt:** Die 18 km lange Mautstraße bzw. das Sporthotel Maltatal (Kölnbreinsperre; 1931 m). Keine öffentliche Busverbindung(!), Zufahrt eventuell per Taxibus.
**Höhenunterschied:** Zu den Wasserfällen kaum nennenswert; auf die Arlhöhe gut 300 m; zur Osnabrücker Hütte 100 m.
**Reine Gehzeit:** Zu den Wasserfällen jeweils nur wenige Minuten; Panoramaweg Arlscharte 4 Stunden; zur Osnabrücker Hütte und retour 4 Stunden.
**Ausrüstung:** Wandermontur.
**Einkehrmöglichkeit:** Gmünder Hütte (1186 m, ÖAV, 20 Betten, 12 Lager, bewirtschaftet von Mitte Mai bis Mitte Oktober); Gasthäuser und Jausenstationen neben der Maltatalstraße; Sporthotel Maltatal (1931 m, privat, bewirtschaftet von Ende Juni bis Ende September); Jausenstation Jägersteighütte am Stausee (im Sommer bewirtschaftet); Osnabrücker Hütte (2022 m, DAV, 31 Betten, 34 Lager, bewirtschaftet von Anfang Juli bis Ende September).
**Karten:** ÖK Nr. 155, Nr. 156 und 182; AV Nr. 44; f&b Nr. 191 und Nr. 202.

**Zusatzprogramm:** • Im Tierpark »Diana« beim Pflüglhof sind u. a. Gemsen, sibirische Füchse, Wildschweine, Karpartenhirsche und Greifvögel zu sehen. • Ein lohnendes Wanderziel ist die Kattowitzer Hütte am Hafner (2319 m, DAV, 7 Betten, 44 Lager, bewirtschaftet von Ende Juni bis Mitte September, Zugang von der Kölnbreinsperre in 2½ Stunden). • Das mittelalterliche Städtchen Gmünd an der Mündung des Maltatals beherbergt ein »Porsche-Museum«. • In der Bergwachthütte beim Gasthof Schoberblick in Rennweg (im Liesertal am Fuß des Katschbergs) wurde der Arsenbergbau im Pöllatal dokumentiert.

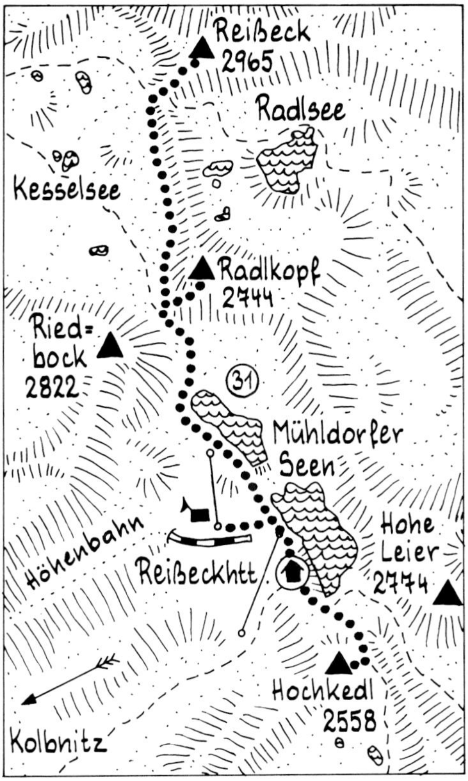


# 31 Mit der Grottenbahn in die Zauberberge

## Spannende Tourenziele rund um das Reißeck

*2 Tage; weitgehend unschwierige, aber an kurzen Stellen ausgesetzte und gesicherte Bergsteige (keinesfalls bei Schneelage oder Nebel gehen); Juli bis Oktober.*

Die meisten Berggruppen der Hohen Tauern wurden durch ihre natürlichen Besonderheiten bekannt – beim Reißeck hat jedoch die Technik dazugeholfen: Vor 40 Jahren wurden die vier hochgelegenen Seen um den Fast-Dreitausender aufgestaut; das in Rohren zusammengesammelte Wasser donnert seither über genau 1772,5 Höhenmeter auf die Turbinen im Kolbnitzer Kraftwerk – dies ist die größte genutzte Fallhöhe der Welt! Natürlich ging das nicht ohne Landschaftsschrammen ab: Die Betonmauer des Großen Mühldorfer Sees wurde der traulichen Reißeckhütte direkt hinter der Hauswand »aufs Auge gedrückt«, und zwischen trockengelegten Bächen und Liftstützen liegt noch immer allerlei Zeug aus der Bauzeit herum.
Schön wie eh und je sind dagegen die Berge geblieben. Es sind dunkle, rauhe Gipfel mit so geheimnisvollen Namen wie »Zaubernock« (2944 m) oder »Hohe Leier« (2774 m), die sich mit Unmengen von groben Steinen und seltsamen Felsgestalten umgeben. Der drohende Hugo-Rausch-Turm auf der Kleinen Leier fällt sofort auf, und die »Elefanten« in der nahen Goaselescharte regen nicht nur die kindliche Phantasie an. Als ich mit meinem damals Siebenjährigen über das Riekentörl strolchte, lag plötzlich ein unbekanntes Revier vor uns – voll lebendigem Wasser und mit einem alten Bahndamm mittendurch. Auf dem Reißeck hielten wir Zwiesprache mit Murmeltieren, und an den Felsstufen des Hochkedls ließen wir die Armmuskeln um die Wette spielen.
Am allermeisten gefiel ihm aber natürlich die Auffahrt mit der einstigen Werksbahn – zuerst mit dem dreiteiligen, bis zu kribbligen 82 Prozent steilen Schrägaufzug, und dann mit der schmalspurigen »Höhenbahn«, die durch einen gut zwei Kilometer langen Stollen zu den Stauseen führt. Bergerlebnisse per Grottenbahn – wo gibt's das sonst noch?

***Die Hohe und Kleine Leier – zwei markante Gipfel im Bereich der Reißeck-Stauseen.***

## Der Wegverlauf

*Auf den Hochkedl*

Vom Sporthotel bei der Endstation der Höhenbahn (2244 m) schlendern wir in Kürze zur Reißeckhütte (2287 m) hinüber und steigen zum südlichen Ansatz der Staumauer hinauf, wo sich der Weg teilt: Wir wandern auf dem Steig Nr. 568 geradeaus über einen Schuttrücken zum Fuß des Hochkedls und links an dessen Nordflanke (mit Eisenstiften gesichert) bis über die Goaselescharte (Seescharte, 2480 m; hierher gelangt man auch weglos direkt durch das Trümmerkar). Nun geht es in mehreren Kehren (Eisenstifte) durch die steile Geröllhalde zum Gipfel (2558 m) hinauf.

Der Abstieg erfolgt auf der gleichen Route.

*Auf den Radlkopf*

Dieser wunderschöne Bergweg beginnt ebenfalls beim Sporthotel. Über den Seeriegel oberhalb des Kleinen Mühldorfer Stausees und durch das steile Kar zwischen Riedbock und Radlkopf zieht der Steig Nr. 510 ins Riekentörl (2525 m) hinauf. Dort zweigen wir rechts ab und steigen dem Radlkopf (2744 m) weglos durch den Schutt des breiten, unschwierigen Südwestrückens aufs Haupt.

Der Abstieg erfolgt auf der gleichen Route.

*Auf das Große Reißeck*

Anfangs wandern wir – wie beschrieben – ins Riekentörl. Ab hier folgen wir jedoch dem rechts abzweigenden Höhenweg Nr. 562, der – sanft ansteigend – bis unter die Kalthergscharte (Wegabzweigung) hinüberführt. Rechts oberhalb, direkt in der Scharte (2715 m), zweigt neuerlich ein Pfad ab. Wir bleiben jedoch auf dem Steig Nr. 562, der uns in zahlreichen Serpentinen über den Südwestrücken auf das Große Reißeck (2965 m) hinaufleitet.

Der Abstieg erfolgt auf der gleichen Route, wobei wir ab der erwähnten Wegteilung unterhalb der Kaltherbergscharte auch die »Seenrunde« durch die Riekener Hochalm »anhängen« können (bis zur Mooshütte, 2320 m, beim Hochalm-Stausee Steig Nr. 561; Rückweg ins Riekentörl auf dem Reißeck-Höhenweg Nr. 510).

### Touristische Angaben

**Ausgangspunkt:** Sporthotel Reißeck (2244 m); erreichbar von Kolbnitz (614 m) mit der Reißeck-Höhenbahn.
**Höhenunterschied:** Hochkedl 300 m; Radlkopf 500 m; Reißeck 700 m.
**Reine Gehzeit:** Hochkedl 1–1 ½ Stunden; Radlkopf 2 Stunden; Reißeck 2½–3 Stunden für den Aufstieg und – mit der Runde über die Mooshütte – 4 Stunden für den Rückweg.
**Ausrüstung:** Bergausrüstung; eventuell eine Reepschnur zum Sichern.
**Einkehrmöglichkeit:** Sporthotel Reißeck und Höhenbahnhaus (2244 m, privat, ganzjährig bewirtschaftet); Reißeckhütte (2287 m, ÖAV, 11 Betten, 36 Lager, bewirtschaftet von Anfang Juli bis Ende September). Die Mooshütte (2302 m, ÖAV, 12 Lager) ist für Selbstversorger mit dem AV-Schlüssel zugänglich.
**Karten:** ÖK Nr. 182; f&b Nr. 221.
**Zusatzprogramm:** • In Mühldorf an der Möll lohnt sich ein Abstecher in die leider ziemlich trockengelegte Klinzerschlucht (Zugang 30 Minuten). • Ein unerschöpfliches Wanderrevier ist die Kreuzeckgruppe südlich der Möll. Lange, hochalpine und vor allem einsame Höhenwege verbinden eine Handvoll Schutzhütten und erschließen etliche Gipfel zwischen 2400 und 2700 m Seehöhe. An Werktagen verkürzt der Kreuzeck-Schrägaufzug bei Kolbnitz den Anstieg zur Salzkofelhütte (1987 m).
• Das prächtige Renaissanceschloß Porcia in Spittal an der Drau beherbergt ein reichhaltiges Bezirks-Heimatmuseum; im nahen Parkschlößl ist ein Bergbaumuseum, im Paternschloß (2 km südlich von Spittal) ein Handwerksmuseum zu besichtigen. Das MUKI (Museum für Kinder) veranstaltet jeden letzten Samstag von Mai bis September Kindernachmittage.

## 32 Das Mallnitzer Nationalparktor

### Ein Blitzbesuch beim Groppensteiner Wasserfall

*Kurzer Abstecher auf einem unschwierigen, aber zuletzt steilen Steig; außer bei Schneelage immer begehbar (das meiste Wasser fließt im Frühsommer, sonst wird es von einem Kraftwerk dezimiert).*

Wäre nicht vor neunzig Jahren die Eisenbahn hineingebaut worden, läge das Tauerndorf Mallnitz vielleicht immer noch hinter den sieben Bergen. So hat es sich jedoch mittlerweile zu einem beliebten Kärntner Bergsteigerzentrum und zur schmucken Nationalparkgemeinde gemausert: Diese Bedeutung verkündet ein Stein-»N« und das »Vogerl-Symbol« des Tauern-Parks schon an der Talschwelle – dort, wo die kühn in die Hänge gebaute Bahnlinie den Ort erreicht und der Mallnitzer Bach plötzlich in einer Waldschlucht verschwindet.
Ein wenig unterhalb hat genau dieser Bach ebenfalls ein würdiges Begrüßungssymbol geschaffen, das jedoch kaum jemand kennt: In der Nähe des Mölltaler Marktes Obervellach, überragt von der wohlbetürmten Burg Groppenstein, stürzt sein Wasser lautstark über eine fünfzig Meter hohe Felsstufe, wobei es regelrecht in die Luft katapultiert und dann durch einen Felssporn zweigeteilt wird. Ein kurzes Stück weiter unten rumort das kühle Naß noch einmal über eine Felskante, verschönert mit seinem beruhigenden Geplätscher eine hübsche Wiese für die Familienrast und murmelt schließlich – gezähmt durch einen riesigen Verbauungsdamm – der Möll entgegen.

### Der Wegverlauf

Von Obervellach (678 m) wandern wir westwärts durch den Ortsteil Raufen (690 m). Von der dortigen Brücke über den Mallnitzbach leitet ein Forstweg ins Waldtal hinein. Bei der folgenden Wegteilung zweigen wir rechts ab, marschieren oberhalb der Wildbachverbauung vorbei und erreichen auf einem Pfad den

***Ein eher unbekanntes Naturwunder am Eingang des Mallnitzer Nationalparkreviers: der Groppensteiner Wasserfall.***

ersten Wasserfall. Dort leitet uns ein Steg auf die andere Seite, wo wir in steilen Serpentinen zu einem schmalen Aussichtsplatz vor dem oberen Wasserfall aufsteigen (Seilsicherung). Achtung: Der Weiterweg ist oft durch einen Erdrutsch zerstört – nicht weitergehen! Der Rückweg erfolgt auf der gleichen Route, wobei man noch eine Runde über den breiten Talboden und der Möll entlang bis Untervocken im Süden von Obervellach »anhängen« kann.

## Touristische Angaben

**Ausgangspunkt:** Obervellach (687 m).
**Höhenunterschied:** Nicht einmal 100 m.
**Reine Gehzeit:** Hin und retour ca. 2 Stunden.
**Ausrüstung:** Wanderschuhe sind empfehlenswert.
**Einkehrmöglichkeit:** Gasthöfe in Obervellach.
**Karten:** ÖK Nr. 181; f&b Nr. 225.
**Zusatzprogramm:** • Ein ebenso preiswertes wie lohnendes Freizeiterlebnis vermittelt die Bahnfahrt zwischen Mallnitz-Obervellach und Kolbnitz – über gewaltige Brücken, durch einige Tunnels und vorbei an der »Märchenburg« Niederfalkenstein mit ihrem erkergeschmückten Turm.
• Im Kaponiggraben sind einige verfallene Bergwerksstollen zu entdecken (Weg Nr. 5; ca. 30 Minuten); auf der Urban-Hochalm (1809 m) ist eine Hütte aus dem Jahr 1797 mit Rauchkuchl und einem kleinen Almmuseum zu besichtigen; Zugang über Pfaffenberg ins Kaponigtal (Markierung Nr. 26) in 2–3 Stunden. • Südlich von Obervellach, in den Waldhängen des Poliniks (2784 m), verbergen sich mit dem Polinikfall, dem Rauchkopffall und dem Klausbachfall drei weitere Wasserwunder (Zugang jeweils ca. 1–1½ Stunden).

# 33 Hüttenversorgung mit einer Pferdestärke

## Durch das liebliche Dösner Tal

*1–2 Tage; unschwieriger, aber stellenweise steiler Anstiegsweg; Juni bis Oktober.*

Viel haben sie ja nicht übriggelassen, die Kärntner Strombosse: Der Dösner See ist eines der ganz wenigen größeren Gewässer, die dem Schicksal des künstlichen Aufstauens entgangen sind. Gott sei Dank – denn damit ist uns ein blaugrünes Schmuckstück in einer der liebenswertesten Tauernlandschaften erhalten geblieben!
Zugegeben: Der Weg durch das Dösner Tal »zieht« sich. Daß er großen und kleinen Besuchern trotzdem nirgends fad wird – dafür sorgt schon das Wasser mit all seinen Facetten. Ein stets übermütiger Bach, stille Quellen und ein zauberhaftes Wasserauge inmitten von Schilfwimpern und geheimnisvollem Auwald begleiten uns taleinwärts; und oberhalb der Dösner Jagdhütte schlängelt sich das glitzernde Juwel durch einen der schönsten Almböden, die ich kenne.
Nach soviel Zwiesprache mit den kleinen Wundern der Natur erwartet uns oben, am Ufer des Dösner Sees, das gemütlich ausgebaute Arthur-von-Schmid-Haus. Vieles, was Küche und Keller dort oben bieten, muß mühsam hinaufgeschleppt werden – und zwar mit einer Pferdestärke. So trottet ein geduldiges Haflinger-Hottehü mehrmals die Woche mit dem Hüttenwirt ins Tal und – bis über die Mähne mit Bierkisten, Gemüsesteigen und Suppenschachteln bepackt – wieder retour. Sollten Sie dem Gespann auf dem schmalen, mit Steinplatten belegten Hüttenweg begegnen: Das Roß hat Vorfahrt!

### Der Wegverlauf

Vom Bahnhof Mallnitz-Obervellach (1179 m) wandern wir zunächst den Schienen entlang talauswärts. Durch eine Unterführung und vorbei am Umspannwerk kom-

***Das stattliche, aber urgemütliche Arthur-von-Schmid-Haus spiegelt sich wohlgefällig im Dösner See, dem Schmuckstück der Mallnitzer Nationalpark-Region.***

men wir zu den Häusern am östlichen Talhang, wo ein steiler Wiesenweg (Nr. 510) zu den Bauernhöfen am Dösner Sonnenhang hinaufleitet. Schließlich quert eine Straße ins Dösner Tal hinein und folgt dem Bach – vorbei am geheimnisvollen Kitzbrunn – bis zur Konradlacke mit ihrer Jausenstation (1616 m). Ab hier windet sich der alte Hüttenweg in Serpentinen durch zwei steile Geländestufen höher; dazwischen gönnt uns ein idyllischer Almboden eine Verschnaufpause. Zuletzt erreichen wir eine winzige Lacke im Blockschutt, die den unterirdischen Abfluß des nahen Dösner Sees markiert. Oberhalb davon steht das Arthur-von-Schmid-Haus (2275 m).
Der Abstieg erfolgt auf der gleichen Route.

**Touristische Angaben**

**Ausgangspunkt:** Bahnhof Mallnitz-Obervellach (1179 m).
**Höhenunterschied:** 1100 m.
**Reine Gehzeit:** 4 Stunden.
**Ausrüstung:** Wandermontur.
**Einkehrmöglichkeit:** Gasthaus Egger und Gasthaus Säuleck in Dösen; Konradhütte (1616 m, privat, im Sommer bewirtschaftet); Arthur-von-Schmid-Haus (2275 m, ÖAV, 20 Betten, 65 Lager, bewirtschaftet von Mitte Juni bis Ende September).
**Karten:** ÖK Nr. 181; AV Nr. 44; f&b Nr. 191.

## 34 Audienz bei der Tauernkönigin

### Hochalpine Ausflüge zur Gießener Hütte oder auf das Säuleck

*Eine Zweitage- und eine Tagestour; nicht besonders schwierige, aber hochalpine und an kurzen Stellen gesicherte Steige, die Trittsicherheit erfordern und keinesfalls bei Nebel oder Vereisung begangen werden dürfen; Juli bis Oktober.*

»Damendreitausender« nannte man so freundliche Hochgipfel wie das Säuleck früher, als alpine Heldentaten noch reine Männersache waren. Heute könnte man den 3086 Meter hohen »Hausberg« des Dösner Tals vielleicht als »Familiendreitausender« empfehlen – trittsicheren und mit Firn vertrauten Anhang vorausgesetzt: Das respektable Felstrapez panzert sich zwar mit etlichen rauhen Seiten, wirft einem auf dem Normalweg aber meist keine allzu großen Prügel vor die Bergschuhe.
Die ersten »Touristen« setzten dem Säuleck bereits anno 1823 einen Steinmann auf. Wahrscheinlich haben sie wie die heutigen Besucher fasziniert ins benachbarte Reich der »Hochalm«, zur 3360 Meter messenden Hochalmspitze, hinübergeschaut. Um diese »Tauernkönigin« ranken sich ja allerlei Geschichten: In ihrem Namen ist die in den ganzen Alpen verbreitete Sage von der verwunschenen, zu Eis gewordenen Alm verwoben. Genau dieses Eis hätte noch in jüngster Vergangenheit zu klingender Münze gemacht werden sollen: Erst der Kärntner Alpenverein beendete die Gletscherlift-Spekulationen, indem er am 8. August 1988 bei einer Versteigerung zuschlug und die Hochalmspitze kaufte. Für den Fall, daß Sie Ihren Lieben auch einmal einen Gipfel unter den Christbaum legen möchten, sei Ihnen gleich der Preis für so einen Felshaufen verraten: 1 120 000 Schilling.
Bei gutem Wetter dürfen wir uns der Tauernkönigin schon zu einer Audienz nähern – am besten durch das »steinreiche« Abenteuerrevier des Hohen Gößkars. Leider geruhen Majestät nicht immer gnädig zu sein – im »Lawinenfrühling« 1975 zerlegte sie die alte Gießener Hütte jedenfalls mit einer Riesenlahn zu Kleinholz. Der ebenso gemütliche wie komfortable Neubau wurde nun respektvoll in den Hang eingefügt. Von hier aus entdekken Sie übrigens sicher auch den steinernen Hofstaat der Tauernkönigin, die bizarren »Steinernen Mannln« über dem Trippkees. Wer weiß, vielleicht erzählt man sich einmal in fernen Zeiten, das wären die verfluchten Liftingenieure gewesen?

***Und das ist sie jetzt wirklich, die Tauernkönigin: die Hochalmspitze mit dem südlich vorgelagerten Trippkees und der Urlandschaft des oberen Gößkars.***

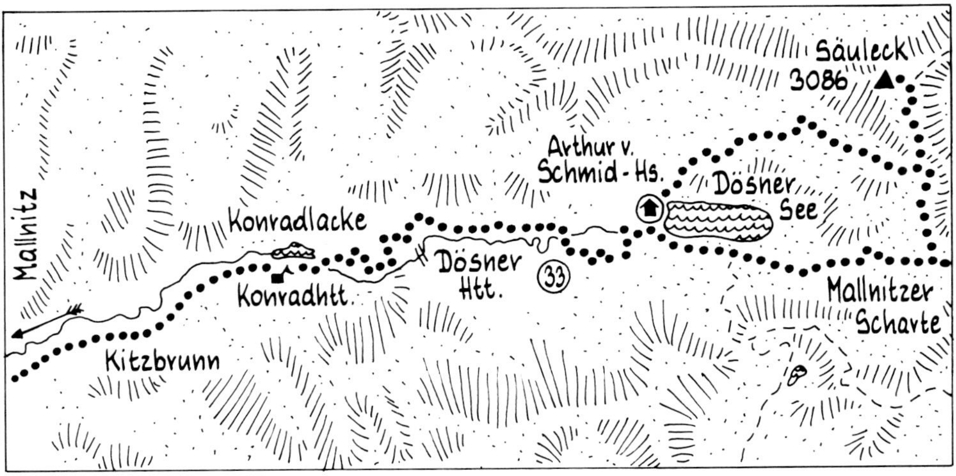


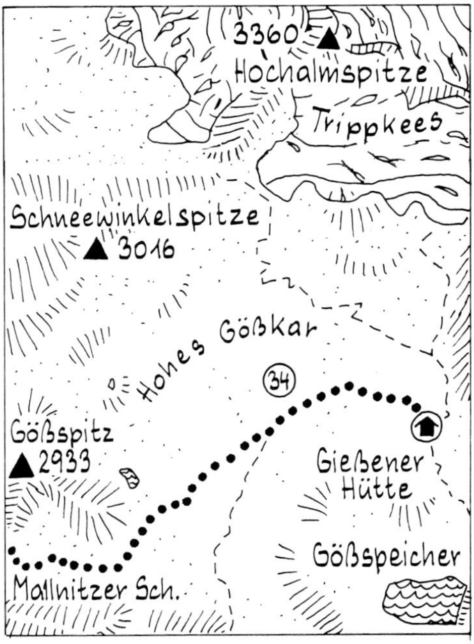


## Der Wegverlauf

*Über die Mallnitzer Scharte zur Gießener Hütte*

Vom Arthur-von-Schmid-Haus steigen wir – südlich des Dösner Sees und vorbei am »Glocknerblick« – auf dem Pfad Nr. 533 durch steile Wiesen- und Schutthänge nach Osten zur Mallnitzer Scharte (2672 m; Heiligenfigur) hinauf. Jenseits quert der Steig ein schmales Felsband (Seilsicherung), dann folgt der Abstieg über ein steiles Firnfeld. Im Anschluß führt der »Buderusweg« (Nr. 532) ohne Probleme durch das Hohe Gößkar zur Neuen Gießener Hütte (2203 m) hinüber.
Der Rückweg erfolgt auf der gleichen Route.

*Auf das Säuleck*

Vom A.-v.-Schmid-Haus führt über dem nördlichen Ufer des Dösner Sees der Steig Nr. 534 steil ins Gelände oberhalb der markanten Seewände hinauf. Am Südfuß der Säuleck-Felsen wenden wir uns – meist durch Schneefelder – nach links in ein Kar und steigen in Serpentinen durch das steile Blockfeld neben dem Südostgrat höher (Achtung: Bei der Abzweigung des »Detmolder Steiges« im Grazer Schartl knapp unterhalb des Gipfels bleiben wir links). Zuletzt erreichen wir über Schuttblöcke den Säuleck-Gipfel (3086 m).
Im Abstieg folgen wir der Anstiegsroute. Von den Schneefeldern am Fuß der Großen Gößspitze, wo der Steig Richtung Schmidhaus nach rechts abbiegt, können wir aber auch geradeaus nach Süden in das meist von Schneefeldern bedeckte Kar unterhalb der Mallnitzer Scharte absteigen. Ab hier steigen wir auf dem Steig Nr. 533 (siehe oben) zum Dösner See ab.

### Touristische Angaben

**Ausgangspunkt:** Arthur-von-Schmid-Haus (2275 m).
**Höhenunterschied:** 800 m.
**Reine Gehzeit:** Zur Gießener Hütte 3½ Stunden; für den Rückweg ist ebensoviel Gehzeit zu veranschlagen. Auf das Säuleck 2½ Stunden im Aufstieg; im Abstieg über die genannte Abstiegsvariante 2–2½ Stunden.
**Ausrüstung:** Bergausrüstung; eventuell eine Reepschnur zum Sichern.
**Einkehrmöglichkeit:** Arthur-von-Schmid-Haus (siehe Tour 33).
**Karten:** ÖK Nr. 181; AV Nr. 44; f&b Nr. 191.

***Der Stappitzer See in der Nähe von Mallnitz ist mit seinem Seebachtal-Lehrweg schon für sich ein lohnendes Ausflugsziel. Hier starten aber auch etliche Steige und die Seilbahn Richtung Ankogel.***

## 35 Die Raststation der Wandervögel

### Rund um den Stappitzer See

*½ Tag; harmloser Wanderweg bzw. Forststraße; Mai bis November.*

Mallnitz ist ein Paradies für Wandervögel aller Art: Die zweibeinigen schwärmen von den unerschöpflichen Bergsteigerrevieren rund um den Ort, während die gefiederten vor allem den nahen Stappitzer See im Seebachtal schätzen: Durchziehende Vögel wie Grau- und Purpurreiher legen bei Schlechtwettereinbrüchen im Frühling gern eine Verschnaufpause an dem kleinen, verschilften Gewässer ein; dazu gesellen sich noch fünfzig heimische Vogelarten, die hier jedes Jahr brüten. Die Gebirgsstelze mit ihrem ständig wippenden, waagrecht abstehenden Schwanz werden Sie am Wasser sicher bald

zu Gesicht bekommen, und auch die tollkühnen Sturzflüge der Alpensegler sind leicht zu beobachten. Sogar ein Prachttaucher aus dem Hohen Norden wurde schon gesichtet! Die kunterbunte Vogelwelt ist aber nur eine Facette des Mallnitzer Seebachtals: Die Wissenschaftler des WWF entwickeln im Talgrund, wo die Naturschutzorganisation Jagdpächter wurde, ein nationalparkgerechtes Wildmanagement.
Im Seebachtal – einem der wenigen Tauerntäler ohne Steilstufe – wurde nun ein neuer naturkundlicher Wanderweg angelegt. Er leitet uns vom See weg durch einen »betenden Wald«, der immer wieder von Staublawinen umgeblasen wird, oder zu einem »Eisloch«, aus dem der kalte Hauch der Unterwelt weht. Außerdem erklärt er die Lebensräume am Seebach und erzählt vom Leben auf der Alm. Garniert wird das Ganze von etlichen Wasserfällen, Bergsturz-»Urwäldern«, einer gemütlichen Jausenstation und einem Gebirgshorizont der Marke »3×3000«. Ein Tag vergeht hier wie im Flug – mit und ohne Flügel!

## Der Wegverlauf

Zunächst schlendern wir von der Talstation der Ankogel-Seilbahn (1260 m) auf der Forststraße über den Seebach zum Nordufer des Stappitzer Sees (1270 m). Wegspuren führen zum Wasser; man möge dort aber bitte nicht im Schilf oder Gras herumsteigen – das Gelände ist sehr empfindlich!
Beim See markiert der erste von 18 bezeichneten (und in einem informativen Führer erläuterten) Haltepunkten den Beginn des naturkundlichen Wanderweges: Er zweigt ein kurzes Stück hinter dem See rechts von der Straße ab und führt durch die Roßalmen und die Lassacher Almen taleinwärts, bis man 10 Minuten vor der Jausenstation Schwußnerhütte (1335 m) die Straße wieder erreicht.
Der Rückweg erfolgt – vorbei an weiteren Haltepunkten – auf der Almstraße.

## Touristische Angaben

**Ausgangspunkt:** Parkplatz bei der Talstation der Ankogel-Seilbahn (1260 m); Busverbindung von Mallnitz; zu Fuß von dort in 1 Stunde erreichbar.
**Höhenunterschied:** Nicht einmal 100 m.
**Reine Gehzeit:** 2 Stunden.
**Ausrüstung:** Wandermontur.
**Einkehrmöglichkeit:** Gasthof Alpenrose bei der Seilbahnstation; Jausenstation Schwußnerhütte (1335 m, privat, 12 Betten, bewirtschaftet von Mitte Mai bis Mitte Oktober).
**Karten:** ÖK Nr. 155; AV Nr. 44; f&b Nr. 191.
**Hinweis:** In der Kurverwaltung bzw. der Nationalparkverwaltung Mallnitz ist ein handlicher Naturführer über das Seebachtal und den Naturlehrweg erhältlich. Im Seebachtal führt der WWF seit 1991 ein Forschungsprojekt für nationalparkkonformes Wildmanagement durch.

***Der verdiente norddeutsche Alpenvereinspionier Carl Arnold ließ sich einst in diesem Mausoleum auf dem Tauern-Hauptkamm vor der Kulisse des Ankogels begraben. Der Schuttgupf vor dem Gletscherberg ist die Grauleitenspitze.***

**Zusatzprogramm:** • In der Schusterkeusche, einem urigen Bauernhaus, wurde das Mallnitzer Heimatmuseum untergebracht; in der Nähe wurden auch fünf historische Stockmühlen restauriert. Anmeldung für Führungen in der Kurverwaltung.

## 36 Dem Ankogel entgegen

### Eine hochalpine Bergab-Wanderung vom Hannoverhaus ins Seebachtal

*1–2 Tage; unschwierige, aber hochalpine Steige, die nur bei sichtigem Wetter begangen werden sollten; Juli bis Oktober.*

Den 3248 Meter hohen Ankogel, früher auch »Unkogel« genannt, teilen sich die Salzburger und die Kärntner geschwisterlich: Erstiegen wurde er schon im Jahr 1762 vom Patschg-Bauern aus Gastein – das war damals der erste Gletschergipfel der Ostalpen. Die Mallnitzer haben dafür eine Seilbahn hinaufgebaut; auch das 1911 errichtete Hannoverhaus und das bemerkenswerte Mausoleum des norddeutschen Alpenvereins-Pioniers Carl Arnold liegen gerade noch auf Kärntner Gebiet. Der Ankogel wird sich aber sicherlich nichts dabei gedacht haben, als er 1932 nach einem Erdbeben seine Felsspitze ins Salzburgische kippte – seither ist er jedenfalls um 32 Meter niedriger.
Die Gondeln verleiten auch Unberufene zu alpinen Abenteuern: Der Ankogel läßt sich – das sei gleich gesagt – keinesfalls mit den Händen in der Hosentasche erklimmen. Der ruppige Felsgrat hat sich mit viel abschüssigem Gestein und respektablen Eisfeldern gepanzert. Steigen Sie – wenn das Wetter paßt – lieber der vorgelagerten Grauleitenspitze, dem liebenswerten Hüttenklapf des Hannoverhauses, aufs schuttbedeckte Haupt – er verschenkt das Gipfelglück immerhin auch fast 2900 Meter über dem Meer!

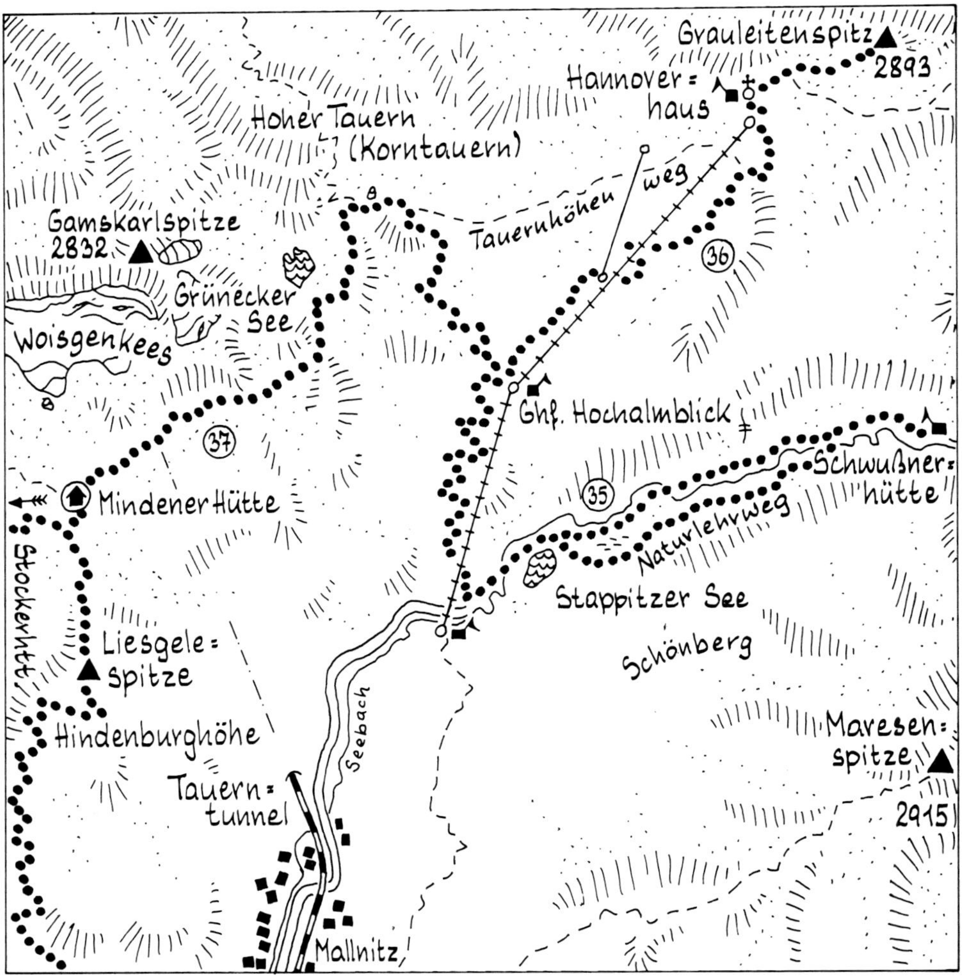


## Der Wegverlauf

*Auf die Grauleitenspitze*

Von der Bergstation der Ankogel-Seilbahn (2620 m) wandern wir das kurze Stück zum Hannoverhaus hinauf (2722 m); großartiger Rundblick vom Großglockner bis zur Hochalmspitze.

Von dort steigen wir kurz auf dem Tauernhöhenweg Nr. 502 in die Scharte östlich des Hannoverhauses ab, von wo der Tauernhöhenweg rechts in die Flanke leitet. Wir folgen ab hier dem unmarkierten, aber nicht zu verfehlenden Steig, der uns durch den südwestseitigen Schutt- und Rasenhang auf die Grauleitenspitze (2893 m) hinaufleitet. Hier tut sich ein Prachtblick zum nahen Ankogel auf! Achtung: Der ehemals gesicherte Weiterweg Richtung Ankogel ist verfallen und endet in lebensgefährlichem Gelände!

Der Abstieg erfolgt auf der gleichen Route.

*Der Abstieg vom Hannoverhaus*

Von der Hütte (2722 m) steigen wir auf dem Weg Nr. 518 kurz zur Bergstation der Seilbahn ab. Noch ein Stück weiter unten stehen am Etschlsattel (2548 m) die Reste der alten Hannoverhütte; oberhalb davon schwenken wir rechts ins Kar der »Hinteren Lucke« ein, durch das wir – immer im Nahbereich der Seilbahn – zur Mittelstation (1989 m) hinabwandern. Der weitere Abstiegsweg (Nr. 517)

***Beinahe wie ein verwunschenes Hexenhäuschen steht die Mindener Hütte unterhalb der Gamskarlspitze – ein Bergland für Träumer und Romantiker!***

führt in zahlreichen Kehren durch die Almhänge und den Wald neben dem Tauernbach zur Talstation (1260 m) hinunter.

### Touristische Angaben

**Ausgangspunkt:** Bergstation der Ankogel-Seilbahn (2620 m); zu Fuß auf dem Steig Nr. 517 und Nr. 518 in 4½ Stunden erreichbar; Busverbindung von Mallnitz zur Talstation.
**Höhenunterschied:** Auf die Grauleitenspitze 300 m; Abstieg vom Hannoverhaus zur Mittelstation 750 m; bis ins Tal nochmals 750 m.
**Reine Gehzeit:** Bergstation – Hannoverhaus 15 Minuten; auf die Grauleitenspitze 1 Stunde; Abstieg zur Mittelstation 1½ Stunden und bis zur Talstation nochmals 1½ Stunden.
**Ausrüstung:** Wandermontur.
**Einkehrmöglichkeit:** Hannoverhaus (2722 m, DAV, 36 Betten, 46 Lager, bewirtschaftet von Mitte Juni bis Mitte Oktober); Gasthaus Hochalmblick bei der Mittelstation (1989 m, privat, 30 Betten, während der Betriebszeit der Seilbahn bewirtschaftet).
**Karten:** ÖK Nr. 155; AV Nr. 44; f&b Nr. 191.

## 37 Auf alten Pfaden in die Mondlandschaft

Der »Heidenweg« über den Korntauern, ein Stück des Tauernhöhenweges und der Mindener Jubiläumsweg

*1½–2 Tage; nicht allzu schwierige, aber hochalpine Steige, die keinesfalls bei Nebel oder Schneelage begangen werden dürfen; Juli bis Oktober.*

Wandern im Hochgebirge kann ein Heidenspaß sein. Ob die Überschreitung der Tauern für die Heiden auch so ein Vergnügen war? Funde erzählen von den Menschen, die schon in der Jungsteinzeit zwischen Mallnitz und Gastein unterwegs gewesen sind – wahrscheinlich oft genug mit einer Heidenangst vor einem Wettersturz im Nacken. »Handelsweg, 5000 Jahre alt« verkündet heute eine Tafel am »Heidenweg« über den 2460 Meter hohen Korntauern. Die Route mag vielleicht so alt sein; der da und dort noch gut sichtbare, bis zu drei Meter breite und stellenweise kunstvoll aufgeschichtete Plattenweg selbst dürfte eher von den Fuggern stammen – die reiche Handelsfamilie aus Augsburg besaß ja hüben und drüben Goldbergwerke. Eine Heidenarbeit muß der Bau auf jeden Fall gewesen sein.

400 Jahre später legten auch Bergsteiger ihre Steige durch die Tauern – quer zu den Saumwegen, in 2000 bis 2500 Metern Seehöhe, als Verbindung zwischen den Schutzhütten. Damit enstand auch der »Tauernhöhenweg« – keine Wanderpromenade, sondern ein hochalpiner Marathonsteig, der etliche gesicherte und ungesicherte »Freiluftstellen«, mühsame Schuttfelder und steile, oft lebensgefährlich hartgefrorene Firnfelder im Programm hält.

Auch sein freundlichster Abschnitt, der »Mindener Weg«, ist selten ganz aper. Abgesehen von einer luftigen Felsecke führt er aber recht zahm durch eine schutterfüllte Mondlandschaft, aus der sich mitunter hünenhafte Steinobelisken aufbäumen, bis zur Mindener Hütte hinüber. In dieser putzigen, von norddeutschen Bergfreunden liebevoll gepflegten Selbstversorgerherberge kann man sich nur wohlfühlen – frisches Tauernwasser plätschert vor der Hütte, hinter ihr breitet das öde Woisgenkar seine Wasseraugen und Gletscherflecken unter der Gamskarlspitze (2832 m) aus. Der Abschied von diesem stillen Stück des Paradieses wird wahrscheinlich niemandem leichtfallen!

## Der Wegverlauf

Von der Mittelstation der Ankogel-Seilbahn (1989 m) wandern wir auf dem Steig Nr. 517 durch das Kar der »Vorderen Lucke« gegen den Korntauern hinauf, wobei wir stellenweise die Reste des alten Saumweges benutzen. Auf 2289 m Seehöhe erreichen wir den Tauernhöhenweg Nr. 502, der vom Hannoverhaus herüberführt. Dieser leitet uns nach links (Westen), vorbei am Kleinen Tauernsee, bis in das Schuttkar unterhalb des Korntauern (Wegteilung). Wir bleiben auf dem Tauernhöhenweg, der uns in der Folge durch die steilen Schuttfelder unterhalb des versteckten Grüneckersees und um die Felsvorbauten der Gamskarlspitze (2832 m) herum zur Mindener Hütte (2428 m) hinüberleitet.

Den Rückweg weist uns der markante Kamm, der von der Hütte nach Süden zur Liesgelespitze (2405 m) zieht. Der »Mindener Jubiläumsweg« (Nr. 137) folgt ihm ein kurzes Stück, zweigt aber dann rechts ab, quert das öde (aber wassersprudelnde) Woisgenkar und schlängelt sich zuletzt in steilen Serpentinen neben den Wasserfällen des Woisgenbachs zur Stockerhütte (1282 m) ins Mallnitzer Tauerntal hinunter. Von dort kommen wir entweder per Bus oder auf dem Talwanderweg, der ein Stück unterhalb der Jausenstation von der Mautstraße abzweigt, nach Mallnitz (1191 m) hinaus.

Der besagte Kamm kann auch direkt auf dem Steig Nr. 138 überschritten werden; der Abstieg von der Hindenburghöhe (2316 m) ist allerdings mühsam.

## Touristische Angaben

**Ausgangspunkt:** Mittelstation der Ankogel-Seilbahn (1989 m); Busverbindung von Mallnitz zur Talstation. Zu Fuß von der Talstation in 2½ Stunden erreichbar.
**Höhenunterschied:** 500 m im Aufstieg und 1250 m im Abstieg.
**Reine Gehzeit:** Mittelstation – Mindener Hütte 3 Stunden; Abstieg zur Stockerhütte 2½ Stunden; nach Mallnitz nochmals 1 Stunde.
**Ausrüstung:** Wandermontur.
**Einkehrmöglichkeit:** Gasthaus Hochalmblick bei der Seilbahn-Mittelstation (1926 m, privat, im Sommer bewirtschaftet); Mindener Hütte (2428 m, DAV, 12 Lager, Selbstversorgerhütte; von Mitte Juni bis Mitte September offen; die Mitnahme von Holz oder Briketts vom Depot an der Kreuzung des »Heidenwegs« mit dem Tauernhöhenweg, 2289 m, wird erbeten); Gasthaus Stockerhütte (1282 m) und Gasthaus Gutenbrunn (1219 m) im Mallnitzer Tauerntal (im Sommer bewirtschaftet).
**Karten:** ÖK Nr. 155 und Nr. 181; AV Nr. 42 und Nr. 44; f&b Nr. 191.

***Tiefblick auf die Technik: Aus dem Mallnitzer Nationalparkrevier – genauer gesagt aus der Feldseescharte – schauen wir auf den gleichnamigen See, der hoch über dem Fraganter Tal aufgestaut wurde.***

## 38 Ein Kinderspiel von einer Wanderung

### Von der Jamnigalm auf den Feldseekopf

*Ausgefüllte Tagestour; unschwierige, aber stellenweise steile Steige; Juli bis Oktober.*

»Papa, Mama – was machen wir denn heute?« In Mallnitz haben Sie keine geringe Auswahl für Vorschläge, die auch den anspruchsvollen Nachwuchs zufriedenstellen. Das schönste »Kinderrevier« verbirgt sich jedoch im Mallnitzer Tauerntal, zwischen dem geheimnisumwitterten »Zauberwald« im Höllgrübl und dem runden, erdbraunen Feldseekopf, der als leicht erreichbarer Aussichtsgipfel zum einsamen Böseck-Kamm aufschließt. Treffender als die bekannte Bergschriftstellerin Liselotte Buchenauer kann man es nicht beschreiben: »Zu dieser Wanderung müßte man Kinder mitnehmen, vielleicht sogar solche, die zum ersten Mal im Hochgebirge sind! Zuerst wird der große Tauernbach Interesse finden, später entdekken sie allerlei Beeren und Blumen und neue Gewässer um die Jamnigalm. Dort oben steht ein nettes Gasthaus, was Kinder immer zu schätzen wissen. Steigt man weiter gegen die Feldseescharte, kann man sich durch Schwarzbeerenwälder ›durchessen‹....
Gleich hinter der Jamnigalm ist eine ›Steinerne Stadt‹ mit Riesenblöcken von einem Bergsturz, wo man keineswegs schnell vorbeigehen kann! Allerhand Getier ist auch zu sehen, von weidendem Ziegen- und Rindvieh angefangen bis zu leibhaftigen Murmeltieren...«
Wenn das alles noch nicht zum Appetitanregen ausreicht, können Sie dem Nachwuchs ja noch von den bunten Strahlsteinen erzählen, die den Weg zur Feldseescharte garnieren, von der aluminiumglänzenden Biwakschachtel und der alten Tauernglocke daneben, von den Steinböcken, die hier oben manchmal zu sehen sind, oder vom Feldsee, der aus der Tiefe des Fraganter Tals blinkt.

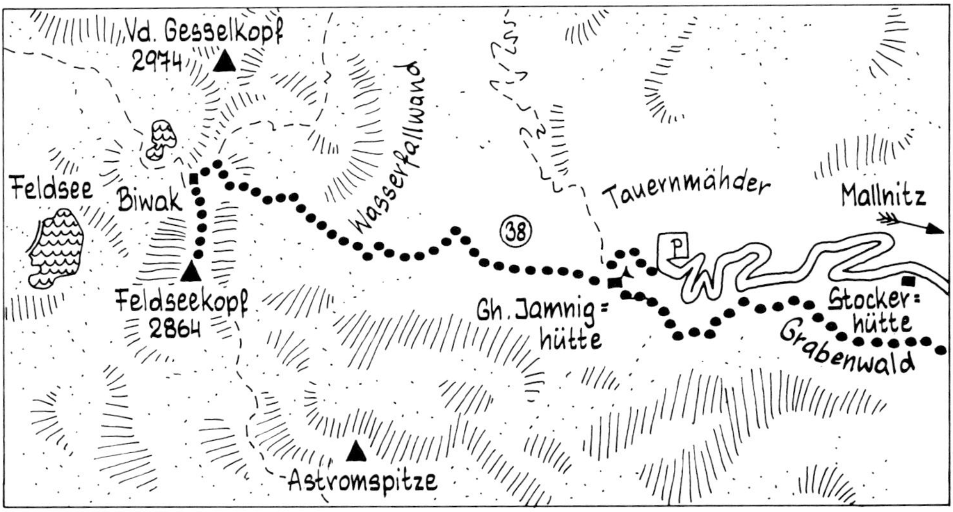


## Der Wegverlauf

Gleich neben dem Parkplatz (1650 m) im hinteren Tauerntal überschreiten wir auf einer Brücke den Tauernbach, anschließend wandern wir durch duftigen Fichten-Lärchen-Zirbenwald zur oberhalb gelegenen Jamnigalm (1745 m). Weiter geht es auf dem Steig Nr. 136, der zuerst durch herrliche Almwiesen führt, etliche Wasserläufe überquert und sich zuletzt in engen Serpentinen durch den steilen Schutthang zur (schon von unten sichtbaren) Feldseescharte (2712 m) hinaufwindet. Hier finden wir auch das Weißgerber-Biwak.

Der Weiterweg auf den Feldseekopf (2864 m) ist nicht zu verfehlen: Der Steig Nr. 143 leitet uns genau nach Süden im Bereich des erdigen, aber unproblematischen Kammverlaufs auf den Gipfel.

Der Abstieg erfolgt auf der gleichen Route.

Achtung: Die Begehung des Tauernhöhenweges von der Feldseescharte zur Hagener Hütte ist bis in den Herbst hinein wegen steiler, meist beinhart vereister Altschneefelder sehr gefährlich!

## Touristische Angaben

**Ausgangspunkt:** Der Parkplatz am Ende der Mautstraße durch das Mallnitzer Tauerntal (1650 m; Busverbindung von Mallnitz). Südlich der Straße, jenseits des Tauernbaches, führt auch ein lohnender Wanderweg (Nr. 110) durch das Tal; Ausgangspunkt beim Hotel »Drei Gemsen« in Mallnitz; Gehzeit 2 Stunden.

**Höhenunterschied:** 1250 m.

**Reine Gehzeit:** 3 Stunden bis zur Feldseescharte; auf den Feldseekopf nochmals ½ Stunde.

**Ausrüstung:** Wandermontur.

**Einkehrmöglichkeit:** Jamnigalm (Gh. Jamnighütte, 1745 m; privat, 8 Betten, bewirtschaftet von Anfang Juni bis Anfang Oktober); Weißgruber-Biwakschachtel (2712 m, DAV, offener Unterstand).

**Karten:** ÖK Nr. 155, Nr. 154 und Nr. 181 (ungünstiger Blattschnitt); AV Nr. 40; f&b Nr. 191.

***Keine Schlucht für schwache Nerven: Der Steig durch die wildromantische Raggaklamm hat's in sich!***

## 39 Nichts für schwache Nerven: Die Raggaklamm

### Der »Einbahn-Steg« durch das wildeste und lauteste Naturwunder Kärntens

*½ Tag; steil und kühn angelegter, gut abgesicherter Schluchtsteg; Mai bis November.*

Man kann – zumindest nördlich des Alpenhauptkamms – fragen, wen man will: Die Raggaklamm kennt kaum jemand. Seltsam, denn der versteckte Schlund zählt mit Sicherheit zu den eindrucksvollsten Naturwundern der Alpen und steht durchaus in einer Reihe mit der viel berühmteren Liechtensteinklamm, den Umbalfällen oder den Krimmler Wasserfällen.
Recht ängstlich darf man allerdings nicht sein, will man das geheimnisvolle Naturwunder unter die Lupe nehmen: Obwohl die 200 Meter hohen Schluchtwände regelmäßig und gewissenhaft von losem Zeug gesäubert werden, prasselten doch schon Steine auf den Schluchtsteig. Schuld daran waren vermutlich gedankenlose Zeitgenossen, die in den steilen Waldhängen oberhalb des Einschnitts herumstiegen und Pilze suchten.
Aber auch ohne diese Bedrohung ist »atemberaubend« der einzige treffende Begriff für die Raggaklamm: Mit etwas Herzklopfen steigen wir über die Steintreppen und die solid verankerten, aber engen, steilen und feuchten »Hühnerleitern« nach oben – stellenweise muß man sich regelrecht wie auf einem Klettersteig an den Seilgeländern hochziehen. Ununterbrochen donnert der Raggabach in der finsteren Tiefe – man muß staunen, wie das vergleichsweise bescheidene Wässerchen ein derart lärmendes Inferno zustande bringt! Fast einen Kilometer lang hält uns der finstere Orkus gefangen, bis uns über einem eleganten Wasserfall das Tageslicht wieder entgegenblitzt.
Hoffentlich hat sich nun jeder sattgesehen, denn der Abstieg durch die Klamm ist – tatsächlich! – verboten. Auf bürgermeisterliche Anweisung hat der Rückweg auf einer schattigen Forststraße zu erfolgen, die hinter einer Kurve allerdings selber so steil wird, daß an ihrem Rand Drahtseile gespannt wurden – es handelt sich also um eine völlig neuartige Spielart des Alpinismus, um eine »ferrata stradale«. Alles in allem: Die Stärkung unten im Klammgasthaus ist verdient!

#### Der Wegverlauf

Von Flattach (692 m) flanieren wir zunächst über die Möll in die Ortschaft Schmelzhütten, wo seit dem 14. Jahrhundert Kupfererz geschmolzen wurde. Ab hier steigt ein Zufahrtssträßchen steiler nach Süden zum Klemmgasthaus und zur Kasse beim Schluchtbeginn (Eintrittsgebühr) an. Dann führt der gut gesicherte Schluchtsteig großteils über steile, oft recht nasse Holzstege durch den engen Einschnitt. Vor dem abschließenden Wasserfall schlängelt sich der Pfad in Serpentinen nach rechts durch steiles Waldgelände zu einer Forststraße hinauf (870 m). Diese leitet uns, immer steiler abfallend, in einer weiten Serpentine wieder zur Klammkasse hinab.
Achtung: Von der Forststraße keinesfalls rechts in die Hänge oberhalb der Klamm absteigen – die losgetretenen Steine pfeifen direkt auf den Schluchtsteg!

#### Touristische Angaben

**Ausgangspunkt:** Flattach (692 m); Busverbindung von Obervellach bzw. Winklern.
**Höhenunterschied:** 200 m.
**Reine Gehzeit:** 2 Stunden für den Rundweg.
**Ausrüstung:** Wegen der nassen Stege unbedingt Wanderschuhe!
**Einkehrmöglichkeit:** Gasthaus und Kiosk vor der Klamm.
**Karten:** ÖK Nr. 181; f&b Nr. 225.
**Zusatzprogramm:** • Ein hübscher Wasserfall ist in der Lamnitz, einem alten Bergbaurevier südlich von Rangersdorf an der Möll zu entdecken; dort existiert auch noch ein altes »Bauernbadl«. • Als besonders lohnendes Wanderziel empfiehlt sich das »Marterle« (1836 m), ein weißes Wallfahrtskirchlein mit einem Gasthaus in den steilen Abhängen des Zellinkkopfs (2449 m). Zugang über den Wenneberg auf dem Steig Nr. 155 in 3 Stunden.

# 40 Ein Almweg für alle

## Unterwegs auf dem Familienwanderweg über die Winkler Alm

*1–2 Tage; unschwierige Steige; Juni bis Oktober.*

In Winklern erreichen wir die westliche Kärntner Nationalparkregion, die sich über die Schobergruppe bis zum Großglockner erstreckt. Im Vorfeld der unnahbaren Dreitausender, oberhalb des Mölltaler Marktes, breitet sich ein weitgestreckter, sanft geneigter und duftig bewaldeter Almbalkon aus, durch den der Alpenverein einen »Familienwanderweg« angelegt hat. Die fast ebene Panoramaroute hält, was sie verspricht: ein Wandertag in diesem unerschöpflichen Revier wird zum Fest für kleine und große Entdekker!

In einem dazugehörigen Büchlein im Taschenformat können dann alle nachlesen, wie sich diese Berge im Verlauf von Jahrmillionen aufgetürmt haben, was hier so an Flora und Fauna zu sehen ist oder welche Bedeutung die typischen »Kasa« auf den Gemeinschaftsalmen des oberen Mölltals haben: Die mindestens 300 Jahre alte Hütte auf der Winkler Alm wurde beispielsweise noch vor 60 Jahren als Unterstand für Mensch und Vieh, Koch- und Schlafstätte genutzt; dreimal im Jahr wurden dort alle Schafe in Pferche getrieben, um sie zu zählen und ihnen ein Gemisch aus Hafer und Salz zu geben. Noch heute treibt die Agrargemeinschaft Winklern jährlich 70 bis 80 Rinder, 10 bis 15 Pferde und an die 400 Schafe auf!

### Der Wegverlauf

Vom Iselsberg (1209 m) wandern wir zunächst auf einem Güterweg durch den Weiler Penzelberg zur sehenswerten St.-Benedikt-Kirche. Hier beginnt der steile Waldsteig Nr. 931, der – die Zufahrtsstraße der Winkler Alm mehrfach kreuzend – zu den Almhütten bzw. zum dortigen AV-Jugendheim (1907 m) hinaufleitet. Der »Hausberg« der Alm, der 2401 m hohe Straßkopf, kann von hier aus

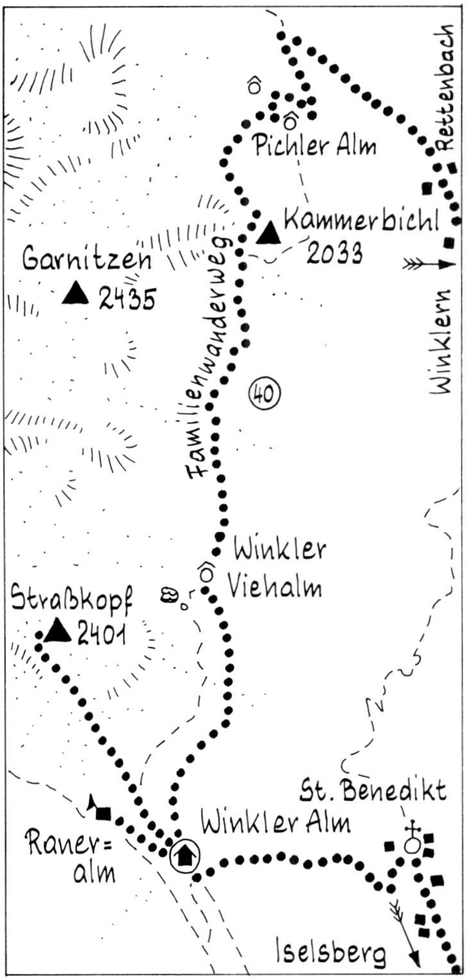


auf einem unschwierigen, markierten Steig »mitgenommen« werden!

Beim Jugendheim auch beginnt der Familienwanderweg (Nr. 929), der zunächst noch eine Almstraße benutzt, bis zur Winkler Viehalm aber auch eine höhergelegene Steigvariante anbietet, die an einem kleinen Almsee vorbeiführt. In der Folge leitet uns der Pfad ohne schweißtreibende Höhenunterschiede über den Kammerbichl (2033 m) zur Pichleralm (1977 m) hinüber, wobei er uns – stets oberhalb der Waldgrenze – prachtvolle Einblicke in die gegenüberliegende Goldberggruppe und die Kreuzeckgruppe gewährt.

Der Abstieg erfolgt auf der Zufahrtsstraße der Pichleralm bzw. einem Abkürzungssteig zu

***Der »Nationalpark-Vogel« begrüßt die Reisenden von Winklern. Oberhalb des Ortes breitet sich im Vorfeld der Schobergruppe ein weitgestrecktes Almrevier aus.***

den Gehöften von Rettenbach (ca. 1300 m); ab hier empfiehlt sich der Steig Nr. 930, der durch die Felshänge des »Kofels« zur Mölltal-Bundesstraße knapp nördlich von Winklern hinunterführt (Bushaltestelle).

## Touristische Angaben

**Ausgangspunkt:** Hotel Defreggerhof am Iselsberg (1209 m); Busverbindung von Winklern und Lienz.
**Höhenunterschied:** Iselsberg – Winkler Alm 700 m; Familienwanderweg ca. 150 m; Abstieg von der Pichleralm 1100 m.
**Reine Gehzeit:** Iselsberg – Winkler Alm 2½ Stunden; Familienwanderweg 2 Stunden; Abstieg 2½ Stunden.
**Ausrüstung:** Wandermontur.
**Einkehrmöglichkeit:** AV-Jugendheim Winkler Alm (1907 m, ÖAV, 20 Betten, 50 Lager, bewirtschaftet von Mitte Juni bis Mitte September; Zufahrt mit PKW oder Taxi möglich); Jausenstation Raneralmhütte (1903 m); Pichleralm (1977 m, privat, im Sommer bewirtschaftet, Zufahrt mit PKW oder Taxi).
**Karten:** ÖK Nr. 180; AV Nr. 41; f&b Nr. 181.
**Hinweis:** Ein handlicher Führer über den Familienwanderweg Winkler Alm ist im Tourismusbüro Winklern bzw. im AV-Jugendheim erhältlich.
**Zusatzprogramm:** • Bei der Jausenstation Grubenbauer werden im Juli und August Laterndl-Fiakerfahrten für Kinder veranstaltet. • Im Sommer kann man jeden Dienstag an geführten botanischen Wanderungen teilnehmen (Treffpunkt jeweils um 8 Uhr beim Tourismusbüro Winklern). • Auch Nacht- und Kinderabenteuerwanderungen werden durchgeführt; Information und Anmeldung im Tourismusbüro. • Der historische Mautturm, das Wahrzeichen von Winklern, wird derzeit als Informationszentrum ausgebaut.

# 41 Seelig am Sadnig

## Wanderparadies rund um die Asten und die Großfragant

*2–4 Tage; weitgehend unschwierige Steige durch Alm- und Hochgebirgsgelände; Juli bis Oktober.*

Wie in der nahen Kreuzeckgruppe liegen auch in der Sadniggruppe die Gipfelhöhen deutlich unter 3000 Meter. Der Sadnig (2745 m) – nicht der höchste Gipfel, aber der »Namenspatron« dieses ebenso steinigen wie almgrünen Wanderparadieses unter den südlichen Sonnblick-Ablegern – trennt zwei Welten, wie sie unterschiedlicher nicht sein könnten:

Im Osten, im Fraganter Tal, verbindet sich die restlose Kraftwerks-Wassernutzung mit einem heftig umstrittenen, 1987 leider doch eröffneten Sommerskigebiet auf dem südseitigen, rapid abschmelzenden Wurtenkees alias »Mölltaler Gletscher«. Was der Tourismusverband als »Erlebnis 3000« anpreist, skizzierte die Zeitschrift »Bergsteiger« weitaus weniger poetisch: »Seilbahn, Lifte, Straßenbau, Lawinenverbauungen, ein großes Restaurant auf etwa 3000 Meter Höhe, Gletscherpräparierungen mit Düngemitteln, Schadstoffe bis zum 50000fachen der natürlichen Werte, ungenehmigter Pistenbau, Trinkwasser-Sperrungen bei der Duisburger Hütte, Fäkalien-Ablagerungen...« Als der Spittaler Alpenvereinsvorsitzende Dr. Gräber das ganze als »vorhersehbaren ökonomischen und ökologischen Flop« bezeichnete, klagte die Gletscherbahngesellschaft wegen »Kreditschädigung« (und verlor den Prozeß in zwei Instanzen). Auf »Naturschädigung« hat noch niemand geklagt... Hätte die AV-Sektion Spittal nicht soviel Rückgrat bewiesen, wäre jedenfalls auch noch das benachbarte Almkar der Kleinfragant als Liftgebiet mißbraucht worden.

Szenenwechsel. Auf der anderen, westlichen Seite des Sadnigs verbirgt sich das einschichtigste Bergbauerntal Kärntens: die Asten. Vor dem Bau der Zufahrtsstraße (1965) waren die

***Die Sadniggruppe gibt sich nicht überall so abweisend wie hier gegen das Fraganter Tal zu. Auf der südlichen und westlichen Seite breiten sich auch ausgedehnte grüne Hänge und blumenreiche Almwiesen aus.***

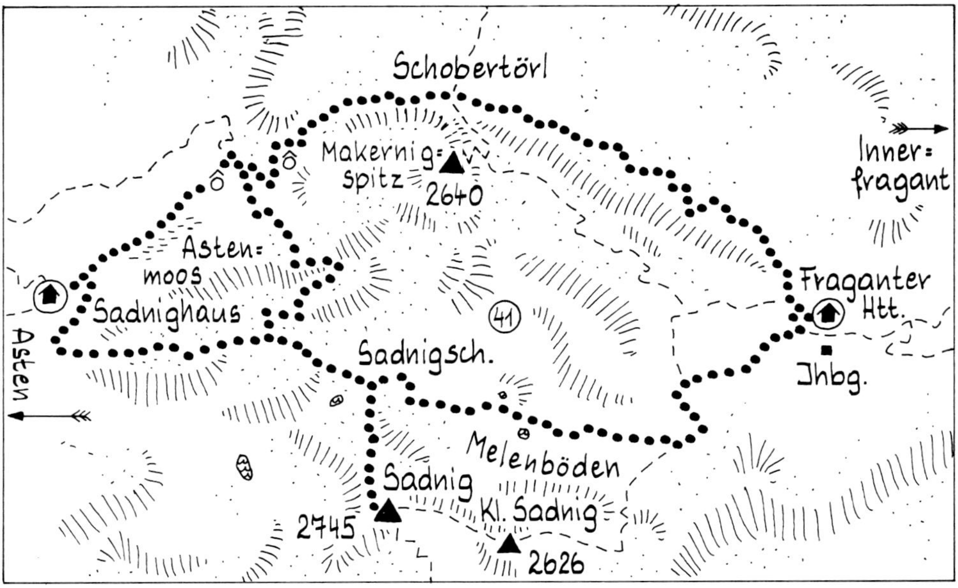


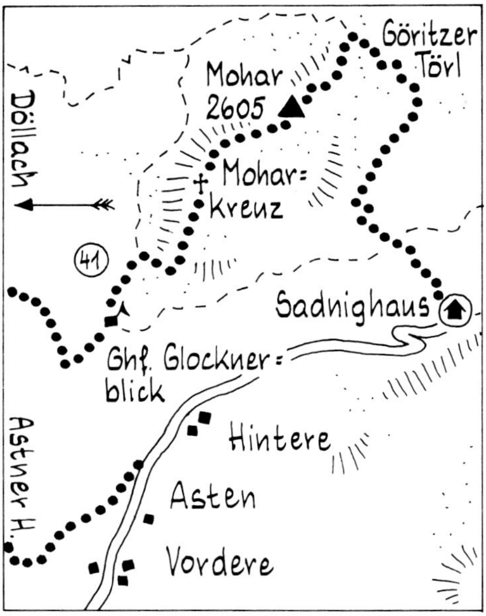


gut 1600 Meter hoch gelegenen Höfe im Winter oft monatelang von der Außenwelt abgeschnitten; Verstorbene mußten dann mit Schlitten zu Tal gebracht werden. Schulpflicht besteht hier erst seit 1927 und galt zunächst nur von Allerheiligen bis Mitte Mai, da die Kinder den Rest des Jahres über wie die Erwachsenen zur Arbeit herangezogen wurden. Auf den kirchdachsteilen Hängen mußte die abrutschende Erde immer wieder hinaufgetragen werden – die Bauern sollen sich dort, wo das Vieh nicht mehr gehen konnte, sogar vor den Pflug gespannt haben. Gute alte Zeit...? 1980, als in der Asten zum ersten Mal ein Telefon klingelte (!), gab es nur noch 35 Bewohner...

## Der Wegverlauf

*Zum Neuen Sadnighaus*
Von Döllach (1013 m) wandern wir zunächst auf der Straße ins nahe Sagritz (1132 m) und steigen von dort auf dem alten Bauernweg (Nr. 149) über den Weiler Allas (1440 m) und die Astener Höhe (1898 m) zu den Gehöften der Hinteren Asten (1670 m). Von dort ist es auf der Zufahrtsstraße (Nr. 148) nicht mehr weit zum Sadnighaus (1876 m).

*Auf den Mohar, den »Blumenberg« Kärntens*
Vom Sadnighaus leitet uns der Steig Nr. 153 steil zur Blaslalm und über die blumenreichen Astener Böden zum Göritzer Törl (2458 m; ehemaliges Bergbaugebiet) hinauf. Links setzt der Grat auf den Mohar-Gipfel (2605 m) an; in der Fortsetzung steigen wir über das Moharkreuz (2448 m) zum Gasthaus Glocknerblick (2047 m) ab. Von hier

kommt man auf der Straße nach Osten zum Sadnighaus zurück oder – auf dem alten Almweg Nr. 1 A – direkt wieder nach Sagritz und Döllach hinunter.

*Zur Fraganter Hütte und auf den Hohen Sadnig*

Vom Sadnighaus spazieren wir – vorbei am Astenmoos, einem prächtigen Flachmoor – in den Talgrund hinein. Bei der Wegteilung oberhalb der Auernigalm (1900 m) wählen wir den Steig Nr. 151, der über die Burgstaller Alm (2116 m) und das Schobertörl (2360 m) zur Fraganter Hütte (1817 m) in die Großfragant hinüberzieht.

Der Rückweg erfolgt auf dem Pfad Nr. 146 durch die herrlichen Melenböden und über die Sadnigscharte (2484 m), wobei sich oberhalb des Kabitzenbühels zwei Wegvarianten zum Sadnighaus anbieten. Der Hohe Sadnig (2745 m) ist von der Sadnigscharte über einen harmlosen Blockgrat zu erreichen.

**Touristische Angaben**

**Ausgangspunkt:** Döllach im Mölltal (1013 m).

**Höhenunterschied:** Zum Sadnighaus 750 m im Aufstieg und 200 m im Abstieg; auf den Mohar 700 m (im Abstieg nach Döllach 1600 m); zur Fraganter Hütte und retour insgesamt 1200 m (mit der Ersteigung des Sadnig um 300 m mehr).

**Reine Gehzeit:** Döllach – Sadnighaus 3 Stunden; auf den Mohar 2½ Stunden (Abstieg nach Döllach 3½ Stunden); Sadnighaus – Schobertörl – Fraganter Hütte 3 Stunden; über die Sadnigscharte retour 3½ Stunden (mit Ersteigung des Sadnig 2 Stunden mehr).

**Ausrüstung:** Wandermontur.

**Einkehrmöglichkeit:** Neues Sadnighaus (1876 m, Berggasthaus, ÖAV, 21 Betten, 26 Lager, bewirtschaftet von Anfang Mai bis Ende Oktober, Zufahrt per PKW oder Taxi möglich); Gasthof Glocknerblick (2047 m, privat, im Sommer bewirtschaftet, Zufahrt mit PKW oder Taxi möglich); Fraganter Hütte (1817 m, ÖAV, 42 Betten, 44 Lager, bewirtschaftet von Anfang Juni bis Mitte Oktober bzw. auf Anfrage).

**Karten:** ÖK Nr. 180; f&b Nr. 225 und Nr. 181.

**Zusatzprogramm:** • Ein Besuch im Nationalparkhaus »Alte Schmelz« in Döllach (Gemeinde Großkirchheim), das interessante Ausstellungen, eine Tonbildschau und die Mölltaler Handwerksstube zeigt. • Das Museum im prächtigen Schloß Großkirchheim dokumentiert den historischen Goldbergbau, Geologie, Flora und Fauna der Region.
• Von Ende Juni bis Ende September wird in Döllach jeden Mittwoch ein geführter »historischer Spaziergang« angeboten; Treffpunkt ist jeweils um 10 Uhr bei der Kirche.
• Von Döllach aus werden Familienwanderungen und Trekkingtouren mit Saumpferden durchgeführt; Anmeldung im »Glockner-Aktiv-Büro«, Heiligenblut.

## 42 Die Holländer in der Schobergruppe

### Gradental – Petzeck – Wangenitzsee

*Zwei- bis Dreitagetour; unschwierige Talwege, verbunden durch eine hochalpine, stellenweise gesicherte Route, die nur bei guten Verhältnissen begangen werden darf; Juli bis Oktober.*

Wenn ein Gebirge als »Edelstein im Mosaik der Alpen« bezeichnet wird, muß es schon was Besonderes sein: Liselotte Buchenauer, »Bergprofessorin« und Grande Dame des deutschsprachigen Alpinismus, hat die Schobergruppe jedenfalls besonders ins Herz geschlossen und die 50 Dreitausender südlich des Glockners für das neuzeitliche Bergsteigen wiederentdeckt: Rassige, großteils recht rauhe Gipfel, dunkelbrauner, blauer, roter und grüner Fels, tief eingeschnittene Täler, dazwischen ein paar Gletscherflecken, um so mehr Seen, übermütiges Wildwasser und behütete Almparadiese. Als dieses hochalpine Schatzkästchen erlebten schon die ersten Bergpioniere die Schobergruppe, und so präsentiert sich uns das heutige Nationalparkgebiet noch immer! Schweißtreibende Höhenwege überbrücken die Kämme und Scharten; eine Handvoll Hütten bieten Verpflegung und ein Dach überm Kopf.

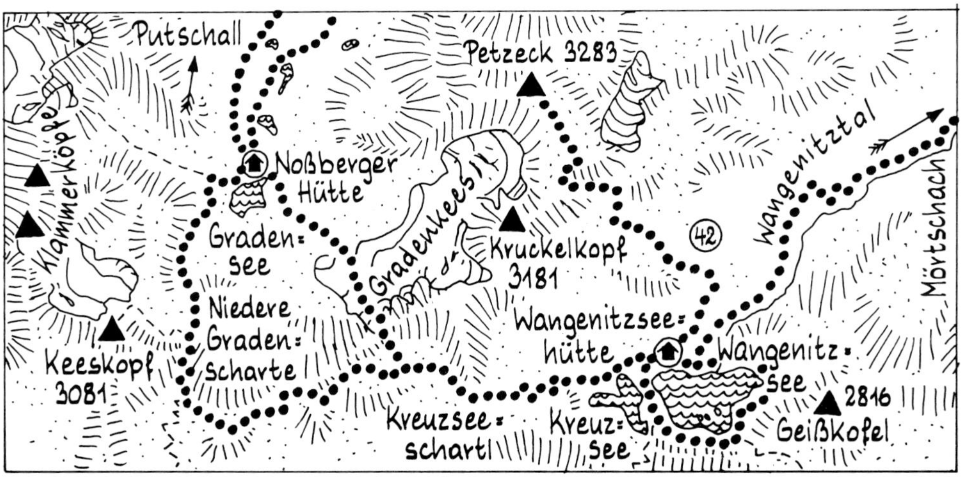


Eine davon gehört Leuten aus einem sehr flachen Land: Die »Nederlandse Bergsportvereniging«, die holländische Sektion des Österreichischen Alpenvereins, nahm sich 1965 der abgebrannten Hütte im Wangenitztal an und baute dort ein modernes Schutzhaus. Der Platz neben dem fast traurig dunklen Wangenitzsee und dem so treffend benannten Kreuzsee ist wunderschön – ebenso wie die Lage der Adolf-Noßberger-Hütte im benachbarten Gradental, das sich in Hüttennähe mit einem gletschermilchigen See schmückt. Dazwischen läßt sich das 3283 Meter hohe Petzeck verhältnismäßig einfach ersteigen. Mit zwei Höhenmetern Vorsprung verteidigt es die Königswürde in der Schobergruppe vor dem Roten Knopf und bietet uns einen wahrlich majestätischen Rundblick!

## Der Wegverlauf

Von Putschall im Mölltal (1091 m) marschieren wir Richtung Gradental, das wir entweder auf der Talstraße oder – schöner, aber etwas länger – auf dem oberhalb durch den südlichen Talhang führenden »Förstersteig« (Nr. 916) durchschreiten. Hinter der Gradenalm (1707 m) steigen wir über eine Geländestufe zum idyllischen Gradenmoos (1913 m) hinauf.

Die folgende Talstufe überwinden wir am besten über die üppigen Serpentinen des rechten »neuen Hüttenweges« (eine kurze Passage ist gesichert), der zuletzt im Nahbereich einiger kleiner Wasseraugen der Adolf-Noßberger-Hütte (2488 m) am Gradensee zusteuert.

Der hier beginnende »Holländerweg« (Nr. 923) zielt geradewegs nach Süden auf das Gradenkees zu. Über den westlichen Firnrest gelangen wir in die steile Schneerinne, die den Durchstieg zur Hohen Gradenscharte (2803 m; Stahlseil) vermittelt. Jenseits geht es 50 m ebenfalls recht steil durch erdigen Schutt abwärts, bis wir im Perschitzkar nach links auf den Steig Nr. 918 abbiegen. Dieser führt uns über das nahe Kreuzseeschartl (2750 m) zum Kreuzsee und zur nahen Wangenitzseehütte (2508 m) am gleichnamigen Gewässer hinüber. Sollte der Zustieg zur Hohen Gradenscharte vereist sein, bietet sich der etwas leichtere, aber längere und ebenfalls gesicherte Übergang über die Niedere Gradenscharte (2796 m) als Alternative an!

Rund um den Wangenitzsee führt ein neu angelegter Steig (mit einer Hängebrücke und kurzen »Klettersteigerln«). Das Petzeck (3283 m) ist von der Hütte aus auf dem im Mittelteil ausgesetzten (und gesicherten), zuletzt aber wieder zahmeren Steig Nr. 927 erreichbar.

Von der Hütte weg folgt der Abstiegsweg Nr. 928 dem Wangenitzbach über die Posegger-, Ladinig- und Püßnigalm (1865 m)

***In einigen der alten Apriacher Stockmühlen, die beinahe übereinander in den steilen Hängen kleben, wird heute wieder Mehl gemahlen.***

zur Wangenitzalm (1371 m) hinaus. Bald rechts von der Almstraße abzweigend, wandern wir auf einem Waldsteig zur Maskapelle (1431 m) und durch die Bergbauernhänge am Pirkachberg nach Mörtschach (950 m) hinunter.

**Touristische Angaben**

**Ausgangspunkt:** Putschall (1091 m); Busverbindung mit Mörtschach.
**Höhenunterschied:** 1900 m (Petzeck zusätzlich 800 m).
**Reine Gehzeit:** Putschall – A.-Noßberger-Hütte 4–4½ Stunden; Holländerweg 3–4 Stunden; auf das Petzeck 2½ Stunden; durch das Wangenitztal nach Mörtschach 3½ Stunden.
**Ausrüstung:** Komplette Bergausrüstung einschließlich Steigeisen; Reepschnur zum Sichern.
**Einkehrmöglichkeit:** Adolf-Noßberger-Hütte (2488 m, ÖAV, 10 Betten, 28 Lager, bewirtschaftet von Ende Juni bis Mitte September); Wangenitzseehütte (2508 m, ÖAV, 20 Betten, 50 Lager, bewirtschaftet von Mitte Juni bis Mitte September).
**Karten:** ÖK Nr. 179 und Nr. 180;AV Nr. 41, f&b Nr. 181.

## 43 Grotten, Gold und Getreidemühlen

### Die Welt der Bergbauern am Apriacher Sonnenhang

*Eine ausgefüllte Tagestour auf Güterwegen und harmlosen Wanderwegen; Mai bis November.*

»A Füadele Alpheu ischt bessa als drei Fuada Landheu!« Das ist einer der Gründe, warum sich auf den sonnenreichen, aber steilen Westabhängen des oberen Mölltals Menschen angesiedelt haben. Damals wie heute

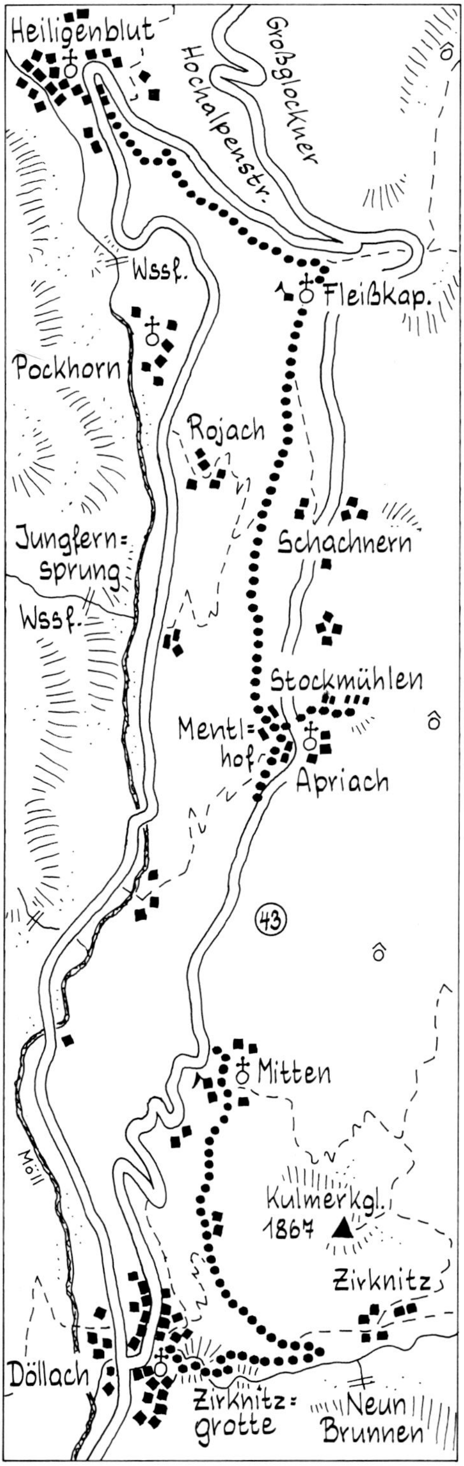


präsentieren sich dort oben schmucke Anwesen, stolz herausgeputzt vor der Kulisse der gletscherweißen Glocknerberge und der gegenüberliegenden, dunklen Schobergruppe. Sogar Getreide wird da und dort noch angebaut! Der extrem schwierige Arbeitsalltag der Bergbauern ist für Großstadtmenschen kaum wirklich begreifbar (genausowenig wie umgekehrt). Zumindest ein wenig erahnen können wir das Leben auf den bis zu 50 Grad geneigten Leiten jedoch im museal eingerichteten Mentlhof in Apriach: ein Leben zwischen Hof, Heuernte und Holzarbeit, meist ohne Urlaub, dafür mit Sorgen um den Nachwuchs oder mit einer ungewissen EG-Zukunft...

Auf dem langen Weg von Döllach nach Heiligenblut finden wir also viel Bedenkens- und auch sonst noch Sehenswertes: Da wäre zum Beispiel gleich am Anfang die Zirknitzgrotte, der ein Kraftwerk zwar fast das ganze Wasser abgedreht hat, deren kolossale Steinhöhlung aber drei Sterne verdient. Das bißchen, das noch rinnt, stammt aus den »Neun Brunnen«, die weiter oben aus den Schichtfugen einer Felswand sprudeln (diese einzigartigen Quellen sollen die Gucklöcher eines Drachens sein, der im Berginneren in einem See haust). Frisches Bergwasser betreibt auch die unter dem Boden angebrachten Mini-Mühlräder der alten, liebevoll restaurierten Apriacher »Stockmühlen«. Und ohne das kühle Naß wäre auch kein Gold aus dem Fleißtal zu holen: Was einst in Heiligenblut einen wahren Goldrausch entfachte, wird heutzutage als Urlaubshobby vermarktet.

## Der Wegverlauf

Vom Döllacher Ortszentrum (1013 m) spazieren wir zunächst zum Kraftwerk am Ausgang des Zirknitztals und neben einer Rohrleitung in die Zirknitzgrotte. Der Steig überquert den Bach allerdings bald und windet sich durch den Waldhang zu einem asphaltierten Güterweg hinauf, der in die Streusiedlung Zirknitz (1300 m) führt. Wir bleiben auf der nördlichen Talseite und zweigen bei der oberen Kehre links auf den Wanderweg Nr. 5 D ab (die Straße gibt 200 m weiter taleinwärts den Blick zu den Neun Brunnen frei). Der Weg führt durch den Kulmerwald zum Gehöft Kalser, von wo wir auf einem Güterweg den Weiler Mitten (1413 m) erreichen. Nun wandern wir – sanft ansteigend – auf der Asphaltstraße (Nr. 7) Richtung Apriach (1446 m) weiter. Zum Mentlhof kommen wir auf der kurz davor links abzweigenden, unteren Stichstraße (von dort sind die oberhalb gelegene Schule und die Stockmühlen auf einem kurzen, steilen Wiesensteig erreichbar). Vom Mentlhof bleiben wir weiterhin auf der Route Nr. 7, die sanft zum Glanzerhof absinkt (Abstiegsmöglichkeit nach Rojach im Mölltal; Bushaltestelle) und dann wieder zur Fleißkapelle (1458 m) ansteigt. Nun wird der Fleißbach überquert; danach folgen wir – unterhalb der Glocknerstraße – der Markierung Nr. 102 B, die uns teils auf der Straße, teils auf Wiesenwegen nach Heiligenblut (1291 m) leitet.

### Touristische Angaben

**Ausgangspunkt:** Döllach (1013 m); Busverbindung nach Heiligenblut.
**Höhenunterschied:** Aufgrund einiger Gegenanstiege 700 m.
**Reine Gehzeit:** Döllach – Apriach 2 – 2½ Stunden; weiter bis Heiligenblut 2 Stunden.
**Ausrüstung:** Bei Schönwetter ist nichts Besonderes nötig.
**Einkehrmöglichkeit:** Mittnerwirt; Apriacher Mühlenstüberl; Gasthaus Fleiß.
**Karten:** ÖK Nr. 154 und Nr. 180; f&b Nr. 181.
**Zusatzprogramm:** • Der Mentlhof kann von Mitte Juni bis Ende September jeden Montag, Mittwoch, Freitag und Sonntag jeweils um 12 Uhr, 14 Uhr und 16 Uhr im Zuge einer Führung besichtigt werden; es werden auch hausgemachte Spezialitäten wie Ziegenkäse oder Ziegenwürste verkauft.
• Auch die historischen Stockmühlen können mit Führung besichtigt werden. Im Sommer wird einmal pro Woche eine geführte kulturhistorische Wanderung durch Apriach angeboten; Auskunft im »Glockner-Aktiv-Büro« in Heiligenblut, wo Sie sich übrigens auch fürs Goldwaschen oder für geführte Wild-Beobachtungen im Fleißtal anmelden können.

## 44 Die Legende vom heiligen Blut

### Eine Wanderung im »Niemandsland« zwischen dem Glocknerdorf und seinem Wahrzeichen

*Ausgefüllte Halbtages- oder gemütliche Tagestour; unschwierige, aber stellenweise schmale Wald- und Almsteige (zwei kurze Stellen sind gesichert); Juni bis Oktober.*

Die Einheimischen werden sich wohl gewundert haben, als da anno 1779 ein G'studierter daherkam, den der nutzlose »Glogger« interessierte. Balthasar Hacquet, weitgereister Professor für Anatomie und Chirurgie im fernen Laibach, stieg zum Pasterzengletscher hinauf, schätzte die Höhe des Gipfels auf 3900 Meter (wobei er nur um 102 Meter danebenhaute) und notierte beeindruckt: »Ich habe noch nie einen so hohen Berg so gespießt gesehen wie diesen.« Damit hatte der geländegängige Gelehrte die Versuche zur Ersteigung des Glockners eingeleitet, die jedoch erst 21 Jahre später gelingen sollte.
Viel, viel früher soll – so will es zumindest die Legende – ein gewisser Briccius hier unterwegs gewesen sein. Die Historiker wissen, daß dieser dänische Söldnerführer im 8. Jahrhundert in Konstantinopel gegen die Sarazenen gekämpft hat. Zum Dank dafür erhielt er ein Fläschchen mit heiligem Blut, das er auf dem Heimweg über die Alpen aus Furcht vor Räubern in einer Wunde seines Fußes verbarg. In einem Schneesturm am Tauern verließen ihn jedoch seine Kräfte – sein Leichnam wurde nur deshalb gefunden, weil darüber drei Weizenähren aus dem Schnee wuchsen. Jedenfalls fand man die merkwürdige Reliquie, und über dem Grab des Briccius wurde 1483 die gotische, spitz betürmte Wallfahrtskirche »zum heiligen Blut« erbaut.
Die ganze Geschichte (samt der antisemitischen Greuelpropaganda von der Entstehung des heiligen Blutes durch die Kreuzschändung eines Juden) wurde auf die Altartafeln der Bricciuskapelle gemalt, die in der Nähe der Sattelalm über einer Quelle steht. Das unspektakuläre, aber wunderschöne Almhochtal liegt heute gewissermaßen im »Nie-

***Der »höchste Österreicher«, der Großglockner, ist auch im stimmungsvollen Friedhof rund um die weltbekannte Wallfahrtskirche von Heiligenblut allgegenwärtig. Ein metallenes Totenbuch verzeichnet jene Bergsteiger, die in seinen Wänden und Gletschern tödlich verunglückt sind.***

mandsland« zwischen Heiligenblut und der Glocknerstraße. Neben dem Aufstiegsweg hat die Nationalparkverwaltung einen natürlichen Alpengarten beschildert – trotzdem ist die markante »Kräuterwand« dort nicht nach duftenden Blüten, sondern nach einem »Gereute«, einer Rodung, benannt. Während dem nahen Leiter-Wasserfall (so wie leider auch der Möll) das meiste Wasser für die Kapruner Kraftwerke abgezapft wird, darf weiter unten wenigstens noch der Gößnitzbach aus seinem Felsschlund donnern.

Die sehr frühmorgendliche Sommerwanderung, mit der ich einmal alle diese Stationen verband, kann ich nur weiterempfehlen: Dem nachdenklich-kühlen Anstieg folgten auf der Sattelalm die ersten Sonnenstrahlen und eine akustische Kuhglockenidylle; später blinzelte ich von der Arnikawiese der Trogalm zu den vergessenen Bergen oberhalb der Glocknerstraße hinüber und freute mich über den Blick zum viel bekannteren Sonnblick... Den monumentalen, fast 100 Meter hohen Gößnitzfall und den beinahe schon zu einem Moor verlandeten Kachlsee hab' ich mir natürlich auch noch angeschaut – aber dann stand doch einmal das Frühstück auf dem Programm!

## Der Wegverlauf

Von Heiligenblut (1291 m) folgen wir der Markierung Nr. 1 (bzw. Nr. 702 B) auf der alten Glocknerstraße nach Westen, bis bei der ersten Kehre links der Haritzersteig abzweigt. Dieser zieht durch gepflegte Bergbauernwiesen und Waldhänge oberhalb des »Winkels« zur Kräuterwand hinüber. Vor der Sattelalm (1606 m) lädt der »Alpenblumensteig« (Informationshütte) zum Verweilen ein; anschließend wandern wir durch das idyllische Almhochtal zur Bricciuskapelle (1629 m) weiter. Bald darauf teilt sich der Steig: Wir biegen links ab, überqueren die junge Möll, gelangen über einen Waldrücken zum Leiterfall hinüber (beiderseits des Leiterbaches sind kurze Passagen gesichert) und kommen durch steile Waldhänge ins Gebiet der Trogalm (1740 m) hinauf. Dort erreichen wir den Steig Nr. 919, auf dem wir wieder Richtung Heiligenblut absteigen. Oberhalb der Bruchalm (1564 m) biegen wir nach links auf den Gößnitztal-Almweg (Nr. 915) ab (rechts geht's zur Wirtsbauerhütte, 1745 m, hinauf), durchqueren eine Felswand, genießen den Prachtblick auf den Gößnitzfall und landen schließlich beim Parkplatz »Kachelsee« (1260 m). Ab hier ist ein kurzer Abstecher zum Gößnitzfall möglich; ansonsten wandern wir auf dem Naturlehrpfad zum nahen Kachlsee und durch den Wald zur Straße über die Möll. Am jenseitigen Ufer kommen wir in Kürze zur Bushaltestelle in Winkl bzw. nach Heiligenblut hinauf.

## Touristische Angaben

**Ausgangspunkt:** Heiligenblut (1291 m).
**Höhenunterschied:** Samt einigen kurzen Gegensteigungen 800 m.
**Reine Gehzeit:** 4–5 Stunden.
**Ausrüstung:** Wandermontur.
**Einkehrmöglichkeit:** Gasthäuser im Bereich von Heiligenblut; eventuell die Wirtsbauerhütte (1745 m, im Sommer bewirtschaftet).
**Karten:** ÖK Nr. 153 und Nr. 154; AV Nr. 40; f&b Nr. 181.
**Zusatzprogramm:** • Der Möllfall und der »Jungfernsprung«, ein 130 m hoher, frei stürzender Wasserfall südlich von Heiligenblut sind von der Mölltalstraße aus in Kürze zu erreichen. • Im Gemeindesaal von Heiligenblut werden Diavorträge über den Nationalpark und seine Tourenmöglichkeiten durchgeführt. Auskunft im »Glockner-Aktiv-Büro«.

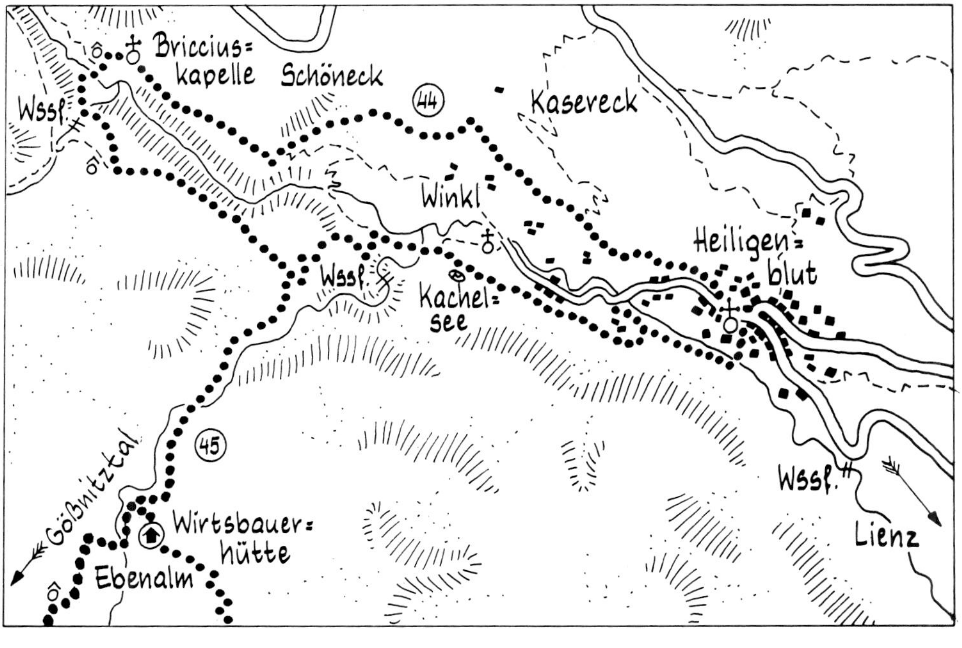

# 45 Ein Tal voller Einsamkeit

## Lang, aber schön: Durch das Gößnitztal zur Elberfelder Hütte – und vielleicht weiter auf das Böse Weibl

*2 Tage; gute, aber hochalpine Bergsteige; Juli bis Oktober.*

Die Hohen Tauern sind ja wahrlich nicht arm an langgestreckten Tälern, die uns – so scheint es manchmal – ein ersehntes Gipfelziel schier ewig vorenthalten möchten. Auch Heiligenblut besitzt so ein Prachtstück: das Gößnitztal.

Es sind nicht die langweiligsten Gipfelgestalten, die den kilometerlangen Graben bewachen: die Bretterköpfe (3078 m), der Hornkopf (3251 m), die Klammerköpfe (3163 m), der Rote Knopf (3281 m) – allesamt wilde Felsgesellen über der größten Gletscheransammlung der Schobergruppe und der traulichen Elberfelder Hütte, die seit ihrer Erbauung in den Jahren 1927/28 auf ein wechselvolles Schicksal zurückblickt. Vergleichsweise leicht überlisten läßt sich – wer würde das bei diesem Namen glauben? – lediglich das 3121 Meter hohe Böse Weibl.

Doch der Weg ins Gößnitztal bleibt schon für sich unvergeßlich: Am Beginn donnert der Gößnitz-Wasserfall aus seiner Schlucht, und im Tal reiht sich eine Alm an die nächste – eine davon, die Wirtsbauerhütte, wurde mit viel Liebe zu einer Jausenstation ausstaffiert. Ein Stockwerk weiter oben erwarten uns zwischen reichlichem Wildwasser die drei Langtalseen: Der erste ist der größte, der mittlere der kleinste und der hintere nennt einen winzigen »Ableger« sein eigen – als paradiesische Rastplätze zum Schauen und Träumen empfehlen sie sich jedoch alle drei!

### Der Wegverlauf

*Ins Gößnitztal*

Von Heiligenblut (1291 m) schlendern wir links über den Berg zur Möllbrücke hinunter. Jenseits wandern wir taleinwärts zur Wolfgangkapelle und zum Parkplatz Kachlsee (der kurze Abstecher zum Gößnitzfall ist sehr empfehlenswert). Gleich hinter der Bach-

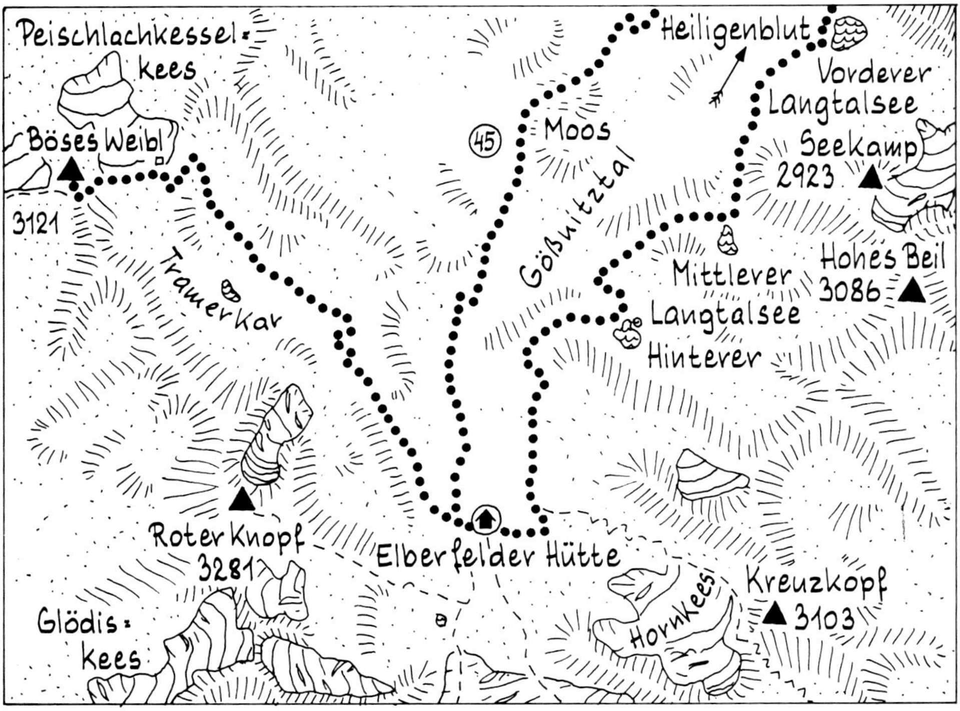

**Das Böse Weibl in der Dämmerung des ausklingenden Tages.**

brücke zweigt der breite Weg Nr. 915 links ab und windet sich – vorbei an einigen Marterln und einem Aussichtsplatz über dem Wasserfall – durch den felsigen Waldhang zur Bruchetalm (1554 m) hinauf. Geradeaus geht es – bald hoch über der Schlucht des Gößnitzbaches – ins Tal hinein. Bei der folgenden Wegteilung schwenken wir links auf den Steig Nr. 920 ein und steigen in Kürze zur Wirtsbauerhütte (1730 m) hinauf. Danach geht es in engen Serpentinen über einen steilen Waldrücken höher, bis der Pfad auf etwa 2000 m Seehöhe nach rechts schwenkt und durch das steile Almgelände an der Waldgrenze zum Vorderen Langtalsee (2310 m) hinaufquert. Im stetigen Auf und Ab führt der Steig weiter durch Steilwiesen, Schutt und um Felsnasen herum zum Mittleren (2366 m) und zum Hinteren Langtalsee (2363 m). Nun wird die Elberfelder Hütte (2346 m) bald sichtbar; unser Pfad steuert sie ziemlich eben, aber im Bogen um den Hornbach an.
Der Rückweg erfolgt am besten auf dem Talweg Nr. 915, der knapp westlich der Hütte rechts vom Wiener Höhenweg abzweigt und uns höchst abwechslungsreich durch das »Moos« und an etlichen Almhütten vorbei zur Wirtsbauerhütte hinableitet.

*Auf das Böse Weibl*

Der Wiener Höhenweg (Nr. 918) quert vom Gößnitzbach hinter der Hütte ins weitgestreckte, bucklige Tramerkar hinein, das den Aufstieg in den Kesselkeessattel (2940 m) mit dem Gernot-Röhr-Biwak vermittelt. Ab hier steigen wir links auf die schneebedeckte Schulter des Bösen Weibl hinauf und überschreiten den schmalen Grat zum Gipfel (3121 m).
Der Abstieg erfolgt auf der gleichen Route.

## Touristische Angaben

**Ausgangspunkt:** Heiligenblut (1291 m) bzw. die Bushaltestelle Heiligenblut-Winkl (wird nicht von allen Bussen angefahren).
**Höhenunterschied:** Bis zur Elberfelder Hütte 1200 m; auf das Böse Weibl nochmals 800 m.
**Reine Gehzeit:** Heiligenblut – Wirtsbauerhütte 2 Stunden; Höhenweg zur Elberfelder Hütte 4 Stunden (Abstieg 4 Stunden); auf das Böse Weibl 3 Stunden.

**Ausrüstung:** Wandermontur; ein Eispickel ist vorteilhaft.
**Einkehrmöglichkeit:** Wirtsbauerhütte (1730 m, private Jausenstation, im Sommer bewirtschaftet); Elberfelder Hütte (2346 m, DAV, 12 Betten, 50 Lager, bewirtschaftet von Anfang Juli bis Mitte September); Gernot-Röhr-Biwak (2940 m, DAV, 8 Lager, offen).
**Karten:** ÖK Nr. 153 und Nr. 179; AV Nr. 41; f&b Nr. 181 oder Nr. 122.

## 46 Der eisige Saum des Glockners

### Auf dem Gletscherlehrpfad zur Pasterze

*Hochalpiner Halbtagesausflug auf einem unschwierigen, aber steinigen Pfad; Juni bis Oktober.*

Der Glockner und die Pasterze – die beiden gehören zusammen wie der Schaum und das Bier! Der größte Gletscher der Ostalpen entspringt in einem riesig weiten, arktischen Firnbecken zwischen dem Großglockner (3798 m), dem Johannisberg (3453 m) und dem Mittleren Bärenkopf (3358 m), stürzt sich über einen 400 Meter hohen, spektakulär zerrissenen Gletscherbruch und streckt zuletzt seine sechs Kilometer lange, flache, aber trotzdem spaltige Eiszunge heraus. Insgesamt ist der Eisstrom noch etwa 19 Quadratkilometer groß, 9 Kilometer lang und stellenweise bis zu 250 Meter dick. Tendenz seit 150 Jahren: durchschnittlich ein bis drei Meter Dicke und zehn bis zwanzig Meter Länge pro Jahr abschmelzend. Eine Schneeflocke, die auf den Johannisberg fällt, braucht theoretisch ein paar hundert Jahre, bis sie 1300 Höhenmeter weiter unten als Eiskristall schmilzt. Da sind wir zu Fuß schneller: 1983 legten Mitglieder des Alpenvereins einen »Gletscherweg« vom schloßähnlichen, gemütlichen Glocknerhaus zur Pasterze an – dort, wo der Gletscher noch um 1850 über die Margaritzenalm schwappte, ab 1880 den Elisabethfelsen wieder freigab und seit 1960 Platz für die braune »Gletschermilch« des Sandersees machte (heutzutage zerfällt das grünblaue Eis noch weiter oben zwischen Moränenhügeln und Steinblöcken). Der Blick von der Margaritzen-Staumauer in die leere Möllschlucht ist recht traurig, doch die Hängebrücke am Abfluß des Sandersees zeigt uns noch den Übermut der gerade erst geborenen Möll...

### Der Wegverlauf

Vom Glocknerhaus (2132 m) führt der Gletscherweg zunächst zum nahen Margaritzenstausee (2000 m) hinab. Die beiden Staumauern werden überschritten; dann wandern wir dem südlichen Seeufer entlang und steigen in den Schuttsattel unterhalb des Elisabethfelsens (2156 m) auf. Jenseits schlendern wir zum Sandersee hinunter, überqueren die Möll auf einer gut abgesicherten Brücke und schwindeln uns zwischen abgeschliffenen Felswandeln zum Eisrand der Pasterze empor. Den Gletscher entlang erreichen wir bald die Talstation des Schrägaufzuges (hier ist ein kleines Areal zum Begehen des Eises ausgesteckt); rechts daneben führt auch ein abgesicherter Fußweg zum Parkplatz Freiwandeck (2370 m) hinauf.
Die Rückkehr zum Glocknerhaus erfolgt entweder per Bus oder zu Fuß vom Parkplatz vor dem obersten Straßentunnel auf dem Steig Nr. 702 über das Pasterzenhaus (2119 m).

### Touristische Angaben

**Ausgangspunkt:** Glocknerhaus (2132 m); Busverbindung von Heiligenblut bzw. Bruck.
**Höhenunterschied:** 200 m im Abstieg und 400 m im Aufstieg.
**Reine Gehzeit:** 2 Stunden bis zum Freiwandeck (Abstieg 1 Stunde).
**Ausrüstung:** Wandermontur.
**Einkehrmöglichkeit:** Glocknerhaus (2132 m, ÖAV, 62 Betten, 20 Lager, je nach der Schneeräumung der Straße von Mitte Mai bis

***Das ist er also, der Hausherr der Hohen Tauern, der Glockner mit seinem zerrissenen Gletscherschmuck.***

*Spannende Einlage auf dem Weg zur Pasterze: die schwankende Hängebrücke über die ungestüme Möll, die gerade erst aus dem Gletschereis geboren wurde.*

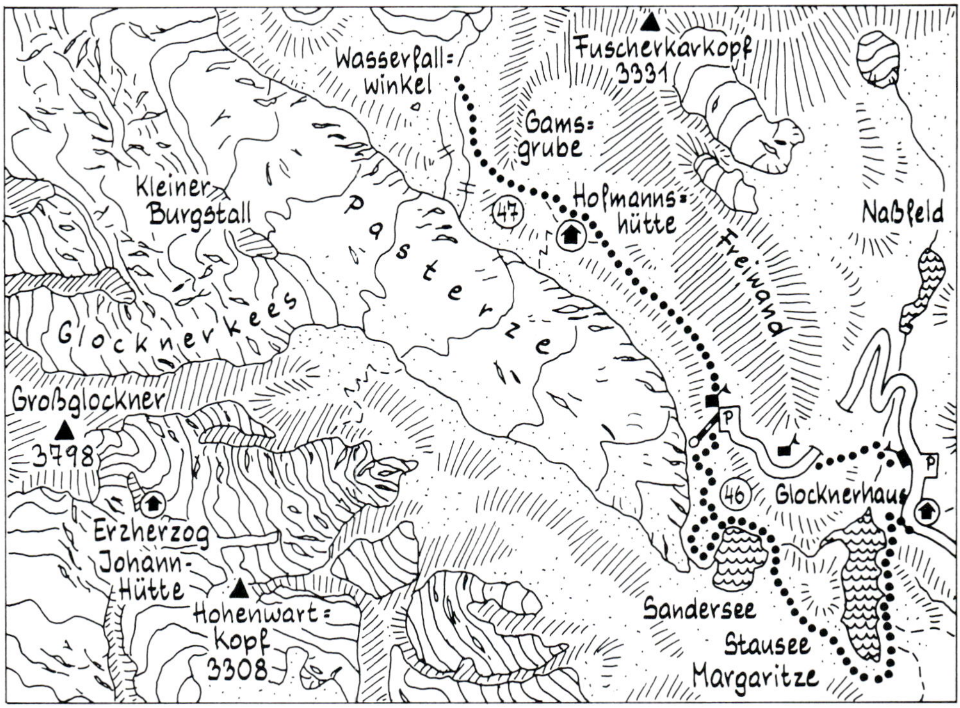

Ende September bewirtschaftet); Gasthäuser im Bereich der Glocknerstraße und des Freiwandecks (Franz-Josefs-Höhe, 2370 m).
**Karten:** ÖK Nr. 153; AV Nr. 40; f&b Nr. 181 oder Nr. 193.
**Hinweis:** Ein handlicher naturkundlicher Führer über den Gletscherweg Pasterze ist in den Kiosken an der Glocknerstraße, im Glocknerhaus oder im »Glockner-Aktiv-Büro« in Heiligenblut erhältlich.
**Zusatzprogramm:** • Im Parkhaus Freiwandeck ist eine Ausstellung über den Kärntner Nationalpark-Anteil zu sehen.

## 47 Durch die Wüste

### Die Gamsgrube, eine botanische Rarität zwischen den Gletschern des Glockners

*Ein gemütlicher Halbtagesspaziergang, der herrliche Hochgebirgsimpressionen von einem breiten, nur sanft ansteigenden Promenadenweg aus gewährt; Mai bis Oktober.*

Wem gehört eigentlich der Großglockner? Diese Frage hat mehrmals darüber entschieden, was hier in diesem »Parade-Hochgebirge« Österreichs geschehen ist oder geschehen hätte können: Am 1. August 1918 schenkte der Villacher Holzindustrielle Albert Wirth, beeindruckt durch eine Reise in den amerikanischen Yellowstone-Nationalpark, dem Alpenverein mehr als 40 Quadratkilometer Kärntner Glocknergebiet einschließlich der Pasterze mit der Auflage, es »für ewige Zeiten als Naturschutzgebiet zu sichern«.
Das war auch bitter notwendig, denn die Großglockner-Hochalpenstraße, die in der Zwischenkriegszeit zur Arbeitsbeschaffung gebaut worden war, hätte ursprünglich oberhalb der Pasterze bis in den Wasserfallwinkel hinübergezogen werden sollen. Ihr »Vorläufer«, ein ärgerlich überbreiter Promenadenweg, zerschneidet heute noch die Gegend; seinetwegen (und später noch einmal für den Bau der Gletscherbahn am Freiwandeck) wurde der Alpenverein sogar enteignet. Der Plan einer Glocknerbahn aus dem Fuscher Tal spukte schon im vorigen Jahrhundert herum„ und auch mit einer Seilbahn auf den Fuscherkarkopf (3331 m) und sogar auf den Großglocknergipfel wurde ernsthaft spekuliert!
All dieser Wahnsinn hätte eines der »heiligsten« Naturwunder der Tauern ruiniert: die Gamsgrube. Dieses unscheinbare, oberhalb der Pasterze in die mürben Kalkglimmerschieferhänge des Fuscherkarkopfs eingebettete Kar gewährt uns sozusagen einen Zeitsprung in die Eiszeit: Auf fruchtbarem Flugsand, den der Wind bis zu drei Metern hoch anbläst, gedeihen hier unter anderem Steppen- und Moospflanzen, wie sie sonst nur mehr in Zentralasien oder in Grönland vorkommen. Und auch die Tierwelt erschöpft sich durchaus nicht in den Murmeltieren, die

***Auf Spurensuche entlang des Gamsgruben-Weges: Auf den winzigen »Sanddünen« gedeiht neben zahlreichen bunten Blütenwundern auch das Edelweiß – in Polsterform, um Wind und Frost zu trotzen.***

***Der Blick aus dem Wasserfallwinkel hinter der Gamsgrube zum Großglockner. Ganz deutlich ist die berühmte Pallavicini-Rinne zu sehen.***

Ihnen auf dem Gamsgrubenweg aus der Hand fressen!
Über allem aber präsentiert sich die umwerfende »Breitseite« des Glockners. Auf dem Weg in den Wasserfallwinkel werden seine kapitalen Felsflanken und Gletscherbrüche, zwischen denen die 600 Meter hohe, bis zu 52 Grad steile Pallavicini-Rinne eingeschnitten ist, immer wieder Ihren Blick fesseln. Dort, in der Nordostflanke des Großglockners, ist jeder Winkel mit einem dramatischen Stück Alpingeschichte verwoben. Der Berg ruft – und es ist kein Wunder, daß ihm an schönen Sommertagen Hundertschaften folgen!

## Der Wegverlauf

Der »Naturlehrweg Gamsgrube« beginnt im Parkhaus Freiwandeck (2370 m) bzw. mit zwei anschließenden Stollen, worauf er – immer hoch über der Pasterze, oberhalb der Hofmannshütte (2444 m) vorbei und zuletzt durch die Gamsgrube – zum Endpunkt im Wasserfallwinkel hinüberführt. Informationspulte erläutern Gletscher, Flora und Fauna sowie die Besonderheiten der Gamsgrube.
**Achtung:** Das Gelände beiderseits des Weges darf wegen der empfindlichen Vegetation nicht betreten werden (überwachtes Nationalpark-Sonderschutzgebiet).
Der Rückweg erfolgt auf der gleichen Route.

## Touristische Angaben

**Ausgangspunkt:** Parkplatz Freiwandeck (2370 m); Busverbindung von Heiligenblut bzw. Winklern und Bruck.
**Höhenunterschied:** 200 m.
**Reine Gehzeit:** Hin und retour 3 Stunden.
**Ausrüstung:** Wandermontur.
**Einkehrmöglichkeit:** Gasthäuser im Bereich des Freiwandecks (2370 m, je nach der Schneeräumung von Mitte Mai bis Anfang Oktober bewirtschaftet); Hofmannshütte (2444 m, ÖAV, 20 Betten, 60 Lager, bewirtschaftet von Ende Mai bis Ende September).
**Karten:** ÖK Nr. 153; AV Nr. 40; f&b Nr. 122.

# Der Tiroler Nationalpark-Anteil: Der Isel entlang ins Kalser Tal, ins Defereggen- und Virgental

## 48 Naturimpressionen rund um das Dolomitenstädtchen

Der Lienzer Naturlehrpfad, der Streichelzoo auf der Moosalm und die Dölsacher Erdpyramiden

*Drei ausgefüllte Halbtagestouren auf einfachen Wanderwegen; außer bei Schneelage immer begehbar.*

Die Überschrift ist eigentlich falsch: Lienz ist kein »Dolomitenstädtchen«, weil die Lienzer Dolomiten – mögen sie auch noch so zerklüftet über der Drau stehen – geologisch nicht wirklich zu den Dolomiten gehören. Sonst ist an der Osttiroler Metropole aber alles echt: das schon recht südländische Flair, die ausgedehnten Waldreviere und Almbalkone der Bergumrahmung oder der hübsche, im Sommer badewarme Tristacher See...
Das Eingangstor zum Tiroler Tauern-Nationalpark bietet jedenfalls viel Sehens- und Erlebenswertes. Mitten aus dem geschäftigen Ortszentrum entführt uns ein zwar nicht besonders originell beschilderter, aber sehr romantischer Waldlehrpfad. Wem der Sinn nach »Höherem« steht, setzt vielleicht die Moosalm am Schloßberg aufs Programm – für die Größeren gibt's dort freie Sicht von der Venedigerwarte bis zu den Osttiroler Eisbergen, für die Kleinen einen liebenswerten Streichelzoo mit Kaninchen, Zwerghühnern, Schafen und Ziegen.
Und noch ein ganz besonderes Naturwunder sei hier verraten: Oberhalb von Dölsach, dem Lienzer Nachbarort am Fuß des Iselsberges, erhebt sich inmitten von zerbröselnden Sandwänden ein bizarrer Turm, den ein Baum vor dem abtragenden Regen beschirmt. Wie die berühmten Südtiroler Erdpyramiden besteht auch er aus Moränenmaterial, das in diesem Fall der eiszeitliche Mölltalgletscher auf seinem Weg über den Zwischenbergsattel hier abgelagert hat. Dieses Märchenland aus der Erdgeschichte wird nicht nur Kindern gefallen!

### Der Wegverlauf

*Der Lienzer Waldlehrpfad*
Der erste Abschnitt (»Eichhörnchen«) führt von der Lienzer Jugendherberge (688 m) auf dem breiten »Poetensteig« das nördliche Iselufer entlang zur Felbertauernstraße (Schloßbrücke). Diese wird stadteinwärts überquert, dann zweigen wir rechts zum Schloß Bruck hinauf ab. Der zweite Abschnitt (»Spatz») leitet uns etwas verwinkelt am Fuß des Hochsteins über die Skipiste zum aufgelassenen »Bad Leopoldsruhe« und über die Bahn sowie eine hölzerne Draubrücke zum Gasthaus Waldschenke bzw. zum nahen Goggkreuz in Amlach. Der dritte Teil (»Häschen«) leitet uns dem Waldrand entlang nach Westen bis zur Straßenzufahrt zum Tristacher See. Bei der folgenden Linkskehre beginnt schließlich der vierte Abschnitt (»Reh«), der uns über einen bewaldeten Sattel zum idyllischen Biotop des Alten Sees und weiter zum nahen Tristacher See (826 m) bringt.
Der Rückweg erfolgt am besten auf dem Weg Nr. 11 B neben dem Seeabfluß nach Tristach (672 m; Bushaltestalle) und die Drau entlang zum Sportstadion und ins Stadtzentrum.

*Zur Moosalm über dem Schloßberg*
Von Schloß Bruck (688 m) wandern wir auf dem »Russenweg« (Nr. 321) über den Griebelehof und die Taxerhöfe zur Moosalm (1017 m) und zur nahen Venedigerwarte (Aussichtsturm) hinauf.
Beim Heimweg wandern wir am besten über die Heinrichswarte talwärts.

*Auf dem Eggenweg zu den Erdpyramiden*
Von Dölsach (740 m) geht es zunächst 1 km

***Im ersten Morgenlicht erscheinen die bleichen Erdpyramiden, die sich in einem Seitengraben östlich von Lienz verbergen, besonders mystisch.***

nach Osten zur uralten St.-Georgs-Kirche. Hier beginnt ein mit Nr. 3 markierter Güterweg, der neben dem Frühaufgraben zum Gehöft Fasching hinaufführt und dann in den mit Nr. 7 bezeichneten »Eggenweg« übergeht. Durch Lärchenwälder und Wiesen erreichen wir den Hangabbruch (Vorsicht!) auf dem Eggenberg oberhalb der sichtbaren Erdpyramiden (1231 m). Der Rückweg erfolgt entweder auf der gleichen Route oder über eine weitere Wiese zur Mautstraße hinauf, die nach links über Stronach (den Geburtsort des Malers Franz von Defregger) führt, von wo man auf einem Güterweg wieder nach Dölsach hinunterkommt.

## Touristische Angaben

**Ausgangspunkt:** Lienz (688) bzw. Dölsach (740 m; Busverbindung).
**Höhenunterschied:** Am Waldlehrpfad inklusive einiger Gegensteigungen ca. 300 m; zur Moosalm 300 m; zu den Erdpyramiden 500 m.
**Reine Gehzeit:** Waldlehrpfad insgesamt 3½ Stunden; auf die Moosalm 1 – 1½ Stunden; zu den Erdpyramiden 2 Stunden.
**Ausrüstung:** Bei Schönwetter ist nichts Besonderes nötig.
**Einkehrmöglichkeit:** Gasthäuser im Bereich von Lienz, am Tristacher See und in Dölsach; Moosalm (1017 m, privat, ganzjährig bewirtschaftet).
**Karten:** ÖK Nr. 179 und Nr. 180; f&b Nr. 182.
**Zusatzprogramm:** • Ein Besuch im Osttiroler Heimatmuseum im Schloß Bruck und im nahen Freilichtmuseum Klösterle-Schmiede. • Von der Moosalm kann man gemütlich in 3 Stunden auf dem »Märchensteig« über die Sternalm (1511 m, im Sommer bewirtschaftet) zur Hochsteinhütte (2023 m, ÖAV, 8 Betten, 14 Lager, bewirtschaftet von Anfang Juni bis Mitte Oktober) weiterwan-

dern. Von dort ist das Heimkehrerkreuz auf dem Gipfel (2057 m) in Kürze zu erreichen (Rundweg; großartiger Rundblick vom Großvenediger über die Lienzer Dolomiten bis zu den Drei Zinnen). Der Abstieg erfolgt am besten auf dem Weg Nr. 6 nach Leisach (Busverbindung nach Lienz). • Sehr interessant sind die keltischen und frühchristlichen Ausgrabungsstätten in Lavant sowie die römischen Ausgrabungen von Aguntum (zwischen Dölsach und Lienz. Lehrweg »Römermeile«). • Von den Erdpyramiden kann man auf dem Eggerweg und dem Steig Nr. 318 in 2½ Stunden zum Anna-Schutzhaus am Ederplan (1991 m, ÖTK, 27 Betten und Lager, bewirtschaftet von Mitte Juni bis Ende September) weiterwandern.

# 49 Im Schatten der Schleinitz

## Eine Rundwanderung vom Zettersfeld zu den Neualplseen

*Gemütliche Tagestour; gute Bergsteige mit kurzen, nicht allzu schwierigen gesicherten Stellen; Juli bis Oktober.*

»Als hochgesetzten Dachgarten« bezeichnet der Lienzer Gärtnermeister, AV-Obmann und Wanderbuch-Autor Walter Mair das Zettersfeld, die Sonnenalm und das Skigebiet der Osttiroler Bezirksstadt. Eine Einseilumlaufbahn erspart Wanderwadeln und Skischuhstampfern 1092 Aufstiegsmeter, und der anschließende Sessellift erschummelt einem auch noch das Steinermandl, das sich mit einem runden Panoramarestaurant über dem weiten, aber etwas verbauten Wander- und Skiliftgelände in die Luft reckt.

Es war noch stockdunkel, und mein Anhang schlief noch den Schlaf des Gerechten, als ich eines Morgens dort oben aus der Herberge schlich. »Atmen. Dämmerung und Stille. Näher dem großen Rhythmus von Tag und Nacht. Warten. Frühe Bergfinken schlagen, von fern regen sich ein paar Schafe. Tau und Frühnebel.« Diesmal stimmte es, was im Bergbahn-Prospekt steht.

Bald hatte ich mein Ziel erreicht: die Neualplseen, ein halbes Dutzend Wasseraugen im Schatten der Schleinitz (2905 m), der steinernen Vorhut der Schobergruppe. Die kleinsten Seelein würden wohl in jedem Wohnzimmer Platz finden, die beiden größeren haben schon respektablere Ausmaße. Jenseits der großen Tiefe des Debanttals kam die Sonne zögernd über den Wolkenfetzen hervor; ein Lüfterl zauste das Wasser und zauberte glitzernde Sternchen darauf. Eine halbe Stunde später saß ich beim Kreuz des Vorderen Sattelkopfs (2651 m) oben. Die kleinen Perlen im Kar und die Zackenkulisse dahinter lagen längst im Sonnenlicht....

### Der Wegverlauf

Von der Seilbahn-Bergstation am Zettersfeld (1812 m) steigen wir zum nahen AV-Jugendheim (1884 m) und von dort auf einem mar-

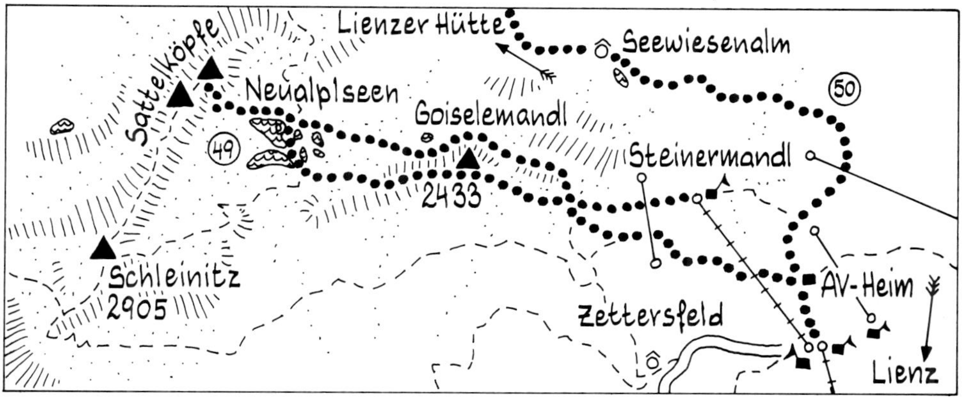

kierten Steig nach links (Nordwesten) über die Stieralm in den breiten Wiesensattel am Beginn der Neualplschneid an (ca. 2260 m; Panoramatafel; kurzer Zugang auch von der Sessellift-Bergstation am Steinermandl). Weiter geht es nun auf dem neu angelegten AV-Wanderlehrpfad, der rechts (nordöstlich) unterhalb des »steinreichen« Goiselemandls ins Kar der Neualplseen (ca. 2450 m) hinüberführt. Hinter der zweiten Panoramatafel (Unterstandshütte) wird ein felsiger Abbruch durch gut angelegte, abgesicherte Stufen überwunden; bald darauf lädt der originelle, steinerne »Stammtisch« zur Rast ein. Vom hinteren See weg führt ein markierter Steig durch felsige Wiesenhänge und ganz zuletzt über einen groben Blockgrat auf den Vorderen Sattelkopf (2651 m).
Der Rückweg von den Seen erfolgt entweder auf der Zustiegsroute oder auf dem etwas ausgesetzten Steig Nr. 913, der die schmale Neualplschneid beim Goiselemandl (2433 m) überquert und dann durch dessen steile Südflanke (Seilsicherung) wieder zum Zettersfeld hinüberzieht.

## Touristische Angaben

**Ausgangspunkt:** Die Seilbahn-Bergstation am Zettersfeld (1812 m; Aufstieg zu Fuß 3½ Stunden).
**Höhenunterschied:** Durch einige Gegenanstiege 800 m.
**Reine Gehzeit:** Zu den Neualplseen 2¼ Stunden (bei Auffahrt mit dem Sessellift um 1 Stunde weniger); auf den Sattelkopf und retour 1¼ Stunden; Rückweg 1¾ Stunden.
**Ausrüstung:** Wandermontur.
**Einkehrmöglichkeit:** Gasthöfe und Jausenstationen im Bereich des Zettersfeldes; Naturfreundehaus (1850 m, TVN, 18 Betten und Lager, bewirtschaftet von Anfang Juni bis Ende September).
**Karten:** ÖK Nr. 179; AV Nr. 41; f&b Nr. 181.
**Zusatzprogramm:** • Im Sommer werden jeden Montag »Sonnenaufgangsfahrten« auf das Zettersfeld mit Frühstück und anschließender geführter Bergab-Wanderung durchgeführt; Treffpunkt jeweils um 5 Uhr früh bei der Talstation; Auskunft und Anmeldung im Tourismusbüro Lienz oder bei der Talstation.
• Die Wanderung zu den Neualplseen kann man auch über die Schleinitz (2905 m) ausdehnen: Der Steig Nr. 9 leitet uns durch die Ostflanke hinauf (1 Stunde); vom Sattelkopf führt ein luftiger gesicherter Klettersteig zum Gipfelkreuz.

***Die Neualplseen im »Hinterland« des Zettersfeldes sind am frühen Morgen noch recht einsam. Hier der Blick vom Sattelkopf über die blaue Seenpalette bis zu den Lienzer Dolomiten hinüber.***

# 50 Höhenflüge im Herzen der Schobergruppe

## Zettersfeld – Lienzer Hütte – Hochschoberhütte – Oberleibnig

*2 – 3 Tage, nicht allzu schwierige Hochgebirgsdurchquerung auf guten Bergsteigen, die jedoch nur bei guten Verhältnissen begangen werden dürfen; Juli bis Oktober.*

Die Schobergruppe ist nicht nach ihrem höchsten Gipfel benannt. Ob der 3240 Meter messende Hochschober ihr schönster Repräsentant ist, darüber mag man angesichts des nahen, matterhornspitzen Glödis (3206 m) oder der vielen anderen respekteinflößenden Gipfelgestalten streiten. Ihr vielseitigster ist er aber sicher: Seine namengebende Form – ein »Schober« ist ein Heustadel – verleugnet er von keiner Seite, und außerdem besitzt er auch die wildeste Eisschleppe der ganzen Gebirgsgruppe, mit deren zerrissenen Wülsten er nach Norden prunkt.
Einen besonders schönen Zugang zum Hochschober vermittelt der »Lienzer Höhenweg« hoch über dem Debanttal, der »Lebensader« mitten durch die Schobergruppe. Bei sichtigem Wetter ist es einfach ein Fest, sich da oben durch Almrauschhänge und Blumenwiesen der buntfelsigen Gipfelprominenz über der Lienzer Hütte zu nähern! Wo

wir, dem steinernen Stadel schon sehr nahe gekommen, ins Iseltal hinüberwechseln, glitzert der Gartlsee zwischen den beiden Leibnitzscharten. Plötzlich spiegeln sich dort oben die beiden Prijakte im Wasser – rohe, dunkle Felsdreitausender, so fremdländisch anmutend wie ihr Name. Erst der Hunger wird uns wohl zur Hochschoberhütte hinuntertreiben. 1983 abgebrannt, empfängt sie uns heute in neuer Pracht.
Beim Abschiednehmen vom seltsamen Reich des Hochschobers sollten wir in der kleinen Kirche Maria Schnee, die auf einen freien Felsbuckel vor dem Weiler Oberleibnig gebaut wurde, noch kurze Einkehr halten. Die stattlichen Höfe hier - die ältesten sind 400 Jahre alt – waren bis vor kurzem aus dem 500 Meter tiefer gelegenen Iseltal nur auf einem verwinkelten Steig oder mit einer Seilbahn erreichbar!

## Der Wegverlauf

Von der Seilbahn-Bergstation auf dem Zettersfeld (1812 m) wandern wir zunächst zum nahen AV-Jugendheim (1884 m) hinauf, von wo der Lienzer Höhenweg (Nr. 8B) nach rechts – unter dem Faschingalm-Schlepplift durch – um das Steinermandl herum in die steilen Abhänge des Debanttals und zur fast ganz verlandeten Lacke der Seewiesenalm (1992 m) hinüberführt. Weiter geht es über die Well- und die Nußdorfer Alm zum Trelebitschhütterl (1963 m; Abstiegsmöglichkeit zum Seichenbrunn). Zuletzt wird der Steig schmäler und leitet uns oberhalb der Talsohle zur Lienzer Hütte (1977 m). Nun folgen wir dem Franz-Keil-Weg (Nr. 914) nach Osten durch steinige Almkare (»Gartl«) ins Östliche Leibnitztörl (2591 m) hinauf. Zwischen diesem und dem nahen westlichen Leibnitztörl (2573 m) liegt der idyllische Gartlsee eingebettet. Jenseits führt der Steig wiederum durch Schutt zur bald sichtbaren Hochschoberhütte hinab.

***Die beiden Prijakte sind geradezu ein Musterbeispiel für die herbe, hochalpine Landschaft der Schobergruppe. Mit dem kleinen Gartlsee haben wir den höchsten Punkt im Übergang von der Lienzer zur Hochschoberhütte geschafft.***

Der weitere Abstieg erfolgt über den Zillinboden (Zirbenkreuz), durch das Hochtal der Leibnitzalm und zuletzt auf dem Almfahrweg zu den Höfen von Oberleibnig (ca. 1250 m). Der alte Kirchweg führt – teilweise über Steintreppen – durch den steilen und felsigen Waldhang ins Iseltal nach St. Johann im Walde (752 m) hinunter; gelegentlich kann man auch die bäuerliche Seilbahn zur Talfahrt benutzen.

### Touristische Angaben

**Ausgangspunkt:** Die Seilbahn-Bergstation am Zettersfeld (1812 m), Busverbindung von St. Johann nach Lienz zurück.
**Höhenunterschied:** 800 m im Aufstieg und 2000 m im Abstieg (die Talfahrt mit der Oberleibniger Seilbahn erspart 500 m).
**Reine Gehzeit:** Zettersfeld – Lienzer Hütte 4½ Stunden; Übergang zur Hochschoberhütte 3 Stunden; Abstieg nach Oberleibnig 2 Stunden und weiter nach St. Johann 1 Stunde.
**Ausrüstung:** Wandermontur.
**Einkehrmöglichkeit:** Unterkünfte am Zettersfeld siehe Tour 49; Lienzer Hütte (1977 m, ÖAV, 36 Betten, 47 Lager, bewirtschaftet von Mitte Juni bis Ende September); Hochschoberhütte (2322 m, ÖAV, 14 Betten, 46 Lager, bewirtschaftet von Anfang Juli bis Ende September).
**Karten:** ÖK Nr. 179; AV Nr. 41; f&b Nr. 181.

# 51 Das vergessene Kalser Bergbaurevier

## Die Knappenlöcher am Ganotskogel und im Fall Windes

*Zwei kurze Halbtagesausflüge mit Erweiterungsmöglichkeit; Forststraße bzw. unschwierige Bergsteige; Juni bis Oktober.*

Kals – ein schöner und einfacher Name für das Osttiroler Tal zum Großglockner! Doch je näher wir dem schmucken Dorf mit seinen zahlreichen Ortsteilen kommen, um so zahlreicher werden die unverständlichen Worte in der Landkarte: Mit dem Staniska-Wasserfall gleich neben der Straße beginnt es, und dann steigert es sich über Folpremona, Guldanor, Falestred und Tschadin bis Rumesoi, Faresare oder Spinevitrol – so könnte es noch seitenlang weitergehen, und kein Mensch weiß, wie man es richtig schreibt...
Die Namen sind nur Erinnerungen an die bunten Völkerscharen, die sich im Lauf der Jahrhunderte im Tal niederließen: Der große Sprachforscher Dr. Wilhelm Brandenstein konstatierte die Romanen, die sich auch in der typischen Siedlungsform des Weilers Großdorf mit seiner abseits stehenden St.-Georgs-Kirche verewigt haben, die Slawen und die Germanen, die für die vielen Kalser Blondschöpfe Pate gestanden sein sollen. Das Bergbauerndorf am Glockner – ein

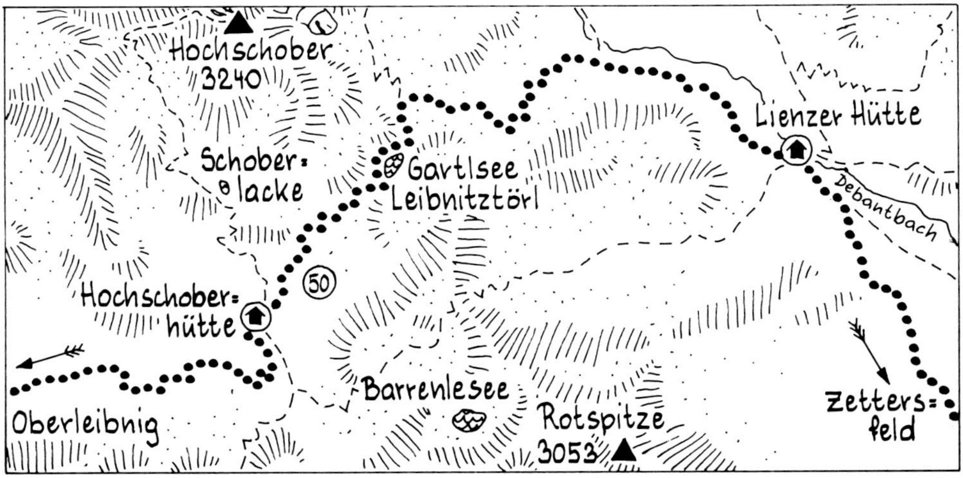

**Das Glocknerdorf Kals – im Bild die isoliert stehende St.-Georgs-Kirche im Ortsteil Großdorf – war jahrhundertelang ein wichtiges Bergbaurevier in den Tauern.**

kleines Stück des friedlich vereinten Europas? Ganz sicher hat auch der Bergsegen viele Leute hereingelockt. Schon die Römer kannten sich hier diesbezüglich aus. Bis ins 17. Jahrhundert wurde in Schmelzhütten jenes Kupfer, Gold oder Schwefeleisen verarbeitet, das im Gebirge oben aus zahlreichen »Knappenlöchern« geschürft wurde. Der Verein zur Förderung und Erschließung des historischen Bergbaus hat nun zwei rund 350 Jahre alte Stollen mit Leitern wieder zugänglich gemacht und per Solaranlage illuminiert: im Fall Windes, das im Lateinischen nichts anderes als ein »vallis ventorum«, also ein »Tal der Winde« ist, und dem Fuß des Ganotskogels (2572 m), den manche Karten wiederum als »Blauspitze« führen. Beide Löcher sind zwar nicht lang, doch das eine ist nur über eine unterirdische Leiter erreichbar und beeindruckt durch seine Ausgesetztheit über einer wilden Schlucht, während wir uns beim anderen die Mühen des Zustiegs und des Erz-Abtransports aus 2300 Metern Seehöhe ausmalen können. Ein gewisses Kribbeln in der Magengrube wird wohl zurückbleiben – nicht nur bei den kleinen Besuchern.

## Der Wegverlauf

*Zum Knappenloch im Fall Windes*

Vom Kalser Ortsteil Unterlesach (1318 m) spazieren wir auf einem Güterweg nach Süden über den Lesachbach und zum Gehöft Ellepart hinauf. Dort beginnt eine Forststraße (Markierungsschild, im Winter beleuchtete Rodelbahn), die in Serpentinen zum Knappenloch (1560 m) hoch über dem Windesbach hinaufführt.
Der Abstieg erfolgt auf der gleichen Route.

*Zum Knappenloch am Fuß des Ganotskogels*

Von der Bergstation des Glocknerblick-Sessellifts (1933 m) steigen wir durch die Wiesen neben dem Schlepplift auf das Ganotseck (2065 m). Hinter der Kapelle zweigen wir rechts auf den »Aussig-Teplitzer-Steig« ab, der uns durch die Ganotsalm zum Fuß des Ganots und in Serpentinen zum Knappenloch (2200 m) hinaufleitet. Wir folgen dem

Steig noch ein Stück nach oben und dann dem links abzweigenden Weg, der durch die bunten Schutthalden der Ganot-Südflanke Richtung Kalser Höhe hinüberführt. Auf dem bald erreichten Steig Nr. 516 wandern wir nach links direkt zum Ausgangspunkt hinunter.

### Touristische Angaben

**Ausgangspunkt:** Der Kalser Ortsteil Unterlesach (1318 m) bzw. die Bergstation des Glocknerblick-Sessellifts (1933 m; zu Fuß von Kals-Großdorf, 1364 m, auf dem Waldsteig Nr. 516 in 2 Stunden erreichbar). Busverbindung von Kals bzw. Huben.
**Höhenunterschied:** Knappenloch im Fall Windes 350 m; Knappenloch am Ganotskogel 300 m.
**Reine Gehzeit:** Ins Fall Windes und retour 2 Stunden; Rundweg unter dem Ganotskogel 2–2½ Stunden.
**Ausrüstung:** Außer Wanderschuhen ist nichts Besonderes nötig.
**Einkehrmöglichkeit:** Im Fall Windes keine; Bergrestaurant Glocknerblick bei der Sessellift-Bergstation (1933 m).
**Karten:** ÖK Nr. 153; AV Nr. 39; f&b Nr. 181.
**Hinweis:** Im Tourismusbüro Kals sind interessante Unterlagen über den Bergbau erhältlich.
**Zusatzprogramm:** • In der alten Volksschule in Kals-Ködnitz wurde ein sehenswertes Heimatmuseum eingerichtet. Am Dorferbach oberhalb von Großdorf können alte Stockmühlen besichtigt werden (Auskunft im Tourismusbüro). • In Kals werden jeden Sommer Schnitz- und Malkurse durchgeführt (Auskunft und Anmeldung im Tourismusbüro). • Vor oder nach dem Fall Windes kann man auf dem Steig Nr. 911 in 2 Stunden zur Jausenstation Lesachalm (1828 m) am Fuß des vergletscherten Hochschobers wandern; Rückkehr am besten auf der aussichtsreichen Almstraße über Oberlesach. • Oberhalb der Glocknerblick-Liftstation befindet sich der höchstgelegene Spielplatz Österreichs. Die Wanderung am Ganot kann über die Kalser Höhe (2434 m) und das Kals-Matreier-Törlhaus (2207 m) ausgedehnt werden; siehe Tour 65.

## 52 Im Osttiroler Schicksalstal

### Eine nachdenklich stimmende Wanderung zum Dorfer See

*1 Tag; unschwieriger Wanderweg bzw. Almstraße; Juni bis November.*

Beinahe würden wir hier auf dem Grund eines Stausees stehen. Von Kals sind wir durch die eigenartig geradlinig eingeschnittene Dabaklamm heraufgewandert, und nun, wo sich das Dorfertal weitet, lesen wir es ins Holz eingekerbt: »Hier sollte nach den Planungen der E-Wirtschaft der größte Stausee Österreichs gebaut werden. Im März 1989 hat sich die Bundesregierung entschieden, das Kraftwerk nicht zu errichten. Wir danken allen Freunden, die uns geholfen haben, das Dorfertal vor diesem Zugriff zu retten.« Weit schweift der Blick über das grüne Tal, in dem rund 150 Kühe, 100 Kälber und 450 Schafe auf 25 Almen den Sommer verbringen. Und er wendet sich zurück zu den Klammfelsen, zwischen denen eine 222 Meter hohe Monstermauer 235 Millionen Kubikmeter Wasser – den abgeleiteten Inhalt aller Osttiroler Gletscherbäche – hätte sammeln sollen.
40 Jahre lang wurde ein Nervenkrieg unter dem Motto »kein Kraftwerk – keine Unterstützung« um das Schicksal Osttirols vor allem auf dem Rücken der Kalser ausgetragen, bis 1987 bei einer Volksabstimmung 230 von ihnen für und 400 gegen die geplante Megamauer votierten. Es waren die Almbesitzer, die Jungen – und vor allem viele Frauen, die sich zuletzt gegen das Projekt stemmten. Schließlich änderte nicht das Umweltbewußtsein der Politiker, sondern das Ergebnis der Landtagswahlen von 1989 die politische Landschaft so weit, daß auch der Wirtschaftsminister ganz plötzlich nicht mehr von der Notwendigkeit des Kraftwerks überzeugt war. Trotz dreistelliger Millionenkosten waren die Planungen umsonst: Das Selbstverständis der Bauern, die auch weiterhin Bauern sein wollen und keine Elektrorentner, dokumentiert sich heute in einem neuen Gemeinschaftsstall beim Kalser Tauernhaus. Und den Talgrund schützt nun doch der Na-

***Der Dorfer See, das Kleinod im gleichnamigen Kalser Wandertal zwischen Glockner- und Granatspitzgruppe, wurde durch einen gewaltigen Bergsturz aufgestaut. Die E-Wirtschaft hätte dies beinahe in noch größerem Stil mit Beton nachgemacht...***

tionalpark: Hoch droben sticht das Fruschnitzkees mit graublauen Eistürmen in die Luft, und darunter liegt der Dorfer See – auch ein Stausee, aber einer, den der liebe Gott hinter dem Felsblockdurcheinander eines kolossalen Bergsturzes geschaffen hat. Wir haben den kritischen Kalsern sehr viel zu verdanken.

## Der Wegverlauf

Vom Taurerwirt (1489 m) schlendern wir auf der Almstraße zum Mitterling-Wasserfall und ins enge Dorfertal hinein (Markierung Nr. 711). Bald verschwindet die Straße in einem 300 m langen, gekrümmten Tunnel, den wir links auf einem gut abgesicherten, aus dem Fels gehauenen Weg hoch über der Daberschlucht umgehen. Vor der Mairebenalm (1600 m) weitet sich das Tal, und wir wandern auf der sanft ansteigenden Straße – vorbei an der Bergeralm jenseits des Baches, der Schöneben- und der Rumesoiebenalm – zum Kalser Tauernhaus (1754 m). Hinter der benachbarten Böheimebenalm überqueren wir den Bach; dann beginnt der Steig, der uns – zuletzt etwas steiler – durch verwinkeltes, mit Zirben bestandenes Bergsturzgelände zum Dorfer See (1935 m) hinaufleitet.

Der Abstieg erfolgt auf der gleichen Route. Geübte können ab der Mairebenalm links durch den steilen, felsigen Waldhang (»Stiege«) zur Mairalm (Restaurant) hinaufsteigen, von der man teils auf der Zufahrtsstraße, teils auf einem Steig wieder zum Taurerwirt hinunterkommt.

## Touristische Angaben

**Ausgangspunkt:** Gasthof Taurerwirt (1489 m); Busverbindung von Kals.
**Höhenunterschied:** 450 m.
**Reine Gehzeit:** Taurerwirt – Kalser Tauernhaus 2½ Stunden; bis zum Dorfer See 1 Stunde; Rückweg 3 Stunden (über die Mairalm um 1 Stunde mehr).

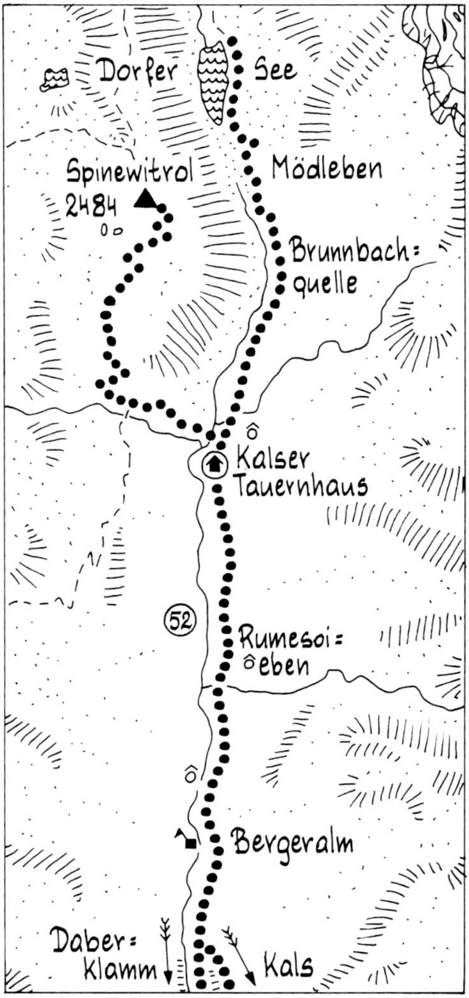


**Ausrüstung:** Wandermontur.
**Einkehrmöglichkeit:** Jausenstation Bergeralm; Kalser Tauernhaus (1754 m, DAV, 16 Betten, 25 Lager, bewirtschaftet von Mitte Juni bis Ende September).
**Karten:** ÖK Nr. 153; AV Nr. 39; f&b Nr. 181.
**Hinweis:** Die beiden umfassenden Dokumentationen »Kals – Im Banne des Großglockners« und »Almen und Almwirtschaft im Dorfertal« des ÖAV sind im örtlichen Zeitschriftenvertrieb erhältlich.
**Zusatzprogramm:** • Großartige Einblicke in die vergletscherte Talseite am Anstieg vom Tauernhaus Richtung Spinewitrolkopf (2483 m; markierter Steig, 2 Stunden).

# 53 Auf steilen Almwiesen

## Eine prächtige Höhenwegrunde über dem Ködnitztal

*1½–2 Tage; unschwierige Steige, die jedoch stellenweise durch exponierte Hänge führen; Juli bis Oktober.*

Schon im flachen Dorfertal bietet die Natur den Bergbauern nur harte Arbeit und kargen Ertrag. Kühe melken, Vieh auf die Weiden treiben, Milch verarbeiten, mähen, Heu wenden und in bis zu 80 Kilo schweren Traglasten abtransportieren, Hütte, Brunnen und Zäune instandhalten, das Vieh wieder zusammentreiben, womöglich noch Touristen verköstigen: Das sind nur einige Arbeitsbereiche, die heutzutage meist vom heimatlichen Hof aus – nicht selten neben einem Pendlerberuf – erfüllt werden. Noch weiter droben, auf etwa 1800 bis 2200 Metern Seehöhe, kleben die Hochalmen wie Schwalbennester in weitgespannten, aber oft elend steilen Blumenwiesen, die vielfach noch gemäht werden.
Obwohl diese kaum bekannten Almreviere ein Freizeitland für die ganze Familie hergeben und auch keineswegs mit packenden Großglockner- und Hochschober-Ansichten geizen, liegt ihr Reiz doch vor allem im Verstehen der mühsamen Bergbauernarbeit. Die glocknerglücklichen Menschenmassen beim Lucknerhaus setzten jedenfalls nur einen kurzen Kontrapunkt zu dieser höchstgelegenen Kalser Kulturlandschaft.

### Der Wegverlauf

Von der Straßenbrücke oberhalb des Kalser Ortsteils Burg (1450 m) wandern wir zunächst auf der Forststraße – vorbei an einer Kapelle – ins steile Tal des Burger Baches. Nach zwei Kehren (die auf einem Waldsteig abgekürzt werden können) schließt sich ein markierter Almweg an, der uns in steilen Kehren durch den Waldhang zur freien Greischneid (Schalotz), auf den kreuzgeschmückten Greibichl (2247 m) hinauf- und in langer Querung über die kräuterduftende Greiwie-

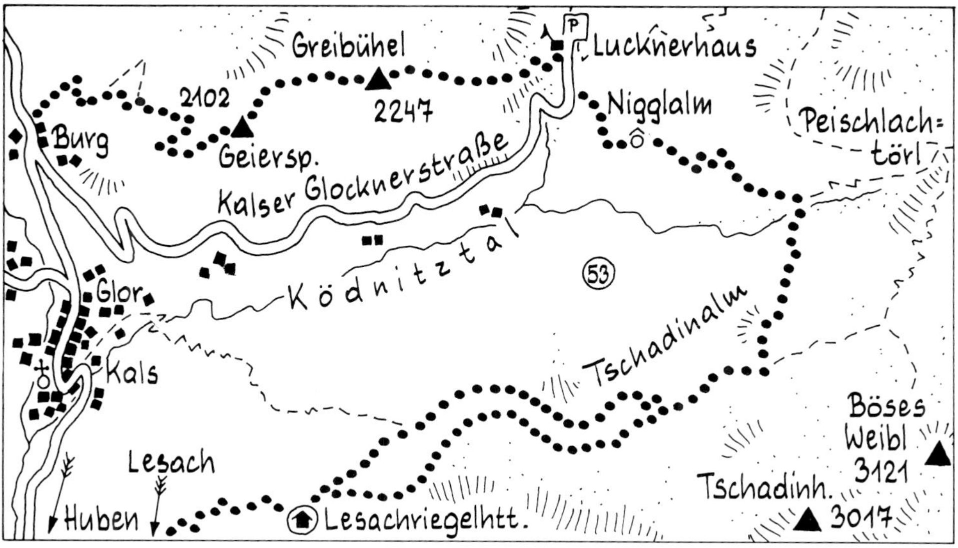


sen wieder zum Lucknerhaus (1918 m) hinunterleitet.
Nun folgen wir der Glocknerstraße ein kurzes Stück abwärts und biegen dann links auf die markierte Forststraße zur Nigglalm (2004 m) ab. Anschließend wandern wir auf einem Steig oberhalb eines Murbruchs zur Matoitzalm am Peschlachbach hinauf. Bei der Wegteilung, auf ca. 2280 m Seehöhe, zweigen wir rechts ab, überqueren den Bach und bummeln über weitgespannte Wiesen auf einen Geländesporn der Tschadinalm (2492 m) hinauf und – in zwei Steigvarianten erst ab- und dann wieder ansteigend – zum Lesacher Riegel (2200 m) hinüber. Jenseits des Kammes geht es in Kürze zur Lesachriegelhütte (2120 m) hinab. Zuletzt führt ein markierter Steig, der die Straßenzufahrt zur Hütte abkürzt, talwärts nach Ober- und zur Bushaltestelle bei Unterlesach (1318 m).

## Touristische Angaben

**Ausgangspunkt:** Kals, Ortsteil Burg (1450 m); Busverbindung von Kals bzw. von Huben.
**Höhenunterschied:** Burg – Lucknerhaus 800 m im An- und 350 m im Abstieg; Lucknerhaus – Lesachriegelhütte – Unterlesach 700 m im An- und 1100 m im Abstieg.
**Reine Gehzeit:** Burg – Lucknerhaus 3½ Stunden; Weiterweg zur Lesachriegelhütte 3 Stunden; Abstieg 2 Stunden.
**Ausrüstung:** Wandermontur.
**Einkehrmöglichkeit:** Berggasthof Lucknerhaus (1918 m, privat, 36 Betten, bewirtschaftet von Anfang Mai bis Ende Oktober, Busverbindung von Kals bzw. Huben); Lesachriegelhütte (2120 m, privat, Nächtigungsmöglichkeit auf Anfrage, tagsüber bewirtschaftet von Anfang Juni bis Ende September).
**Karten:** ÖK Nr. 153 und Nr. 179, AV Nr. 41; f&b Nr. 181.

***Folgende Abbildung:***
***Halbzeit auf unserer Kalser Almwanderung: der berühmte Glocknerblick vom Lucknerhaus durch das Ködnitztal.***

***Im »Niemandsland« des Großglockners, in seinem Vorland zwischen Kärnten und Osttirol, schwingt sich ein exponierter Steig durch brüchige Bratschenhänge zum Ursprung des Leiterbaches hinab.***

## 54 Auf den Spuren der Glocknerpioniere

### Im Abenteuerland zwischen der Glorer- und Salmhütte

*2–3 Tage; unschwierige Bergsteige (ein gesicherter Abschnitt kann umgangen werden); Juni bis Oktober.*

Am 28. Juli des Jahres 1800, 14 Jahre nach der Erstersteigung des Montblancs, standen die Heiligenbluter Gebrüder Martin und Sepp Klotz mit zwei Zimmerleuten und dem Döllacher Pfarrer Horrasch als erste Menschen auf dem 3798 Meter hohen Großglockner. Diese alpinistische Sternstunde ist nicht zuletzt einem geistlichen Mäzen zu verdanken: dem Fürsterzbischof von Gurk, Altgraf Franz von Salm-Reifferscheid. Nach mehreren Erkundungen durch den Grafen von Hohenwart sponserte er in den Jahren 1799, 1800 und 1802 wahre Großexpeditionen »vom Brode bis zur Ananas«, daß die zahlreichen Teilnehmer »nicht zwischen den Gletschern des Möllthals, sondern in die üppigen Gefilde Calabriens versetzt zu seyn schienen«. Auf der endlosen Route von Heiligenblut durch das Leitertal, am Fuß des Schwertecks (3247 m), hatte seine Eminenz bereits eine spartanische, aber brauchbare Unterkunft bauen lassen – ihre Reste sind noch oberhalb der heutigen Salmhütte zu sehen. 1799 gelangten die Brüder Klotz immerhin schon auf den Kleinglockner (3770 m), und zwar über den nach Sigmund von Hohenwart benannten Gletscher, die »Adlersruhe«, auf der man heute in der Erzherzog-Johann-Hütte (3451 m) die dünnste Hüttenluft Österreichs atmet, und das berüchtigte, fast 40 Grad steile und oft vereiste »Glocknerleitl«. Im Jahr darauf gelang der Griff nach der höchsten Spitze endgültig, und die ersten Menschenaugen erfaßten das Riesenpanorama, das sich an klaren Tagen genau über 151 Kilometer und 880 Quadratkilometer erstreckt.

Der Weg der Glocknerpioniere ist allerdings

wieder in Vergessenheit geraten. Das karge, hügelige Almgelände im Quellgebiet der Leiter, dieses unspektakuläre Niemandsland zwischen dem Felsblitz des Glockners, den behäbigen Bratschenbergen um das Schwerteck und der melancholischen Schobergruppe ist – schön für uns! – ein Geheimtip geblieben.

## Der Wegverlauf

*Zur Glorerhütte und auf das Kasteneck*
Vom Lucknerhaus (1918 m) wandern wir auf dem Steig Nr. 714, der im Bereich der Schliederleralm kurz von einer Almstraße abgelöst wird, durch das weite Tal des Berger Baches zur Glorerhütte (2651 m) hinauf. Für einen kurzen »Hüttenausflug« empfiehlt sich der markierte, geschickt durch grobblockige Abhänge angelegte Steig auf den Nordgipfel des Kastenecks (2821 m), wo uns ein Prachtblick zum Glockner erwartet. Zur Hütte geht's auf der gleichen Route retour.

*Rundtour über die Salmhütte*
Von der Glorerhütte marschieren wir auf dem Steig Nr. 714 nach Nordosten in ein karges Hochtal. Bei der folgenden Wegteilung gehen wir geradeaus weiter und begleiten den Glatzbach bis zu seiner Mündung in den

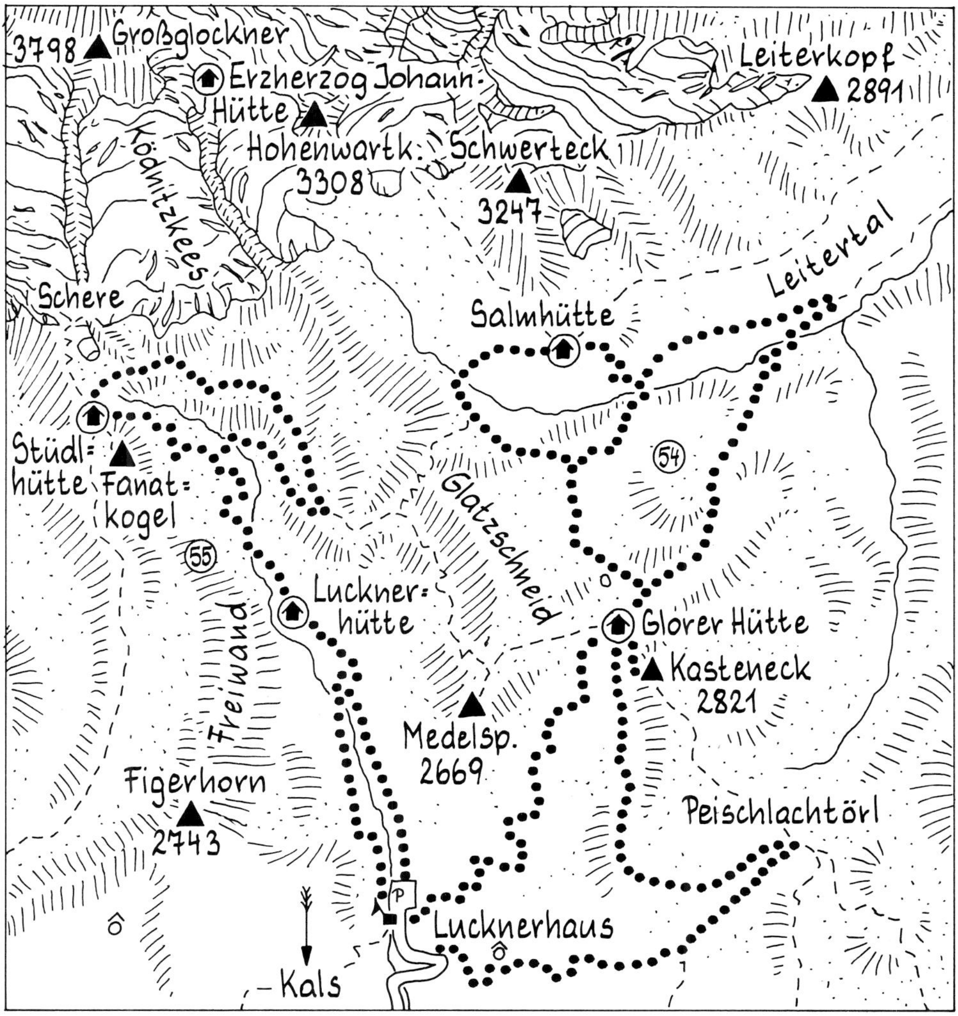

Leiterbach. Nach dessen Überquerung (ca. 2200 m) erreichen wir den Weg Nr. 702 B, der uns nach links über die Weideböden am Fuß des Schwertecks zur Salmhütte (2638 m) hinaufleitet.
Für den Rückweg stehen zwei Varianten zur Auswahl: Die eindrucksvollere folgt der Markierung Nr. 702 B taleinwärts zum Leiterbach hinunter. Am jenseitigen Ufer zweigen wir links auf einen markierten Steig ab, der den Felsabbruch des Glatzberges (2627 m) mit Holzabstützungen und Seilsicherung überlistet. Ein zweiter, unschwieriger Pfad biegt unterhalb der Salmhütte vom 02er ab, übersetzt den Leiterbach und führt durch felsdurchsetzte Weidehänge hier herauf. Zuletzt wandern wir über Schuttböden und vorbei an einem kleinen See zur Glorerhütte zurück.

*Auf dem Wiener Höhenweg ins Peischlachtörl*
Als Abstiegsvariante von der Glorerhütte empfiehlt sich ein Abschnitt des »Wiener Höhenweges« (Nr. 713), der sich – sanft fallend – westlich um das Kasteneck herum ins Peischlachtörl (2484 m) hinüberschwingt. Der weitere Abstieg folgt dem markierten Weg, der neben dem Peischlachbach zur Nigglalm (2004 m) hinabführt und knapp unter dem Lucknerhaus in die Glocknerstraße mündet.

### Touristische Angaben

**Ausgangspunkt:** Lucknerhaus (1918 m); Busverbindung von Kals bzw. von Huben.
**Höhenunterschied:** Bis zur Glorerhütte 750 m; auf das Kasteneck 170 m; Rundtour über die Salmhütte 500 m.
**Reine Gehzeit:** Lucknerhaus – Glorerhütte 2–½ Stunden; auf das Kasteneck ¾ Stunden; zur Salmhütte 2 Stunden, Rückweg 2 Std.
**Ausrüstung:** Wandermontur.
**Einkehrmöglichkeit:** Berggasthof Lucknerhaus (siehe Tour 53); Glorerhütte (2651 m, DAV, 8 Betten, 44 Lager, bewirtschaftet von Anfang Juni bis Anfang Oktober); Salmhütte (2638 m, ÖAV, 36 Betten, 23 Lager, bewirtschaftet von Mitte Juni bis Ende September).
**Karten:** ÖK Nr. 153; AV Nr. 41; f&b Nr. 181.

## 55 Majestät lassen grüßen

### Auf der Kalser Seite des Großglockners

*1 Tag; weitgehend unschwierige Bergsteige (mit einer kurzen gesicherten Stelle); Juni bis Oktober.*

60 Jahre lang erhielt der Glockner ausschließlich von einer Seite Besuch – von Heiligenblut. Erst um die Mitte des vorigen Jahrhunderts begannen die Tiroler nach einem eigenen Zustieg zu fahnden: 1853 fand der Lienzer Jusstudent Josef Mair mit zwei Bergführern über das Ködnitzkees und die Burgwartscharte zur Adlersruhe hinauf; 1859 entdeckte Franz Keil die heute noch gebräuchliche direkte Route dorthin. Wieder fünf Jahre später erkletterten die Kalser Bergführer Johann Kerer und Thomas Groder den Gipfel auf seiner schönsten Felsschneide – auf dem berühmten Stüdlgrat. Zögerlich, aber doch, sprach sich nun auch Kals als »Glocknerdorf« herum. Keinen geringen Anteil daran hatte der Prager Kaufmann und Alpenvereins-Mitbegründer Johann Stüdl: Er organisierte die Kalser Bergführer, die es zu Weltruf brachten, ließ die Kalser Glocknerrouten mit Eisen sichern und finanzierte den Bau eines Schutzhauses in der Fanatscharte. Diese Stüdlhütte, eine Herberge nach altem Schrot und Korn, ist heute nicht nur ein vielbesuchtes Sprungbrett für alle Glocknerfans, sondern auch ein herrliches Wanderziel im »arktischen« Vorland des »größten Österreichers«!

### Der Wegverlauf

Vom Lucknerhaus (1918 m) marschieren wir entweder auf der Almstraße (Markierung Nr. 702 B) über die Jörgenalm oder – lohnender – dem östlichen Ufer des Ködnitzbaches entlang vom großen Parkplatz weg auf einem Steig in den Talgrund. Über den Talstationen

***Auf dem Weg unter dem Ködnitzkees vorbei zur Stüdlhütte kommen wir dem Glockner schon ziemlich nahe.***

der Materialseilbahnen windet sich die Straße zur Lucknerhütte (2241 m) hinauf. (Die untere Kehre kann auf einem ausgesetzten Steig abgekürzt werden.)
Ab hier wandern wir auf einem breit ausgetretenen Pfad weiter neben dem Bach aufwärts und zweigen nach einer Gehstunde bei der folgenden Wegteilung (2550 m) links ab. Der »Johann-Stüdl-Steig« (Nr. 702 B) übersetzt nun die Gletscherbäche, führt uns unter der Materialseilbahn zur Adlersruhe durch und überwindet eine kurze, mit Seilen gesicherte Felsstufe in den »Langen Trog« hinauf. Hier erreichen wir den Verbindungssteig von der Salmhütte: Wir biegen scharf nach links ab und folgen ihm – im weiten Bogen ansteigend – über sandige Böden und durch das felsgesprenkelte Moränengelände unter dem Ködnitzkees zur Stüdlhütte (2802 m) hinüber. Zuletzt lohnt sich der kurze, gesicherte Anstieg zur »Schere« (3087 m) zwischen dem Teischnitz- und dem Ködnitzkees oder ein Besuch auf dem gegenüberliegenden Fanatkogel (2905 m; Prachtblicke auf den breit hingelagerten Glockner!)
Der Abstieg erfolgt auf dem Hüttenweg Nr. 713 zum Lucknerhaus.

### Touristische Angaben

**Ausgangspunkt:** Lucknerhaus (1918 m); Busverbindung von Kals.
**Höhenunterschied:** 900 m.
**Reine Gehzeit:** Lucknerhaus – Stüdlhütte 3½ Stunden; Abstieg 2 Stunden.
**Ausrüstung:** Wandermontur.
**Einkehrmöglichkeit:** Berggasthof Lucknerhaus (siehe Tour 54); Lucknerhütte (2241 m, privat, 20 Betten, 20 Lager, bewirtschaftet von Anfang Juni bis Mitte Oktober); Stüdlhütte (2802 m, DAV, 30 Betten, 70 Lager, bewirtschaftet von Anfang Juni bis Mitte Oktober).
**Karten:** ÖK Nr. 153; AV Nr. 40; f&b Nr. 181.
**Zusatzprogramm:** Von der Stüdlhütte führt die – relativ! – leichteste Route über die Erzherzog-Johann-Hütte (3451 m) auf den Großglockner (3798 m). Die Ersteigung erfordert jedoch, trotz des berüchtigten Massenandrangs, auch bei Schönwetter lupenreine hochalpine Eis- und Klettererfahrung!

## 56 Glanzalm und Geigensee

### Hopfgartner Bergbauernwege

*Stramme Tages- oder gemütliche Zweitagetouren; großteils unschwierige, an kurzen Stellen jedoch exponierte und gesicherte Alm- und Bergsteige (nicht bei Nässe begehen!); Juni bis Oktober.*

Bei Huben mündet nicht nur das Kalser, sondern auch das Defereggental in die Iselfurche. Dieses längste aller Osttiroler Tauerntäler verbirgt sich hinter der Schwarzachschlucht und weitet sich dann zu einem südlich-sonnigen Boden zwischen endlos langen grünbraunen Bergzügen und dem eisgefleckten Hochgall (3436 m) als krönender Bühnendekoration.
Hopfgarten, die erste Ortschaft des Defereggen, empfängt uns zwischen steilen Waldhängen, in deren Sonnseite sich stolze Bergbauernhöfe krallen. Da die Landwirtschaft nie viel hergab, begann man hier bald nach Bodenschätzen zu suchen: Der Rudnig (2429 m), der erste Schrofenklapf über dem Talausgang, ist – aus dem Slawischen übersetzt – nichts anderes als ein »Erzberg«. Letztlich blieben den Hopfgartnern aber doch nur der Wald und die steilen Bergwiesen, zwischen denen viel wildes Wasser zu Tal schießt – von Süden aus langgezogenen, mit buntfarbigen Bergseen geschmückten Almtälern, von Norden dagegen durch steile, aus den Bergflanken gerissene Tobel. Die folgenden, uralten Bergbauernwege, die beide an der wunderschönen, mit verwittertem Holz überdachten Blosbrücke bei Hopfgarten starten, begleiten es durch den Arbeitsalltag in die Freiheit unserer Ferien hinauf.

### Der Wegverlauf

*Über die Hopfgartner Gräben zur Glanzalm*
Von der Blosbrücke (1102 m) spazieren wir auf dem markierten »Brechelweg« oberhalb der Straße nach Westen (Richtung Plon) und dann, rechts abzweigend, durch Wald und Wiesen nach Rajach (1368 m) hinauf. Ab hier steigen wir auf einem markierten Steig

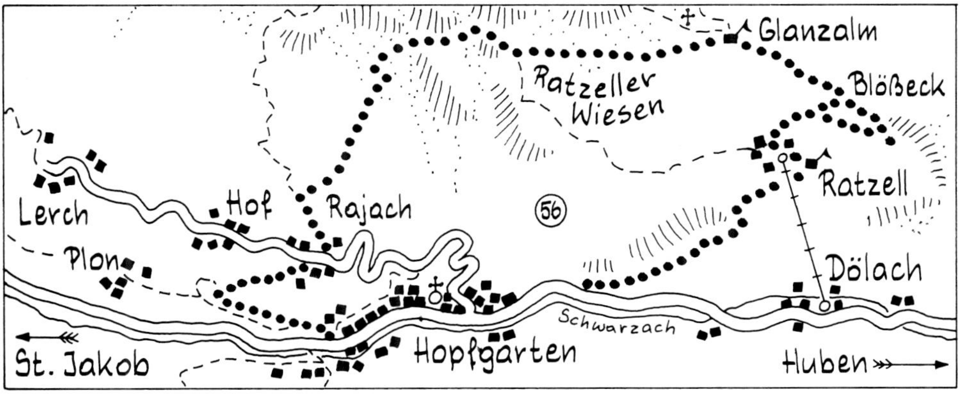


neben einem Graben zum Waldrand an, halten uns bei der folgenden Wegkreuzung nach rechts und wandern – zweimal eine Forststraße querend – zur Waldgrenze hinauf. Bald stehen wir vor der ersten Erdschlucht der »Hopfgartner Gräben«, die wir auf einer Sperrmauer mit eindrucksvollem Tiefblick überqueren. Durch die folgenden steilen Almwiesen und Runsen schwindeln wir uns stellenweise mit Hilfe fixierter Seile höher, dann queren wir ein grobes Schuttfeld und erreichen bald eine Weggabelung (1980 m). Zuletzt flanieren wir auf dem oberen Steig ziemlich eben durch die Ratzeller Bergwiesen zur Glanzalm (1975 m) hinüber. Der Almkamm oberhalb der Hütte bietet eine herrliche Aussicht!
Für den Heimweg nutzen wir den markierten Steig über den Waldkamm Richtung Blößeck (1714 m), der in einer Schleife die Jausenstation Ratzell (1500 m) ansteuert. Diese ist von der erwähnten Wegteilung oberhalb der Gräben auch auf einem direkten Steig über die Mösern erreichbar. Abschließend marschieren wir auf dem alten Kirchweg durch die steilen Waldungen des felsigen Bretterkofels zur Deferegger Straße hinunter, die uns nach einem halben Kilometer talaufwärts in Hopfgarten entläßt. Gelegentlich kann man aber auch mit der Seilbahn nach Dölach (990 m) hinunterfahren.

*Über die Bloshütte zum Geigensee*
Wir gehen über die Blosbrücke, folgen der ansteigenden Forststraße eine Kehre weit und wandern dann auf dem Waldsteig Nr. 324

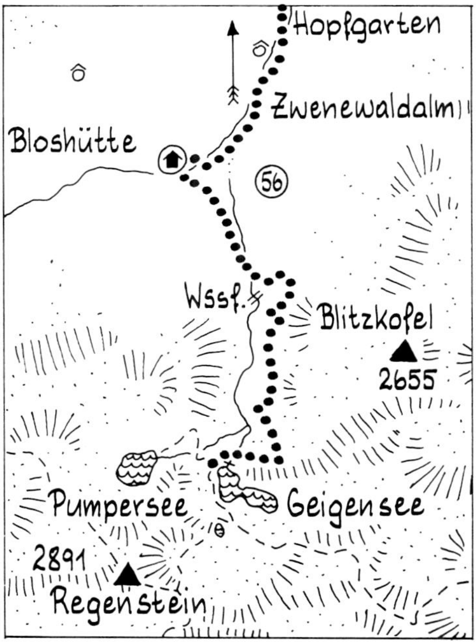


zur Ranigesalm (1544 m) hinauf. Ab hier gelangen wir auf der Almstraße durch das Zwenewaldtal zur Bloshütte (1795 m).
Dort beginnt der bezeichnete und stellenweise gesicherte »Fenstersteig«, der neben dem Glauritbach und seinen Wasserfällen über drei felsige Karstufen zum Uferkreuz am Geigensee (2409 m) und der verschlossenen Glarithütte hinaufzieht. Über dem Wasser tut sich eine faszinierende Sicht zum Glockner und zum Venediger auf!
Der Abstieg erfolgt auf der gleichen Route.

### Touristische Angaben

**Ausgangspunkt:** Die Blosbrücke (1102 m) am westlichen Ortsrand von Hopfgarten (Bushaltestelle).
**Höhenunterschied:** Zur Glanzalm 900 m; zum Geigensee 1300 m.
**Reine Gehzeit:** Aufstieg zur Glanzalm 3–4 Stunden; Abstieg 2 Stunden; Aufstieg zur Bloshütte 2½ Stunden und weiter zum Geigensee 2½ Stunden.
**Ausrüstung:** Wandermontur.
**Einkehrmöglichkeit:** Glanzalm (1975 m) und Jausenstation Ratzell (1500 m; beide sind im Sommer bewirtschaftet); Bloshütte (1795 m, privat, 16 Betten, bewirtschaftet von Mitte Juni bis Ende September).
**Karten:** ÖK Nr. 178; f&b Nr. 123.
**Zusatzprogramm:** • Eine sehr lohnende Höhenwanderung führt auf Steigen und Güterweg-Abschnitten von der Blosbrücke durch das extrem steile Bergbauernland um die Weiler Lerch (1499 m), Moos (1472; Jausenstation) und Mellitz (1386 m) nach St. Veit in Defereggen (2½–3 Stunden).

## 57 Wo der Reimmichl reimte

### Durch die Sonnenhänge des Defereggen in die Lasörlingberge

*2–3 Tage; einsame, aber unschwierige Almsteige; Juni bis Oktober.*

St. Veit: Der Sonnenbalkon des Defereggen, der höchstgelegene Urlaubsort Österreichs, ein Dorf zum Verlieben – die Prospekte sind voll der Superlative über die malerische Siedlung, die sich hoch über der Schwarzach in die Sonnenhänge der östlichen Lasörlinggruppe schmiegt. Verbunden bleibt St. Veit auf jeden Fall mit Monsignore Sebastian Rieger (1867 – 1953), der als »Reimmichl« mehr als 200 bodenständige Erzählungen und Romane schrieb.
Die weitgeschwungenen Anhöhen über dem Dorf waren jahrhundertelang nicht Grenze, sondern Verbindung nach Norden: Das Defereggen gehörte bis ins 15. Jahrhundert zur Pfarre Virgen – alle Ehen und Taufen wurden daher erst nach dem acht- bis zehnstündigen Marsch über das 2615 Meter hohe Virgener Törl (Mullitztörl) besiegelt.
Die schneereichen Winter schnitten das Tal von der Außenwelt ab, so daß Verstorbene bis zum Frühjahr in Eiskellern aufbewahrt und dann in einem grotesken Leichenzug über die Berge zur letzten Ruhe getragen werden mußten...
Manchmal raunen uralte Namen etwas über verstreute Wasseraugen und Schrofenkämme: Unter dem Donnerstein mögen sich vielleicht schon die Kelten vor dem gleichnamigen Wetter und seinem Gott gefürchtet haben, und im Steinkas finden wir keinen Hartkäse, sondern nur ein althochdeutsches »Steinkar« – aber dafür duftet der Speikboden wirklich so gut, wie er verspricht... Auf jeden Fall bietet das beschauliche Bergland unter dem Zwillingsgipfel des 3098 Meter hohen Lasörlings und hinter den Gritzer Seen genug Auslauf für Kinder – und alle, die sich ein verspieltes Herz bewahrt haben.

### Der Wegverlauf

Von St. Veit (1495 m) stiefeln wir auf einem markierten Güterweg zu den hochgelegenen Höfen von Gsaritzen. Ab hier steigen wir auf dem steilen Waldpfad Nr. 316 zur Speikbodenhütte (2079 m) auf, wobei wir die Zufahrtsstraße mehrfach kreuzen und uns bei Wegteilungen stets nach rechts halten.
Die Markierung Nr. 316 weist nun über den Weidehang der Zischkealm nach oben und folgt bald einem quer verlaufenden Pfad nach links zum St. Veiter Wetterkreuz. Hier biegen wir wieder nach rechts ab und wandern durch das Kar der St. Veiter Lacke – zuletzt steiler ansteigend – ins Speikjoch (2600 m).
Über den Rasen- und Schrofenkamm erklimmen wir rechter Hand in wenigen Minuten den Speikboden (2653 m). Jenseits der Scharte trudeln wir geradlinig und einen Quersteig kreuzend durch das Steinkas zur Merschenhütte (2248 m) hinab.
Nun ziehen wir auf dem markierten Lasörling-Höhenweg westwärts über die Mer-

*Mit majestätischer Würde spiegelt sich der Lasörling in der Gumpenlacke.*

schenhöhe (2499 m) und den benachbarten Schuttsattel am Gosachkofel (2536 m) zur Gumpenlacke und zur Lasörlinghütte (2296 m) hinüber.
Den Heimweg vermittelt uns der Steig Nr. 315, der ein Stück östlich des Schutzhauses vom Höhenweg nach Süden abzweigt und uns über das Mullitztörl (Virgener Törl; 2615 m) zu den Gritzer Seen (2500 m) führt. Schließlich kehren wir auf einem neu angelegten und sanft nach unten führenden Höhenweg durch die grasigen Südhänge des Gritzer Hörndls zur Speikbodenhütte zurück oder wandern über die Gritzer Alm (2001 m) gleich direkt nach St. Veit hinunter.

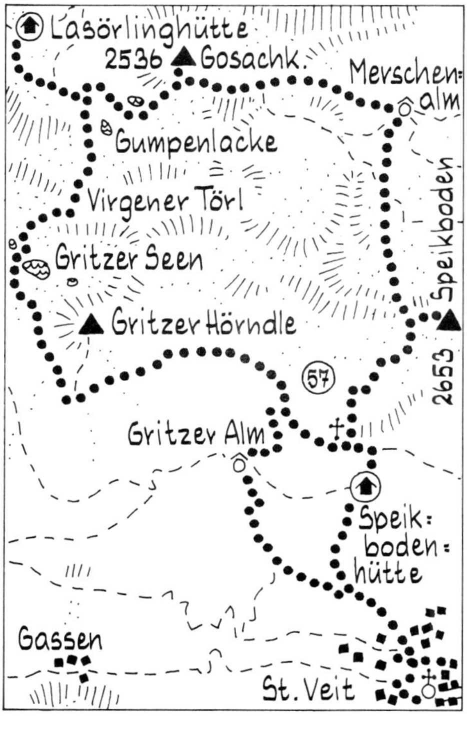


## Touristische Angaben

**Ausgangspunkt:** St. Veit in Defereggen (1495 m).
**Höhenunterschied:** Insgesamt 1700 m.
**Reine Gehzeit:** St. Veit – Speikbodenhütte 1½–2 Stunden; über den Speikboden zur Merschenhütte 3 Stunden; Übergang zur

Lasörlinghütte 2 Stunden; über das Mullitztörl und die Gritzer Seen zur Speikbodenhütte 3 Stunden; Abstieg 1 Stunde.
**Ausrüstung:** Wandermontur.
**Einkehrmöglichkeit:** Speikbodenhütte (2079 m, privat, 10 Betten, bewirtschaftet von Mitte Juni bis Ende September); Merschenalm (2248 m, privat, bewirtschaftet von Anfang Juni bis Ende September); Lasörlinghütte (2296 m, privat, 34 Betten, 60 Lager, bewirtschaftet von Mitte Mai bis Mitte Oktober).
**Karten:** ÖK Nr. 178; f&b Nr. 123.

## 58 Die Bergwerke am Blindis

### Auf alten Knappensteigen zur Reichenberger Hütte

*1½–2 Tage; unschwierige Almsteige; Juni bis Oktober.*

Gleich hinter dem geschäftigen Urlaubsort St. Jakob beginnt die Stille der Vergangenheit: Schon in der Mündungsschlucht des Trojer Almtals dämmern uralte Mühlen auf dem Weg alles Irdischen dahin; und auch auf den beiden wunderhübschen Trojer Almen scheint die Zeit stehengeblieben zu sein. 500 Höhenmeter weiter oben starren dunkle Löcher zwischen steinernen Ruinenfragmenten und verstreuten Abraumhalden ins Leere: die »Knappengruben« am Fuß der genau 3000 Meter hohen Blindisspitze, aus denen im 16. und 17. Jahrhundert Kupfer, Eisen und Blei geholt wurden. Auch das behäbige Handelshaus der Glaureter Gewerkschaft in St. Jakob erinnert noch an den Bergsegen. Als dieser jedoch um 1650 zu versiegen begann, mußten viele Deferegger ihre Heimat verlassen – einerseits, weil der karge Boden einfach nicht so viele Menschen ernährte, andererseits aber, weil sich der Salzburger Erzbischof aus purer Nächstenliebe um den Glauben seiner Schäfchen sorgte und mitten im Winter über 800 Protestanten vertreiben ließ. In der Folge zogen viele als Hausierer durch halb Europa oder wurden mit dem Handel von Decken und Wetzsteinen, Uhren oder Strohhüten erfolgreich.
Tüchtig sind auch die Wirtsleute auf der gemütlichen Reichenberger Hütte, die uns hoch über dem Trojer Almtal vor einer berauschenden Kulisse empfängt: Der Bödensee und die glockenförmige Gösleswand (2912 m), die sich in ihm spiegelt, die wassertriefenden Spiel- und Abenteuergründe der Sentenböden und die grobschlächtige Trojerwand dahinter, die trübblauen Gletscherseeaugen drüben am Keeseck (3173 m) oder die nahegelegene Wiesenglatze des Bachlenkenkopfs (2759 m), auf der sich mit einem Schlag die ganze Venedigerprominenz präsentiert – all das sind Gründe genug, mit Kind und Kegel dort hinaufzuschauen!

#### Der Wegverlauf

Von St. Jakob (1389 m) folgen wir zunächst der asphaltierten Straße mit der Bezeichnung Nr. 313 ins Trojer Almtal hinein. Im engen Taleinschnitt wechseln wir bald auf den alten Almweg über, der zweimal den Bach überquert und im Nahbereich der Straße zur Vorderen (1815 m) und zur Hinteren Trojeralm (2001 m) führt. Anschließend wandern wir auf einem stetig ansteigenden Höhenweg durch lichte Zirbenbestände immer höher über das Trojer Almtal hinaus, bis wir durch ein karges Kar mit dem unpoetischen Namen »Dreckgrube« den Sattel mit der Reichenberger Hütte (2585 m) und den nahen Bödensee erreichen. Den nördlich vorgelagerten Bachlenkenkopf (2759 m), den kleinen, aber feinen Hüttenklapf, sollte man unbedingt »mitnehmen«; der Anstieg auf die etwas anspruchsvollere Gösleswand wird bei Tour 76 vorgestellt.
Der Rückweg erfolgt zunächst auf der Anstiegsroute. Etwa eine Viertelstunde unterhalb der Hütte zweigen wir jedoch links auf den »Rudolf-Kauschka-Weg« ab, der zunächst ganz sanft durch freie Grasleiten zur Durfeldalm (2284 m) hinabzieht und dann – die neue Almstraße mehrmals querend –

***Wie eine steinerne Glocke erhebt sich die Gösleswand über dem Bödensee.***

durch steilere Waldhänge zum Trojer Almbach hinunterführt. Wo wir auf ca. 2150 m Seehöhe die Waldgrenze passieren, zeigt ein Wegweiser links den Pfad zu den Knappengruben (2340 m) an.

## Touristische Angaben

**Ausgangspunkt:** St. Jakob in Defereggen (1389 m).
**Höhenunterschied:** 1200 m (auf den Bachlenkenkopf nochmals 200 m).
**Reine Gehzeit:** Zur Reichenberger Hütte 4 Stunden; auf den Bachlenkenkopf ½ Stunde; Abstieg auf den Rudolf-Kauschka-Steig 3 Stunden (Abstecher zu den Knappenlöchern und retour 1½ Stunden).
**Ausrüstung:** Wandermontur.
**Einkehrmöglichkeit:** Jausenstation Trojeralm (1815 m, bewirtschaftet von Mitte Juni bis Ende September); Neue Reichenberger Hütte (2586 m, ÖAV, 20 Betten, 40 Lager, bewirtschaftet von Anfang Juni bis Anfang Oktober).
**Karten:** ÖK Nr. 177 und Nr. 178; f&b Nr. 123.
**Zusatzprogramm:** • Getreidemahlen in der Trojer Mühle (für Kinder jeden Montag) und Brotbacken im Bauernhof »Grimm am Innerberg« (Für Kinder jeden Mittwoch). Bei Schlechtwetter wird an Donnerstagen ein Malwettbewerb für Kinder durchgeführt. Auskunft und Anmeldung im Tourismusbüro St. Jakob.

***Hier ist gut einkehren: die Neue Reichenberger Hütte vor der finsteren Felskulisse des Panargenkammes.***

***Ins Trojer Tal hinein oder lieber doch zum Oberseite-Blumenweg hinauf? Diese Frage stellt sich vor der vorderen Trojer Alm; sie kann mit Blick auf die jenseitige Rote und Weiße Spitze in den Deferegger Bergen entschieden werden.***

## 59 Wenn die Berge blühen

### Der »Blumenweg Oberseite« – ein Defereggер Naturerlebnis

*Ausgefüllte Tagestour, die auch in zwei beschaulichere Abschnitte geteilt werden kann; unschwierige Almsteige; Juni bis Oktober.*

Im Sommer verwandeln sich natürlich alle Bergwiesen in leuchtende und duftende Blütenmeere. Trotzdem ist die »Oberseite«, der steile Almbauch der 3021 Meter hohen Seespitze, etwas Besonderes: Seit 1987 vermittelt dort ein »Blumenweg« anhand von 20 Haltepunkten und einer netten Begleitbroschüre viel Wissenswertes über die Entstehung dieser Kulturlandschaft, die »Gewitztheit« der Alpenpflanzen und ihr ökologisches Zusammenleben. So erfahren wir hier beispielsweise, daß die steilen Leiten dreimal gerodet werden mußten, bis sie einmal Futter fürs Vieh hergaben, wie das Heu mit archaischem Werkzeug zu Tal gebracht wurde oder welche Probleme der künstliche und natürliche Lawinenschutz macht. Der alte Almweg, auf dem die Defereggеr seit jeher »z' Berge« zum Heuen in die steilen Südhänge hinaufgestiegen sind, bietet uns somit ein ganzheitliches Urlaubserlebnis: viel Muskeltraining in der frischen Luft, die Anregung zur Wissensmehrung, eine stimmungsvolle Hütteneinkehr und als Zugabe einen Prachtblick über die Defereggеr Berge bis zum Hochgall, dem 3436 Meter hohen weißen Riesen über dem Defereggen.

#### Der Wegverlauf

Zunächst wandern wir wie bei Tour 58 durch den Eingang des Trojer Almtals. Wo der alte Almweg auf ca. 1700 m Seehöhe den Bach zum zweiten Mal überquert, zeigt der erste Haltepunkt die Abzweigung des markierten Blumenweges an. Dieser schlängelt sich nun

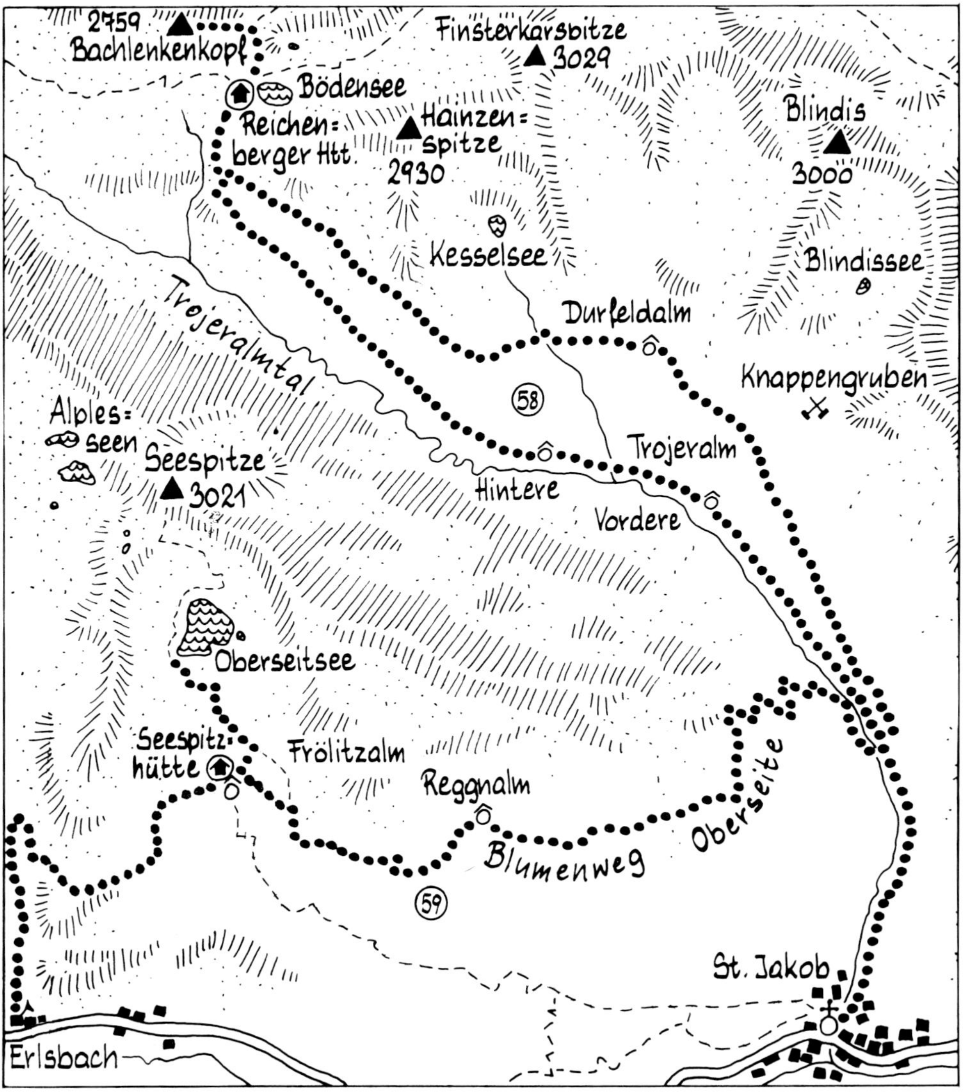


in engen Kehren durch den steilen Waldhang zur freien Oberseite-Alm (2298 m) hinauf. Über das »Windegge« und vorbei an der Rostlacke wandern wir durch die grasigen Hänge der Reggnalm (2261 m), die uns über das »Almer Köppele« weiter westwärts zur Seespitzhütte (2327 m) auf der Frölitzalm weisen. Von hier empfiehlt sich unbedingt ein Abstecher zum Oberseitsee (2576 m), der eine Karstufe weiter oben am Fuß der Seespitze (3021 m) glitzert.

Der Blumenweg fällt nun sanft ab, zieht zu den »weißen Platten« und biegt unterhalb der Weißen Wand ins Erlsbachtal mit seiner Alm (2183 m) ein. Zuletzt steigen wir wieder im steilen Zickzack durch den Waldweg neben dem Bach nach Erlsbach (1549 m) ab.

## Touristische Angaben

**Ausgangspunkt:** St. Jakob (1389 m); Busverbindung mit Erlsbach.

**Höhenunterschied:** 700 m (zum Oberseitsee nochmals 250 m).
**Reine Gehzeit:** St. Jakob – Seespitzhütte 4 Stunden (zum Oberseitsee und retour 1½ Stunden); Abstieg 2½ Stunden.
**Ausrüstung:** Wandermontur.
**Einkehrmöglichkeit:** Seespitzhütte (2327 m, privat, Nächtigungsmöglichkeit nach Voranmeldung, bewirtschaftet von Mitte Juni bis Mitte Oktober); Gasthaus Alpenrose in Erlsbach.
**Karten:** ÖK Nr. 177 und Nr. 178; f&b Nr. 123.
**Hinweis:** Ein handlicher und informativer Naturführer über den Blumenweg ist im Tourismusbüro St. Jakob erhältlich.
**Zusatzprogramm:** • Geübte Bergsteiger werden wohl gern die Seespitze (3021 m) »mitnehmen«: Vom Oberseitsee führt ein markierter Pfad über den grobblockigen Südgrat und eine mit Sicherungen versehene Felsstufe zum Gipfel hinauf (1½ Stunden).

***Die Jagdhausalm im allerhintersten Defereggen präsentiert sich als beinahe exotisch wirkendes Ensemble von Steinbauten in einer ebenso seltsamen Bergumgebung.***

## 60 Im Defereggen gibt's keine Affen!

### Durch den Oberhauser Zirbenwald zur ältesten Alm der Tauern

*1–2 Tage; harmloser, aber langer Talweg; Juni bis November.*

No na – wo sollte es hier auch Affen geben? In alten Landkarten ist allerdings schwarz auf weiß von einem »Affental« im hintersten Defereggen die Rede, und noch die letzte Auflage des AV-Führers »Venedigergruppe« stellte die Anstiege auf einen Dreitausender namens »Affentalspitze« vor. Wer von den letzten Deferegger Bauernhöfen nur lange genug der übermütigen Schwarzach entgegenwandert, entdeckt bald des Pudels Kern: Einzelne Zirben, hier, wie in der Schweiz, »Arven« genannt, verdichten sich bald zu einem vier Kilometer langen und sich über 500 Höhenmeter erstreckenden Waldpelz. Der Talschluß ist also ein Arvental und, nachdem er weit über die heutige Baumgrenze hinausschießt, wohl eine Erinnerung an die Zeit vor den mittelalterlichen Almrodungen.

An diese Urzeiten gemahnt auch die Jagdhausalm recht eindrücklich: Schon im 13. Jahrhundert bezeugen Urkunden eine Dauersiedlung in diesem 2000 Meter hoch gelegenen Talgrund. Wie ein indianisches Pueblo stehen die 16 steinernen »Almkästen« rund um ihre Kapelle, und daneben leuchtet die gedüngte Hangterrasse aus den Weidehängen; darunter rumort der Arvenbach, und darüber stechen die Zinken der Gabelspitze (3071 m) in die Luft. Diese fremdartig anmutende, jeden Sommer noch von rund 900 Stück Vieh bestoßene Gegend ist eigentlich eine »Jochhausalm«, denn das nahe Klammljoch gibt wie eh und je die einzige Verbindung zu ihren 18 Südtiroler Besitzern frei. Wenn wir der Mautstraße zur Oberhausalm entsagen, ist es eine schiere Weltreise dorthin – aber eine, für die alle fünf, sechs oder sieben Sinne dankbar sind!

### Der Wegverlauf

Bei der Erlsbacher Brücke (1549 m) beginnt der schattige Pfad Nr. 111, der das südliche Ufer der Schwarzach begleitet, kurz zum Staller Almbach hinaufzieht und dann wieder sanft zur Talsohle absinkt, in der wir zur Patscher Hütte (1685 m) kommen.
Auf der gleichen Talseite spazieren wir weiter dem munteren Wasser entlang durch den dunklen Zirbenhain, wobei ein Steg den Zugang zur jenseitigen Oberhausalm (1768 m) freigibt. Vor der Seebachalm (1879 m) schwenkt von rechts die Almstraße ein, mit der wir nun einige Kilometer vorlieb nehmen müssen. Achtung: Der ans nördliche Bachufer lockende Steig verebbt in den Weiden! Nach einem steileren Anstieg am oberen Ende der Seebachalm zweigt rechts ein stellenweise abgesicherter Steig ab, der uns hoch über der kleinen Schlucht des Arventalbaches zur schon sichtbaren Jagdhausalm (2009 m) weist.
Der Rückweg erfolgt auf der gleichen Route.

### Touristische Angaben

**Ausgangspunkt:** Die Erlsbacher Brücke knapp westlich von Erlsbach (1549 m); Busverbindung von St. Jakob bzw. Lienz.
**Höhenunterschied:** 500 m.
**Reine Gehzeit:** Erlsbach – Patscher Hütte 1 Stunde; weiter zur Oberhausalm 1 Stunde; bis zur Jagdhausalm 2 Stunden; Rückweg gut 3 Stunden.
**Ausrüstung:** Wandermontur.
**Einkehrmöglichkeit:** Alpengasthof Patscher Hütte (Patscher Alm, 1685 m, privat, 14 Betten, 10 Lager, bewirtschaftet von Mitte Juni bis Mitte Oktober, Montag Ruhetag, Zufahrt von Erlsbach auf einer Mautstraße möglich); Gasthof Oberhausalm (1768 m, privat, im Sommer bewirtschaftet, Zufahrt auf der Mautstraße möglich).
**Karten:** ÖK Nr. 177; f&b Nr. 123.

## 61 Der eisige Hauch des Hochgalls…

…und die Gletscherleiche hinter der Barmer Hütte

*Ausgefüllte Tagestour, besser in 1½ Tagen zu absolvieren; schmaler, aber unschwieriger Hüttensteig; Juli bis Oktober.*

Der 3436 Meter hohe Hochgall gehört unbestritten zum Feinsten der Tauern – Hochalpinisten sagen ihm mitunter sogar westalpines Format nach. Tatsächlich blitzt der kantige Eisgesell an schönen Tagen weit über seine Rieserfernergruppe hinaus. Dort glänzen zwar durchaus etliche ausgedehnte Gletscher – der Gebirgsname kommt aber trotzdem von den »Riesern« oder »Riesen«, also von den reichlich vorhandenen Eis- und Schuttrinnen. Eine davon bildet übrigens das Nadelöhr für eine Hochgalltour vom Defereggen aus – aber nur, wenn der Bergriese seine Eisriese nicht gerade glasiert oder als Kanonenrohr zum Steineschmeißen benutzt…

***Nahe der Mündung des Patscher Tals, das den Weg zum Hochgall freigibt, beginnt auch der urtümliche Oberhauser Zirbenwald. Hier blicken wir zu den zerklüfteten Almer Säulen im Vorspann der Rieserfernergruppe hinauf.***

***Die Barmer Hütte steht schon inmitten einer Urwelt aus Tonalitgestein und Gletschereis.***

Ohne Seil und Steigeisen sollte man also Respekt vor dem Hochgall haben. Der Aufstieg durch das Patscher Tal, einen idyllischen Wald- und Almcanyon zwischen dunklen und schartig verwitterten Tonalit-Dreitausendern, vermittelt noch Geborgenheit, und auch der Felszirkus, in dem die alte Barmer Hütte zum Lawinenopfer wurde, läßt sich ohne große Probleme durchsteigen. Hinter dem traulichen neuen Schutzhaus ist dann allerdings gleich Obacht angesagt: Der Weg zur Riepenscharte führt – unglaublich, aber wahr – auf's Eis: Das Patscher Kees streckt seine Zunge nicht nur hoch oben über eine Felsstufe heraus, sondern versteckt unter dem üppigen Moränenschutt der Talsohle auch noch eine 20 bis 30 Meter dicke Gletscherleiche. Mit den verdeckten Spalten und heimtückischen Eislöchern ist in diesem Vorhaus der Eiszeit jedenfalls nicht zu spaßen!

## Der Wegverlauf

Zunächst wandern wir wie bei Tour 60 zur Patscher Hütte (1685 m; Zufahrt auf der Mautstraße möglich). Hier biegen wir auf die mit Nr. 112 markierte Almstraße ab, die in einer Kehre ins Patscher Tal hinaufzieht. Im wildromantischen Talschluß unter dem Hochgall und der Patscher Schneid geht sie bald in einen Steig über, der die felsige Karstufe zur Barmer Hütte (2591) in Serpentinen überwindet.
Bei sichtigem Wetter lohnt sich noch ein Abstecher zum winzigen Gletschersee unterhalb der Hütte und zum unteren Patscher Kees – nur nach der Markierung gehen!
Der Abstieg erfolgt auf der gleichen Route.

## Touristische Angaben

**Ausgangspunkt:** Erlsbach (1549 m); siehe Tour 60.
**Höhenunterschied:** 900 m.
**Reine Gehzeit:** Erlsbach – Patscher Hütte 1 Stunde; Hüttenanstieg 3 Stunden.
**Ausrüstung:** Wandermontur.
**Einkehrmöglichkeit:** Alpengasthof Patscher Hütte (siehe Tour 60); Neue Barmer Hütte (2591 m, DAV, 24 Betten, 30 Lager, bewirtschaftet von Anfang Juli bis Mitte September).
**Karten:** ÖK Nr. 177; f&b Nr. 123.

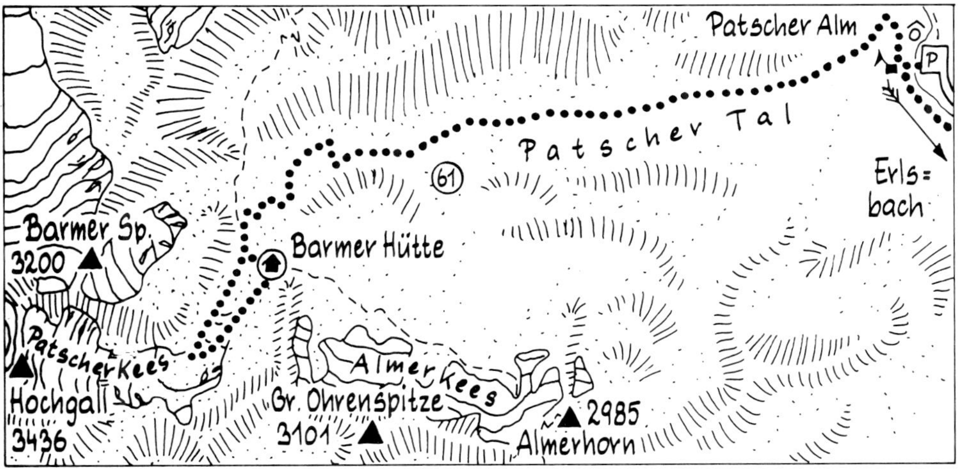


## 62 Das Bergland der verhinderten Dreitausender

### Eine Schnupperwanderung vom Staller Sattel weg

*Gemütliche Tagestour mit viel Abstieg; unschwierige Alm- und Waldwege; Mai bis Oktober.*

Der Obersee am Staller Sattel zählt sicher zu den touristischen Glanzpunkten im Defereggen. Die Ausflugsstraße bringt natürlich viel Volk an sein Ufer, bevor sie hinter dem italienischen Schlagbaum serpentinenreich zum Antholzer See hinabzieht. Der ist auch der schönste Blickfang vom zirbengrünen Grenzkamm: Das milchige Wasser soll der Sage nach einst drei Bauernhöfe verschlungen haben; belegt ist hingegen, daß anno 1698 »darin ein Schüff mit fünf Personen wegen ein grausammen wint untergangen« ist... Jedenfalls passen diese Geschichten gut zur felsenfinsteren Kulisse des Hohen und des Wilden Gall, die beide auch noch ein Stück über den Obersee lugen und dann zu den dolomitenmäßig zerschlagenen Almersäulen aufschließen.
Auf der anderen Talseite wogt das Felsgebräu der Villgrater Berge, die zwar keine vergletscherten Alpin-Wolkenkratzer, dafür aber auffallend viele und wilde Zweitausendneunhunderter ihr eigen nennen. Gipfelnamen wie »Gumriaul« oder »Innenordelgungge« geben Sprachrätsel auf – mit der Roten und der Weißen Spitze hätte aber sogar Sherlock Holmes seine Freude: Nachdem sie nach vorne und hinten verschiedenfarbiges Gestein zeigen, wurden sie vom Defereggen und vom Villgratental genau umgekehrt benannt. Da verliert sogar der alte Bergsteigerschmäh: »Hauptsach', man weiß, wo der Berg steht«, seine Wirksamkeit!
Der schönste Schlußakkord dieser Landschaftssymphonie ertönt dann unten im Tal – gleich hinter einer Häusergruppe mit dem unvergleichlichen Namen »Rinderschinken«: Dort brodelt der Stallerbach wie eine Deferegger Miniaturausgabe der Umbalfälle über eine 80 Meter hohe Kataraktleiter der Schwarzach entgegen!

### Der Wegverlauf

Von der Oberseehütte (2016 m) empfiehlt sich zunächst der Abstecher zum großen Kreuz am zirbenbestandenen Grenzkamm. Dann wandern wir auf dem Weg Nr. 113 dem Obersee und dem abfließenden Staller Almbach entlang zur Staller Alm (1968 m). Noch ein Stück weiter unten schwenken wir – die Zufahrtsstraße überquerend – nach rechts auf einen ebenfalls markierten Steig ein, der uns im sanften Anstieg über den Erlasboden und dann ziemlich eben zum Hirschbichl (2141 m) mit seiner Lacke leitet.

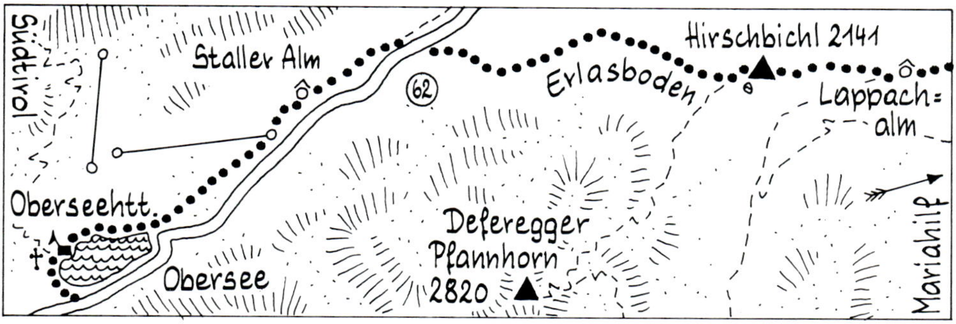
Südtirol
Staller Alm
Hirschbichl 2141
Erlasboden
Lappach=
alm
62
Oberseehtt.
Obersee
Deferegger
Pfannhorn
2820
Mariahilf

***Der milchigweiße, von Hoch- und Wildgall beschirmte Antholzer See blaut und grünt schon jenseits des Staller Sattels im Südtirolerischen.***

Ab hier geht es talwärts über den Waldrükken mit der Lappachalm (1894 m) zur Ortschaft Rinderschinken (1422 m). Jenseits der Schwarzach liegt Mariahilf an der Defereggger Straße; von den östlichen Häusern weg führt dagegen ein kurzer Steig neben dem Stallerbach zu einer Plattform vor den Wasserfällen.

### Touristische Angaben

**Ausgangspunkt:** Oberseehütte (2016 m; Busverbindung von St. Jakob).
**Höhenunterschied:** 200 m im Anstieg und 800 m im Abstieg.
**Reine Gehzeit:** Obersee – Mariahilf 3 Stunden (Abstecher zum Wasserfall ca. 20 Minuten).
**Ausrüstung:** Wandermontur.
**Einkehrmöglichkeit:** Alpengasthof Oberseehütte (2016 m, privat, 10 Betten, bewirtschaftet von Mitte Mai bis Ende Oktober).
**Karten:** ÖK Nr. 177; f&b Nr. 123.
**Zusatzprogramm:** • Lohnende Ausflugsziele sind auch die Alpe Stalle (Vordere Stalle; 1714 m) und die Blindisalm (1894 m; beide sind im Sommer bewirtschaftet); Aufstieg auf markierten Steigen von St. Jakob in 1½ Stunden. • Sehr hübsch ist auch die markierte Rundwanderung über die Brugger Alm (1818 m), die Ragötzlalm (2110 m) und das Wetterkreuz (2230 m) nach St. Jakob (5 Stunden).

## 63 Matreier Miniaturen

### Romanische Fresken und eine Klamm für Riesen

*Drei gemütliche Halbtagesausflüge auf Güter- und Wanderwegen; außer bei hoher Schneelage immer begehbar.*

Jahrhundertelang lag der Osttiroler Markt Matrei »am Ende der Welt«. Funde belegen, daß es in dem sonnigen Talbecken am Zusammenfluß von Tauernbach und Isel schon den Römern gefallen hat – der Name »Matrei« soll sich sogar von einer Muttergottheit aus grauen Urzeiten herleiten. Die slawische Bevölkerung verhalf dem Ort dann jedenfalls bis ins 20. Jahrhundert hinein zum Namen »Windisch-Matrei«.
1905 holperte das erste Auto auf einem Kar-

renweg von Lienz herauf, und acht Jahre später konnte man schon mit dem Bus anreisen – Fahrzeit: Zweieinhalb Stunden. Das können sich die Blechkutscher, die heutzutage in einem Bruchteil dieser Zeit durch den Felbertauerntunnel durch- und an Matrei vorbeirasen, sicher nicht mehr vorstellen!

Jahrhundertelang kannte der Ort aber auch viel Not: Mehr als 30 000 Hektar umfaßt das Gemeindegebiet, und »kaum ein Prozent davon erschließt der Pflug« (Walter Mair) – das sagt wohl alles. Der Bretterwandbach, der in bösartig zerbröselndem Bratschengestein entspringt, brachte mit jedem Hochwasser neue Katastrophen, und zu allem Überfluß brannte der Ort 1897 auch noch ab. Vor diesem Hintergrund ist es schon verständlich, daß manche Bürger neben dem touristischen Ausbau auch auf das geplante Osttiroler Megakraftwerk oder auf die Liftverdrahtung des Venedigers setzten und sich nun mit dem Nationalpark schwertun. Trotz unübersehbarer Stromleitungs- und Betonsünden hat Matrei noch immer die Chance, im Schnittpunkt zwischen den Venedigergletschern und dem Weg nach Süden ein Zentrum des vielbeschworenen »sanften Tourismus« zu werden – wer hat schon so eine liebenswerte Umgebung, die der ganzen Familie Natur- und Kunstschmankerl wie die romanische St.-Nikolaus-Kirche oder die urgewaltig aus dem Fels geschliffene Prosseggklamm bietet?

## Der Wegverlauf

*Zur Klaunzkapelle und auf dem Hildenweg zur »Brühl«*

Aus dem Matreier Ortszentrum (975 m) spazieren wir unter der Felbertauernstraße durch zur barocken Bachkapelle am Ufer des berüchtigten Bretterwandbaches. 100 m weiter steht eine vom Verein »Medaria« renovierte Mühle. Wir überqueren den Bach und wandern über dem jenseitigen Ufer zur Klaunzkapelle hinauf. Hier ist schon in der frühen Bronzezeit nach Kupfer gegraben worden. Nun geht es auf dem Klaunzbühelsteig Richtung Pfarrkirche hinunter – unter der Straßenbrücke beginnt jedoch der Hildenweg, der uns zunächst als asphaltierter Fahrweg parallel zur Felbertauern-Blechlawine, dann aber als hübscher Wald- und Wiesenpfad südwärts über Seblas bis zu einem Güterweg leitet, auf dem wir rechts in Kürze die Bushaltestelle beim uralten Trattnerhof erreichen.

Jenseits der Iselbrücke, ein wenig abseits der Felbertauernstraße, verbirgt sich die »Brühl«, eines der wenigen Moore Osttirols. Dem Ostufer der Isel entlang wandern wir wieder in den Ort zurück.

*Zur St.-Nikolaus-Kirche*

Zwei markierte Güterwege führen von Matrei zur weithin sichtbaren St.-Nikolaus-Kirche (1034 m) mit ihren stimmungsvollen Fresken – einer von der Virgental-Straße über die Isel, der andere über den Weiler Bichl (973 m), wo ein römischer Grabstein zu besichtigen ist. Der Kirchenschlüssel kann im Mesnerhaus (Nr. 15) unterhalb der Kirche entliehen werden.

*Durch die Prosseggklamm*

Auf der Straße Richtung Virgen spazieren wir über den Tauernbach und folgen seinem westlichen Ufer aufwärts bis zur Kaltenhauser Brücke (die auch direkt vom Ort erreichbar ist). Hier beginnt der Tauernwanderweg, der ab 1902 hinter dem urgewaltigen Schluchteingang aus den Felsen gesprengt und gut abgesichert wurde. Hinter dem ersten Tunnel tut sich ein prächtiger Blick zum 120 m hohen Unteren Steiner Wasserfall auf. In einer Höhle gegenüber soll früher ein Eremit gelebt haben. Nach einem Kreuz empfängt uns ein zweiter Tunnel; danach weitet sich das Tal schließlich wieder. Für den Rückweg empfiehlt sich der breite Weg zur St.-Anna-Kapelle (1120 m) hoch über der Schlucht, von der wir in Kürze die Jausenstation Oberprossegg erreichen und dann auf dem kurvigen Fahrweg in den Weiler Prossegg hinabwandern.

Die drei Wanderungen können übrigens zum ca. 16 km langen »Matreier Kultur- und Naturwanderweg« zusammengefaßt werden.

***Das stimmungsvolle St.-Nikolaus-Kirchlein steht oberhalb von Matrei vor der Kulisse der Bretterwand in der Granatspitzgruppe. Das Innere birgt neben bedeutenden baulichen Besonderheiten gut erhaltene romanische Fresken.***

### Touristische Angaben

**Ausgangspunkt:** Matrei (975 m).
**Höhenunterschied:** Zur Klaunzkapelle und auf dem Hildenweg insgesamt 150 m; nach St. Nikolaus 100 m; durch die Prosseggklamm und über die St.-Anna-Kapelle 200 m.
**Reine Gehzeit:** Rundwanderung über Klaunzkapelle und Tratten 2½ Stunden; Rundweg über St. Nikolaus 2 Stunden; Rundweg durch die Prosseggklamm 3 Stunden.
**Ausrüstung:** Bei Schönwetter ist nichts Besonderes nötig.
**Einkehrmöglichkeit:** Gasthöfe in Seblas, Bichl und Oberprossegg.
**Karten:** ÖK Nr. 152 und Nr. 178; f&b Nr. 123.
**Hinweis:** Interessantes Informationsmaterial über Natur, Kunst und Sagen rund um Matrei ist im Tourismusbüro erhältlich.
**Zusatzprogramm:** • Ein Besuch im Matreier Heimatmuseum »Medaria«, das im Keller des Rathauses u. .a. Mineralien, bäuerliches Gerät, einen bei Matrei geschossenen Braunbären und Perchtenmasken zeigt. Öffnungszeiten: Dienstag und Freitag jeweils von 19 bis 21 Uhr sowie bei Schlechtwetter (laut Aushang). • Im Sommer werden zahlreiche geführte Wanderungen, Kutschenfahrten und Raftingtouren auf der Isel, aber auch Besichtigungen eines Bauernhofs, einer Schnapsbrennerei und einer Maskenschnitzerei durchgeführt. In der St.-Nikolaus-Kirche werden manchmal Volkslieder gesungen. Auskunft und Anmeldung im Tourismusbüro.

## 64 Waldparadies und Wasserhölle

### Durch das Zedlacher Paradies und zum Steiner Wasserfall

*Zweitagewanderung auf guten Wald- und Almwegen; Mai bis November (das Zedlacher Paradies empfiehlt sich besonders für den Spätherbst).*

Wer brav durchs Leben geht, kommt vielleicht ins Paradies. Wer oberhalb der kleinen Ortschaft Zedlach in den Wald geht, erreicht es ganz bestimmt: Das Zedlacher Paradies ist zwar nur ein irdischer Wald – aber einer mit himmlischen Attributen: Auf einem rund fünf Hektar großen Hang finden sich hunderte knorrige, wild verzweigte Lärchen, von denen manche bis zu einem halben Jahrtausend alt sind und deren rissige Stämme bis zu sechs Meter Umfang aufweisen. Auf dem Stumpf eines solchen gefällten Baumriesen findet jede Großfamilie locker Platz fürs Picknick! Die Gegend um Zedlach war übrigens schon in prähistorischen Zeiten bewohnt; der Ort taucht bereits vor fast 1000 Jahren in Urkunden auf.
Ein Höllengedonner kündigt dagegen schon von weitem den Steiner Wasserfall an. Dieses Matreier Wasserspektakel – genaugenommen handelt es sich dabei um den Oberen Steiner Wasserfall, den unteren kennen wir ja bereits aus der Prosseggklamm – bildet den Auftakt und das Finale einer wunderschönen Tour zu den beiden Steiner Almen, die uns auch am Weiler Stein aus dem 17. Jahrhundert vorbeiführt: Einer der typischen Paarhöfe mit Wohn- und Wirtschaftsgebäude, Kornkasten und Hausmühle dient heute der Nationalpark-Forschung, während die Strombosse ihre weitausladende Stromleitung besonders gefühlvoll direkt über die Dächer spannen ließen...

### Der Wegverlauf

*Zur Wodenalm und durch das Zedlacher Paradies*
Von Matrei (975 m) wandern wir zunächst auf der Straße Richtung Virgen über den Tauernbach und schwenken rechts in die Zufahrtsstraße nach Zedlach ein. Im Wald hinter dem Weiler Bruggen zweigt ein markierter Steig scharf nach rechts ab – ihm folgen wir zur Jausenstation Strumerhof (1451 m) und zur Wodenalm (1804 m) hinauf.
Nun flanieren wir auf dem Zirbenweg durch das Zedlacher Paradies talwärts, wandern über den ebenen »Anger« mit seinem Teich nach Westen und halten dann auf das unterhalb gelegene Zedlach (1260 m) zu. Der Anger ist vom Strumerhof auch direkt auf einem markierten Weg erreichbar. Zuletzt folgen wir dem Güterweg von der Zedlacher Kapel-

le ins Tal des Mitteldorfer Baches und nach Mitteldorf (1089 m) hinunter. Die Rückkehr nach Matrei erfolgt entweder mit dem Bus oder per pedes auf einem hübschen Höhenweg (Nr. 3) über Bruggen.

*Vorbei am Steiner Wasserfall zur Steiner Alm*

Vom Felbertauernstüberl (1100 m) führt der breite, stellenweise aus dem Fels gehauene Steig Nr. 514 zum Wasserfall und jenseits zum Weiler Stein (1388 m) hinauf. Kurz vor den Höfen wendet sich der Steig nach rechts, windet sich in zahlreichen Kehren über eine Steilstufe höher und entläßt uns schließlich im flacheren Talschluß vor der Äußeren Steiner Alm (1914 m).

Beim Rückweg biegen wir kurz unterhalb der Hütten nach rechts auf einen markierten Pfad ab, der uns – sanft absteigend – über steile Almwiesen und Waldabschnitte zur Hoanzeralm (Innere Steiner Alm; 1770 m) leitet. Hier biegen wir wieder nach links ab und marschieren durch den steilen Zlemwald nach Stein hinunter.

### Touristische Angaben

**Ausgangspunkt:** Matrei (975 m; Busverbindung nach Mitteldorf) bzw. das Felbertauernstüberl an der Felbertauernstraße (1100 m; Busverbindung von Matrei).
**Höhenunterschied:** Zur Wodenalm 900 m; zur Steiner Alm 800 m.
**Reine Gehzeit:** Rundtour über die Wodenalm 5 Stunden (wenn man vom Strumerhof direkt nach Zedlach wandert, um 1 Stunde weniger; der Höhenweg über Bruggen nach Matrei erfordert nochmals 2 Stunden); Rundtour über die Steiner Alm 4 Stunden.
**Ausrüstung:** Wandermontur.
**Einkehrmöglichkeit:** Jausenstationen Strumerhof (1451 m) sowie auf der Wodenalm (1804 m), der Steiner Alm (1914 m) und der Hoanzeralm (1770 m; alle sind im Sommer bewirtschaftet).
**Karten:** ÖK Nr. 152 und Nr. 178; f&b Nr. 123.
**Hinweis:** Informationen über den Nationalpark und die Tourenmöglichkeiten rund um Matrei, Ausstellungen und Diavorträge: in der AV-Informationsstelle, Kesslerstadel im Ortszentrum von Matrei.

## 65 Ein Pferd im Zimmer?

### Der Europa-Panoramaweg ins Kals-Matreier-Törl

*Von Lift zu Lift nur eine Halbtageswanderung, mit dem Abstieg ins Tal eine gemütliche Tagestour; unschwierige Wanderwege; Juni bis Oktober.*

Skischaukeln sind in den Alpen mittlerweile nichts besonderes mehr. Die surrenden Sessellifte ins Matreier Goldried und zum Kalser Glocknerblick verbinden dagegen eine »Wanderschaukel«: den gut fünf Kilometer langen, nicht ohne Selbstbewußtsein als »Europa-Panoramaweg« deklarierten Weg über das Kals-Matreier-Törl. 63 Dreitausender sind kein geringes Versprechen – der alte Übergang zwischen den beiden Orten hält es zumindest bei klarem Wetter: Vom Lasörling im Süden des Virgentals schwenkt der Blick dort oben über die eisschillernden Venedigergrößen und die Hausherrn der Granatspitzgruppe bis zum alles beherrschenden Großglockner, dem im Osten noch die Zakken der Schobergruppe ihre Referenz erweisen.

Ein wenig weiter oberhalb vermerkt die Karte gar Merkwürdiges: ein Zimaroß. Es ist aber nicht die Titelfigur aus dem bekannten Gassenhauer »Da steht ein Pferd auf dem Flur«, denn hinter dem Namen verbirgt laut Dr. Wilhelm Brandenstein sich nichts anderes als eine romanische »cima rossa«, also ein roter Felsturm – ein Blick auf die roten Felsbrokken gibt dem Sprachforscher recht.

Eine ganz andere Bewandtnis hat es dagegen mit dem »Bärensteig«, der vom Törl Richtung Matrei ins Tal führt: Am 21. Juni 1971 stand hier ein Matreier Jäger auf der Pirsch plötzlich einem eingewanderten Braunbären gegenüber und beförderte ihn mit einem ebenso gezielten wie umstrittenen Schuß ins Jenseits. Der ausgestopfte Meister Petz ist heute im Matreier Museum zu bewundern. Die scheuen, kaum angriffslustigen Allesfresser, die sich hauptsächlich von Pflanzen ernähren (und nur beim Honig schwach werden), waren in Österreich bis vor kurzem

ausgestorben. Erst ein Programm des WWF erreichte die Wiedereinbürgerung im niederösterreichischen Ötschergebiet.

## Der Wegverlauf

*Unterwegs auf dem Europa-Panoramaweg*
Von der Bergstation des Goldried-Sessellifts (2156 m) spazieren wir auf dem breiten Weg zum Kurvenlift ins Goldried-Kar hinein und erreichen über den grünen Nordkamm des Rotenkogels bald das Kals-Matreier-Törl (2207 m) mit seinem Schutzhaus. Die prächtige Aussicht steigert sich auf der nahen Zimaroß (2405 m) noch um einiges. Richtung Kals queren wir dann ostseitig die steilen Wiesen der Kalser Höhe und erreichen bald die Kapelle auf dem Ganotseck (2065 m) bzw. die nahe Bergstation des Glocknerblick-Sessellifts (1933 m). Wer nicht mit dem Lift fahren möchte, kommt auch auf dem Waldsteig Nr. 516 zügig talwärts (s. Tour 51).

*Der Bärensteig*
Der »Bärensteig« zieht vom Schutzhaus westwärts ins Kar hinab, quert nach einer Wegteilung (links bleiben) steile Waldhänge

***Ein Schwelgen in grünen Hängen und im Weitblick vermittelt der Panoramaweg zwischen dem Matreier Goldried und dem Kalser Glocknerblick. Das Kals-Matreier-Törlhaus lädt genau in der Wegmitte zur Labung ein.***

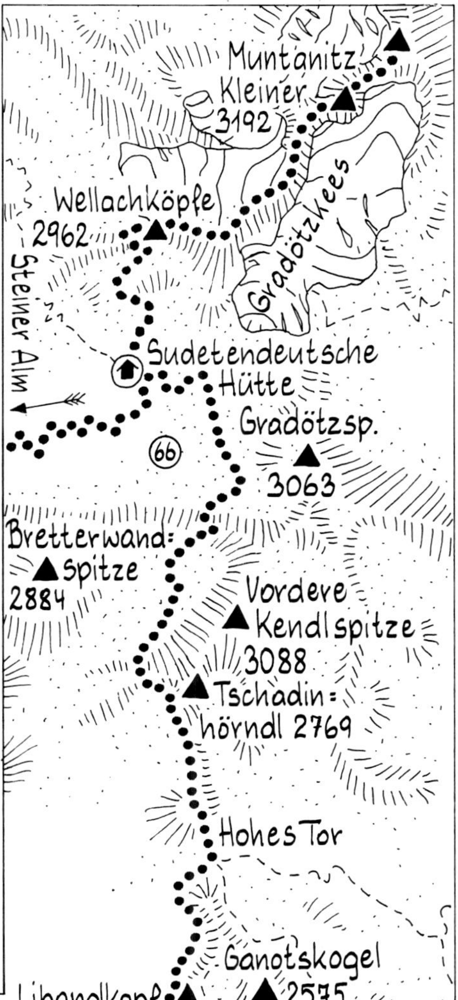
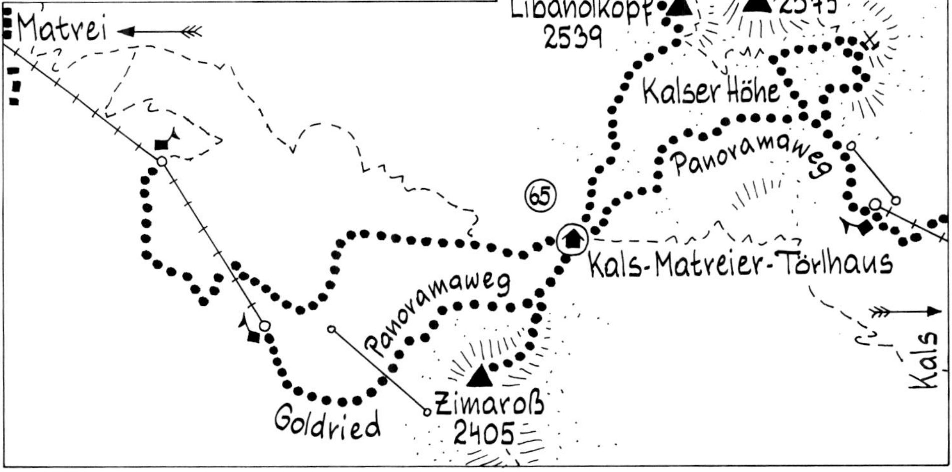

**Über den Wolken: der Blick vom Großen zum Kleinen Muntanitz. Dessen rechte, im Schatten liegende Felsflanke muß im Übergang mittels Sicherungen überlistet werden.**

und lichte Wiesen zur Lifttrasse und weist uns schließlich den Abstieg zur Mittelstation (1750 m). Ein direkter Steig (Nr. 515) führt von der erwähnten Abzweigung über den Klaunzer Berg nach Matrei (975 m) hinunter.

### Touristische Angaben

**Ausgangspunkt:** Bergstation des Matreier Goldried-Sessellifts (2156 m; zu Fuß in 3½ Stunden erreichbar). Zwischen Kals und Matrei verkehrt im Sommer ein eigener »Panoramabus«.
**Höhenunterschied:** 100 m im Aufstieg (auf die Zimaroß nochmals 200 m) und knapp 300 m im Abstieg; auf dem Bärensteig bis zur Mittelstation 450 m im Abstieg.
**Reine Gehzeit:** Goldried – Törlhaus 1 Stunde; Abstieg zum Glocknerblick-Lift 1 Stunde; auf die Zimaroß und retour 1 Stunde; auf dem Bärensteig zur Mittelstation 1 Stunde (Abstieg nach Matrei 2½ Stunden).
**Ausrüstung:** Wandermontur.
**Einkehrmöglichkeit:** Restaurants bei den Liftstationen; Kals-Matreier Törlhaus (2207 m, privat, 14 Betten, 9 Lager, bewirtschaftet von Anfang Juli bis Ende September).
**Karten:** ÖK Nr. 152, Nr. 153, Nr. 178 und Nr. 179; f&b Nr. 123 oder Nr. 181.
**Hinweis:** Bei den Liftstationen bzw. im Tourismusbüro Matrei ist ein Prospekt für die Gipfelbestimmung erhältlich.

## 66 Der große Weg der sudetendeutschen Bergsteiger

Ein schwindelnder Gang zur Sudetendeutschen Hütte und auf den Muntanitz

*2–3 Tage; hochalpine Tour auf guten, aber stellenweise ziemlich ausgesetzten und gesicherten Steigen (die bei Vereisung sehr gefährlich sind); Juli bis Oktober.*

Die Bretterwand, in deren brüchigen Bratschenfelsen der (heute weithin sichtbar mit Betonmauern gezügelte) Matreier Unwetterbach entspringt, bildet, vom Tauerntal aus gesehen, nur die Vorhut einer Gebirgsgruppe, die trotz ihres poetischen Namens nur den Lückenbüßer zwischen dem Glockner

und dem Venediger spielt: die Granatspitzgruppe. Ihr höchster Repräsentant, der gut 3200 Meter hohe Muntanitz, liegt weit im Süden ihres Salzburger Namenspatrons und hält sich mit Gletschern und Wänden aus braunem, leicht verwitterbarem Gesteinszeug allzu viele Besucher vom Leib. Seine Lage zwischen den beiden Tauerngrößen setzt ihn allerdings in den Rang eines exzellenten Aussichtsgipfels.
Der Muntanitz ist übrigens recht international: Sein Name kommt nach Dr. Brandenstein vom romanischen »Monte« und wurde mit dem angehängten »itz« zum »Slawen«.
Erst als die aus ihrer Heimat und dann noch aus ihren Südtiroler Arbeitsgebieten vertriebenen sudetendeutschen Bergsteiger neue Betätigungsfelder suchten, kam die südliche Granatspitzgruppe wieder zu Ehren: 1928 wurde die urgemütliche Sudetendeutsche Hütte vor ihren Mini-See gebaut und durch einen schwindelnden Höhenweg mit dem Kals-Matreier-Törl verbunden. Er führt erfahrene Bergler durch ein still gebliebenes Wunderland, das die Phantasie beflügelt – mit bunten, abwechselnd silikatischen und kalkhaltigen Gesteinen, den daraus verwitterten bizarren Berggestalten und der von ihrem Sand genährten Blumenpracht...

## Der Wegverlauf

*Der Sudetendeutsche Höhenweg*
Unser Pfad (Nr. 502) beginnt ganz harmlos beim Kals-Matreier-Törl (2207 m; siehe Tour 65) und »überalpiniert« den kuppigen, blumenbunten Wiesenkamm des Feldkopfs (2272 m), des Pfarrerbichels (2387 m) und des Preslaberkopfs (2434 m) nach Norden. Dann schlängelt er sich auf- und absteigend durch die steilen, westseitigen Hänge des Libanolkopfs und der Drillingschneid ins Hohe Tor (2477 m) hinüber. Durch immer steiler werdende Rasen- und Schrofenleiten schwindeln wir uns unterhalb der Vorderen Kendlspitze ins weite, aber trostlos karge Dürrenfeld und wandern zur engen Dürrenfeldscharte (2823 m) hinauf. Jenseits geht es sehr steil, aber mit Hilfe von Stahlseilen, abwärts, bis die von Bächen durchzogenen Moränenböden vor dem Gradötzkees im weiten Bogen den Weg zur Sudetendeutschen Hütte (2650 m) freigeben.

*Auf den Kleinen und den Großen Muntanitz*
Von der Hütte wandern wir auf dem unschwierigen, markierten Karl-Schöttner-Weg durch die Schutthänge »auf dem Wellach« zu den drei Wellachköpfen (2962 m, 3037 m und 3110 m) am Rand des ungefährlichen Backtrögerkeeses hinauf. Bald verschmälert sich die Firnkuppe zum Schuttkamm, auf dem wir den Kleinen Muntanitz (3192 m) ersteigen. Den ausgesetzten Abstieg durch die Felsflanke seines Nordgrats erleichtern Drahtseile. Ab dem Kampl (3129 m), einer Gratscharte hoch über zwei Gletschern, leitet uns ein steiler, aber wieder menschenfreundlicher Schuttkamm zum Gipfelkreuz des Großen Muntanitz (3232 m) empor.
Der Abstieg erfolgt auf der gleichen Route.

*Der Abstieg über die Steiner Alm*
Für den Abstieg wählen wir am besten den Steig Nr. 514, der uns über das steile »Viehalble« zur großartig gelegenen Äußeren Steiner Alm (1909 m) und über eine weitere serpentinenreiche Steilstufe wie bei Tour 64 nach Stein und vorbei am Steiner Wasserfall zur Bushaltestelle an der Felbertauernstraße leitet.

## Touristische Angaben

**Ausgangspunkt:** Kals-Matreier-Törl (2207 m; siehe Tour 65).
**Höhenunterschied:** Über die Sudetendeutsche Hütte 800 m im Aufstieg und 1800 m im Abstieg; auf den Großen Muntanitz zusätzlich 600 m.
**Reine Gehzeit:** Zur Sudentendeutschen Hütte 3–4 Stunden; auf den Großen Muntanitz 3 Stunden; Abstieg zur Felbertauernstraße 3 Stunden.
**Ausrüstung:** Komplette Bergausrüstung.
**Einkehrmöglichkeit:** Kals-Matreier Törlhaus (siehe Tour 65); Sudetendeutsche Hütte (2656 m, DAV, 20 Betten, 32 Lager, bewirtschaftet von Mitte Juni bis Ende September); Steiner Alm (siehe Tour 64).
**Karten:** ÖK Nr. 152 und Nr. 153; AV Nr. 39; f&b Nr. 123.

***Einen Tiefblick mit Rasse und Klasse vermittelt der Große Zunig Richtung Matrei. Links unten ist auch der kleine Zunigsee zu erkennen.***

# 67 Ein Berg mitten in Osttirol

## Etappenziele am Großen Zunig

*Stramme Tagestour; gute Bergsteige; der Kleine und der Große Zunig erfordern Schwindelfreiheit und Trittsicherheit; Juni bis Oktober.*

Wie ein steinernes Wahrzeichen schießt der Große Zunig scheinbar genau in der Mitte von Osttirol in die Höhe. Bis nach Lienz und weit ins Virgental hinein macht das dunkle Felstrapez auf sich aufmerksam. Fast 1800 Höhenmeter trennen Matrei von seinem »Hausgipfel« – das sind etwa sechs Anstiegsstunden. Entsprechend ausführlich und oppulent ist dann aber die Aussicht von oben! Trotz seiner nicht zu unterschätzenden Dimensionen ist der Zunig ein Berg – nein: eigentlich ein Gebirge – für alle. Seine Felsen spiegeln sich in stillen Wasseraugen, in denen vielleicht schon die sagenhaften Venedigermandln nach Bergschätzen Ausschau gehalten haben; das stillste davon liegt unterhalb des weltvergessenen Rottörls, das geheimnisvollste weit hinter der Arnitzalm und das bekannteste ein Stück oberhalb der Zunigalm, wo ihm Glockner, Muntanitz und Bretterspitze ins Wasser lugen. Als Aussichts-Alternative bieten sich noch der ruppige Kleine Zunig und der »Dolomitenblick« in seiner Nordflanke an – oder das Ganitzle, ein bescheidenes Almgrasgupferl über dem Zunigsee, auf dem sich's im Angesicht des nahen Venediger- und Granatspitzpanoramas ganz besonders schön träumt…

### Der Wegverlauf

*Die Rundtour über die Zunig- und Arnitzalm*
Von der Bushaltestelle Ganz-Waier bei Matrei (939 m) wandern wir über die Isel und auf dem Güterweg unterhalb von St. Nikolaus vorbei Richtung Guggenberg. Davor weist die Markierung Nr. 317 links zum Zunig hinauf: Teils auf einer kehrenreichen

Forststraße, teils auf einem steilen Waldweg erreichen wir durch die Waldhänge die Zunigalm (1855 m).
Der Weiterweg führt nun durch ein kurzes Waldstück und dann über freie Wiesen zum kleinen Zunigsee (2100 m) mit seiner Unterstandshütte hinauf. In einem letzten, kurzen Anstieg erklimmen wir nach Westen das Ganitzle (2196 m; Kreuz) und steigen jenseits über einen Alm- und Waldrücken zur Arnitzalm (1848 m) ab. Der Heimweg führt uns im kurzen Forststraßenbogen, dann auf dem links abzweigenden, markierten Karrenweg und zuletzt wieder auf einer Straße durch den Arnitzgraben nach Guggenberg (1180 m) hinab, von wo wir auf dem Güterweg zum Ausgangspunkt zurückkehren.

*Auf den Kleinen oder den Großen Zunig*
Vom Zunigsee folgen wir dem Pfad Nr. 317 weiter nach Süden aufwärts, zweigen dann nach links auf einen markierten Steig ab und gelangen über den Nordrücken (kurze Stellen seilgesichert) zu den vier Bänken auf dem Kleinen Zunig (2442 m). Retour wandern wir entweder auf dem Zustiegsweg oder – ausgesetzt – südwärts ins Zunigtörl (2355 m), aus dem wir, der Markierung Nr. 317 folgend, zwischen den beiden Zunig-Brüdern wieder zum See und zur Alm gelangen.
Aus der Zunigscharte führt ein markierter, aber stellenweise etwas ausgesetzter Steig über die Blockstufen bzw. südlich unterhalb des felsigen Nordostgrats zum Gipfelkreuz des Großen Zunigs (2776 m) hinauf. Der Abstieg erfolgt auf der gleichen Route.

**Touristische Angaben**

**Ausgangspunkt:** Bushaltestelle Ganz-Waier an der Virgentalstraße, 2 km westlich von Matrei.
**Höhenunterschied:** Bis zum Ganitzle 1250 m; auf den Kleinen Zunig um 250 m und auf den Großen Zunig um 600 m mehr.
**Reine Gehzeit:** Zur Zunigalm 3 Stunden und zum Zunigsee nochmals 45 Minuten; Übergang zur Arnitzalm 45 Minuten; Abstieg 1½ Stunden; vom See über den Kleinen Zunig 1 Stunde; auf den Großen Zunig noch 2 Stunden.

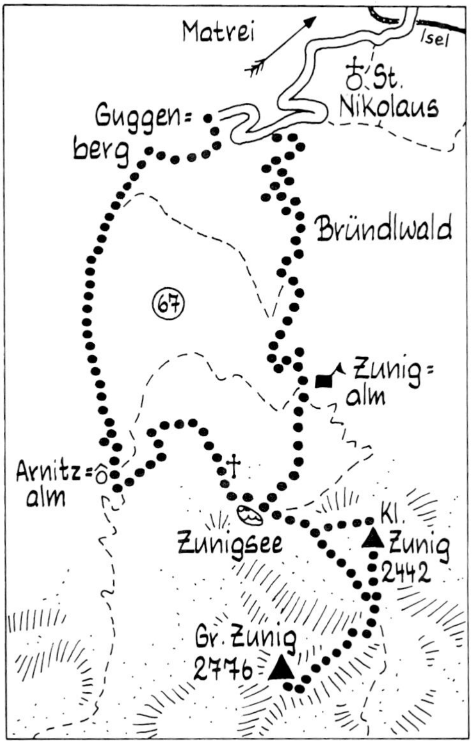


**Ausrüstung:** Wandermontur.
**Einkehrmöglichkeit:** Jausenstation Lukasser in Guggenberg (1150 m); Jausenstationen auf der Zunigalm (1855 m) und der Arnitzalm (1848 m; beide sind im Sommer bewirtschaftet).
**Karten:** ÖK Nr. 178; f&b Nr. 123.

## 68 Höhenwege im Tal

Matrei – Obermauern – Prägraten

*Tageswanderung, die jedoch in mehrere Abschnitte geteilt werden kann; unschwierige Wege mit einer kurzen gesicherten Stelle; Mai bis November.*

Bis zur St.-Nikolaus-Kirche leuchten die Gletscher der Malhamspitzen heraus – dazwischen liegt das Virgental, geprägt vom typischen Gegensatz zwischen beruhigendem Hecken- und Wiesengrün und weiß-grauem

Hochgebirge. Das »Meran Osttirols« wird Virgen oft genannt, und das Obst, das noch auf 1200 Metern Seehöhe vor sonnigen Hausmauern reift, macht die klimatische Besonderheit des Ost-West-Tals glaubhaft.
So schön das Virgental ist, so arm lebten seine Bewohner durch die Jahrhunderte. Die Leidensgeschichte Christi, die Simon von Taisten Ende des 15. Jahrhunderts in die spätgotische Wallfahrtskirche Unsere liebe Frau vom Schnee von Obermauern gemalt hat, fand ihre Vorbilder sicher in vielen von Arbeit und Not zerfurchten Einheimischen-Gesichtern.
Mancher archaische Brauch hat sich bis in die heutige Zeit erhalten: das »Truchnführen« bei Hochzeiten in Virgen etwa, das adventliche »Klaubaufgehen« in Matrei oder das alljährliche »Widderopfer« von Obermauern. Gleich hinter der Kirche, auf dem Felshügel der »Burg«, lag bis in die Römerzeit hinein eine Bergwerkssiedlung, die im 11. Jahrhundert zu einer Wehranlage ausgebaut wurde. Auch in Zedlach und oberhalb des Venedigerdorfes Prägraten (der Ortsname heißt im Slawischen nichts anderes als »vor der Burg«) standen solche wehrhaften Gemäuer. Da diese jedoch ebenfalls bereits den Weg alles Irdischen gegangen sind, plaziert heute nur die Ruine Rabenstein oberhalb von Virgen leicht gruselige Eindrücke in unseren sonst so beschaulichen Tal-Höhenflug.

## Der Wegverlauf

Von Matrei (975 m) wandern wir wie bei Tour 63 auf der Virgental-Straße über den Tauernbach und rechts Richtung Zedlach hinauf. Nach ca. 1 km biegen wir von der Straße links auf den Steig Nr. 3 ab, der – sanft durch Wald- und Wiesenhänge ansteigend – nach Mitteldorf (1089 m) führt. In der Nähe des Weges sind Reste eines Silberbergwerks zu entdecken.
Von der Samermühle weg folgen wir dem Mitteldorfer Bach taleinwärts, erreichen beim Weiler Bach die Route Nr. 2 und folgen ihr weiter in den Talgrund hinauf. Bald überqueren wir den Bach nach links (Nr. 4) und wandern nach Mellitz (1295 m). Hier steigen wir zur Ruine Rabenstein hinauf und wandern auf dem »Rabensteinweg« nach Göriach hinunter (hierher gelangt man auch direkt durch die Wiesen oberhalb von Virgen). Dem Weg Nr. 11 folgend, kommen wir schließlich auf einem alten Kreuzweg nach Obermauern (1303 m). Das letzte Teilstück, der »Höhenweg« Nr. 21, zweigt oberhalb der Kirche nach Westen ab und führt hinter dem Felsrücken der »Burg« (1416 m; schöner Rundblick) zum Kreuz auf der Frösn und zur »Hohen Bank« auf einem Felsvorsprung. Dann schmiegt er sich durch den steilen Stegachwald, überquert die seilgesicherte »Klamm« und erreicht den hinteren Talbereich bei Bobojach (1269 m). Am besten halten wir uns bei der zweiten Wegteilung nach links und marschieren nach Wallhorn bzw. Prägraten (1309 m).
Die Rückkehr erfolgt per Bus oder auf markierten Wegen und Straßenabschnitten dem südlichen Ufer der Isel entlang.

## Touristische Angaben

**Ausgangspunkt:** Matrei (975 m); Busverbindung nach Prägraten.
**Höhenunterschied:** Inklusive einiger Gegenanstiege 500 m.
**Reine Gehzeit:** Matrei – Mitteldorf 2 Stunden; nach Mellitz $1\frac{1}{4}$ Stunden; über die Ruine Rabenstein nach Göriach 1 Stunde; weiter nach Obermauern 30 Minuten; Höhenweg nach Prägraten $1\frac{1}{2}$ Stunden.
**Ausrüstung:** Außer Wanderschuhen ist nichts Besonderes nötig.
**Einkehrmöglichkeit:** Gasthäuser in den Orten.
**Karten:** ÖK Nr. 152; f&b Nr. 123.

***Ein typischer Virgentaler Bergbauernhof am »Höhenweg« durch das Tal.***

INRI

## 69 Dreitausender-Schnuppern in der Virgener Nordkette

### Eine Wanderung zur Bonn-Matreier-Hütte und auf den Rauhkopf

*1½–2 Tage; weitgehend unschwierige, aber anstrengende und hochalpine Bergsteige (die Ersteigung des Rauhkopfs erfordert Schwindelfreiheit und Trittsicherheit); Juli bis Oktober.*

Das Gebirge, das die rauhen Winde des Nordens vom Virgental abhält, ist die »Virgener Nordkette«. Als wild zerborstene Gratsilhouette zieht sie sich über etliche Dreitausender nach Osten, wo sie mit dem kolossalen Ochsenbug (3007 m) hoch über Matrei einen landschaftlichen Schlußpunkt setzt. Auf ihrer Nordseite birgt sie eine Handvoll verschwiegener und nie von Touristenfüßen betretener Kare und Gletscher; gegen Süden wappnet sich das steinerne Ensemble mit aalglatten Felsplatten und kirchdachsteilen Wiesenflanken. Da diese bei Nässe zur tödlichen Falle werden, war der pfeilgerade Steig von Virgen auf den Ochsenbug jahrelang als alpenweites Kuriosum per Tafel »verboten«...
Weitaus weniger gefährlich ist da ein Besuch der Bonn-Matreier-Hütte. Das »internationale«, von österreichischen und deutschen Alpenvereinsleuten gemeinsam geführte Schutzhaus bildet eine urgemütliche Raststation am Venediger-Höhenweg; die stimmungsvolle Felsenkapelle daneben lädt zum Dankgebet für soviel Schönheit ein. Die Hüttensteige neben den beiden Nillbächen – sie unterscheiden sich von ihrem ägyptischen Flußvetter nur durch die Größe und ein zweites »l« – sind zwar recht lang, aber nie langweilig. Sie erschließen nicht nur landschaftliche Überraschungen, sondern auch viel Raum zum Spielen und Umhertollen. Und wenn Sie Ihren jungen Weggefährten erst verraten, daß sie mit dem Rauhkopf, dem Hüttenklapf, gar ein echter »Schnupper-Dreitausender« erwartet...!

***Die schroffe Sailspitze und der dahinter aufragende höhere, aber zahmere Sailkopf schieben sich beherrschend ins Gipfelbild um die Bonn-Matreier-Hütte; links dahinter ist der eigentliche Hausherr der Gruppe, der Hohe Eichham, sichtbar.***

#### Der Wegverlauf

*Zur Bonn-Matreier-Hütte*
Von der Bushaltestelle Obermauern (1303 m) wandern wir links neben dem Nillbach durch den Ort und dann entweder auf dem Fahrweg über den Budamerhof (1563 m) oder auf dem Steig Nr. 922 durch steile Wälder und über die Goisenwiesen zur Nilljochhütte (1975 m) hinauf. Nun geht es flacher zur Großen Nillalm hinein, bis der Steig im Talschluß wieder steiler ansteigt und im Rechtsbogen unterhalb der markanten Säulspitze zur schon lange sichtbaren Bonn-Matreier-Hütte (2745 m) hinaufführt.

*Auf den Rauhkopf*
Die Route auf den Rauhkopf (3070 m) ist zunächst mit dem Venediger-Höhenweg Richtung Galtenscharte identisch, löst sich jedoch vor dem nahen Felsdurchlaß der Kälberscharte links ab und überlistet den blockigen Südgrat mit Kehren und aufgeschichteten Treppenplatten (interessante Sicht nach Norden, weiter Blick nach Süden bis zum Triglav).
Der Abstieg erfolgt auf der gleichen Route.

*Der Hüttenabstieg über die Kleine Nill*
Knapp östlich der Hütte zweigt der Steig Nr. 923 rechts vom Venediger-Höhenweg ab. Er windet sich unter dem felsigen Stotzkopf herum und zieht dann durch das einsame Kar der kleinen Nillalm talwärts. Auf etwa 2000 m Seehöhe halten wir uns nach links und queren zur Gottschaunalm (1943 m) hinüber. Der letzte Abstieg führt uns zur seltsamen Allerheiligenkapelle (1693 m) und auf ihrem steilen Wald-Kreuzweg nach Marin (1385 m) und nach Virgen (1194 m) hinunter.

#### Touristische Angaben

**Ausgangspunkt:** Obermauern (1303 m); Busverbindung von Matrei.

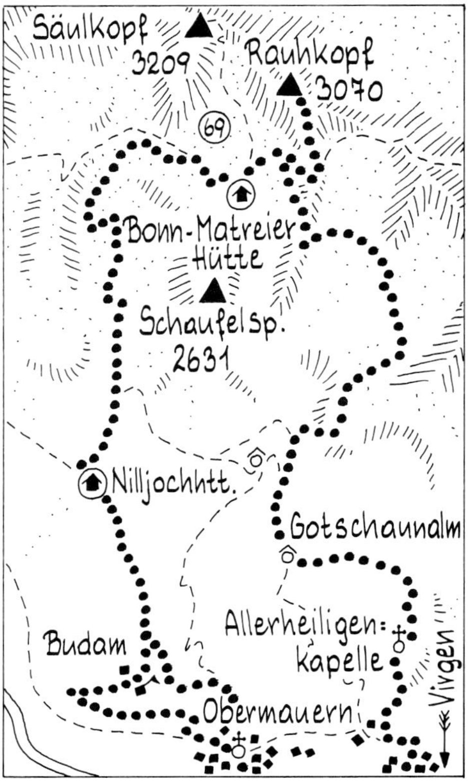


**Höhenunterschied:** Bis zur Bonn-Matreier-Hütte 1450 m; auf den Rauhkopf nochmals 350 m.
**Reine Gehzeit:** Obermauern – Nilljochhütte 2 Stunden; weiter zur Bonn-Matreier-Hütte 2½ Stunden; auf den Rauhkopf 1½ Stunden; Abstieg von der Hütte über die Gottschaunalm nach Virgen 3½ Stunden.
**Ausrüstung:** Wandermontur.
**Einkehrmöglichkeit:** Jausenstation Budam (1563 m); Nilljochhütte (1975 m, privat, im Sommer bewirtschaftet); Bonn-Matreier-Hütte (2745 m, ÖAV und DAV, 20 Betten, 40 Lager, bewirtschaftet von Anfang Juni bis Ende September); Gottschaunalm (1943 m, private Almwirtschaft, im Sommer bewirtschaftet).
**Karten:** ÖK Nr. 152; f&b Nr. 123.

# 70 Alle Wetter!

## Ein Stück vom Lasörling-Höhenweg über dem Virgental

*2–3 Tage; einsame, aber unschwierige Bergsteige; Juni bis Oktober.*

Gipfelkreuze sind uns selbstverständlich geworden. Da und dort stehen aber auch sogenannte Wetterkreuze auf den Almhöhen. Sie wurden seit dem 17. Jahrhundert von den Bauern aufgestellt, um damit die unberechenbaren Gebirgsunwetter vom Hof und von der Ernte abzuwehren. Das Virgener Wetterkreuz – heute ein vielbesuchtes Ausflugsziel neben einer Jausenstation – ist so ein Relikt, in dem sich christlicher Glaube und heidnischer Kult mischen. Nur ein Stück weiter oben, am »Legerle«, finden wir ein zweites, wettergraues und schon ziemlich verwittertes Kreuz: Wie eine Fratze starrt uns da ein grob geschnitztes Antlitz entgegen…
Seit den achtziger Jahren zieht unterhalb davon der großartige Lasörling-Höhenweg westwärts seinem 3098 Meter hohen »Hausherrn« entgegen. Er wurde teilweise neu angelegt. Die entlegene, wenig spektakuläre Almlandschaft schenkt indessen nicht nur ausladende Fernblicke zu den gegenüberliegenden Venedigerriesen, sondern besitzt auch alle Zutaten für ein wahres Kinderparadies: Borstig-samtige Almwiesen und genügend Kraxelfelsen, kleine Wasseraugen, sprudelnde Bäche – und dazwischen zwei neu erbaute, komfortable Schutzhütten und eine urige Alm.

### Der Wegverlauf

Wer von Virgen (1194 m) mit dem Taxibus zur Wetterkreuzhütte (2106 m) hinauffährt, startet dort auf dem breiten Weg nach Süden über die Hellerhöhe und wandert dann rechts unterhalb des »Legerles« zur nahen Zupalseehütte (2346 m) hinüber. Wer von Virgen heraufwandert, tut dies am besten auf dem Waldweg Nr. 316, der jenseits der Isel ins Steinkastal führt, zweigt dort links ab und wandert neben dem Zupalbach herauf.

Der markierte Höhenweg zieht vom See weg nach Westen, kurvt um die felsige Grifte herum und senkt sich jenseits sanft zur Merschenhütte (2248 m) ins Steinkas hinab. Dann steigen wir wieder zur Merschenhöhe (2499 m) auf (ein oberhalb verlaufender Pfad steigt ab der neuen Hirtenhütte direkt hierher an). Eben geht es in den nächsten Sattel unterhalb des Gosachkofels (2536 m) weiter; dann steigen wir – vorbei an der Gumpenlakke, in der sich der Lasörling spiegelt – zur nahen Lasörlinghütte (2296 m) ab.
Der Anstieg folgt zuletzt dem Almweg durch das Mullitztal – vorbei an der Rainer- und der Stadleralm (1553 m) – nach Rain an der Isel (1106 m) hinunter und auf der nördlichen Talseite über die Ortschaft Niedermauern zur Bushaltestelle Obermauern (1303 m) hinauf.

**Touristische Angaben**

**Ausgangspunkt:** Virgen (1194 m) bzw. die Wetterkreuzhütte (2106 m).
**Höhenunterschied:** Der Höhenweg allein 700 m im Anstieg und 1600 m im Abstieg (Virgen – Zupalseehütte zusätzlich 1250 m).
**Reine Gehzeit:** Wetterkreuz – Zupalsee 1½ Stunden (Anstieg von Virgen 3½ Stunden); weiter zur Merschenhütte 1½ Stunden; Weiterweg zur Lasörlinghütte 1½ Stunden; Abstieg 2½ Stunden.
**Ausrüstung:** Wandermontur.
**Einkehrmöglichkeit:** Wetterkreuzhütte (2106 m, privat, 25 Betten und Lager, im Sommer bewirtschaftet); Zupalseehütte (2346 m, privat, 25 Betten, 10 Lager, bewirtschaftet von Mitte Juni bis Ende Oktober); Merschenhütte (2248 m, privat, bewirtschaftet von Anfang Juni bis Ende September, hausgemachte Produkte); Lasörlinghütte (2296 m, privat, 34 Betten, 60 Lager, bewirtschaftet von Mitte Mai bis Mitte Oktober).
**Karten:** ÖK Nr. 178; f&b Nr. 123.

## 71 Berge über dem See

### Rund um den Berger Kogel zum Muhs-Panoramaweg

*Gemütliche Zweitagetour, die auch in zwei Touren geteilt werden kann; einfache Bergsteige durch steile Hänge; Juni bis Oktober.*

Ähnlich wie der Zunig verspricht auch der Berger Kogel ein prachtvolles Schau-Erlebnis zum jenseitigen Großvenediger und seinen

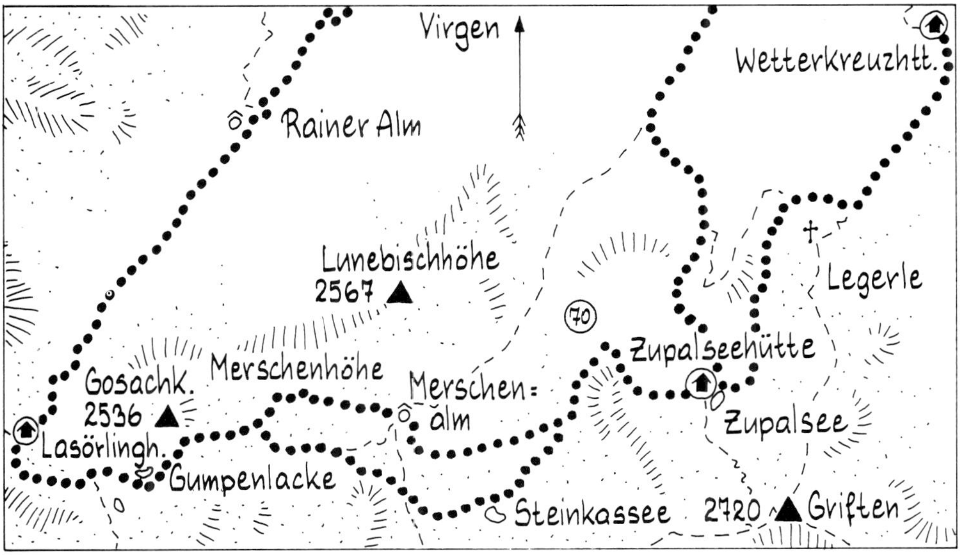

***Obermauern besitzt mit seiner Wallfahrtskirche einen der größten Kulturschätze Osttirols. Im Hintergrund ist der Berger Kogel mit seinem markanten Marmor-Einschub unter dem Gipfel zu erkennen.***

gletscherbehangenen Alpin-Vasallen. Allerdings muß man sich für diesen Genuß nicht einmal ganz zum stimmungsvollen Gipfel-Kruzifix hinaufbemühen: Ein wunderschöner Panoramaweg verbindet die Berger Alm ohne viel Steigung und Stolpersteine mit dem nordländisch anmutenden Berger See, der still und verlandend unter dem beherrschenden Lasörling (3098 m) und seinem kargen Gletscherrestl dahinträumt. Eine zweite Traumroute, der Weg über die Almhöhe der »Muhs«, schließt zur gern besuchten Lasnitzenalm auf.

Fragt sich bei all dem nur, ob unsere Vorfahren vor nahezu 3000 Jahren auch schon Bergsteigen gegangen sind? Archäologen stießen im Weiler Berg oberhalb der wilden Iselschlucht jedenfalls auf ein Brandgräberfeld mit reichen Grabbeigaben, die den Toten auf den Weg ins Jenseits mitgegeben worden waren…

## Der Wegverlauf

*Rund um den Berger Kogel zum Berger See*

Von der Bushaltestelle in Wallhorn (1253 m) flanieren wir nach Süden über die Isel und steigen auf einem kurzen Fahrweg, dann auf einem steilen Waldpfad zur Berger Alm (1840 m) hinauf. Bald darauf schwenkt die Route rechts in den Nordhang des Berger Kogels und zieht sanft zum Prägratner Wetterkreuz (2148 m) hinauf. Ab hier geht es südwärts in die steilen Gras- und Schrofenflanken oberhalb der Zopatnitzen hinein – erst sanft bergab, dann ziemlich eben dahin und zuletzt wieder ansteigend. Bald ist der Berger See mit der Hütte (2181 m) erreicht.

*Auf den Berger Kogel*

Schon vom Wetterkreuz aus ist der Berger Kogel (2656 m) auf einem steilen Steig, aber ohne Probleme, über den luftigen Nordwestkamm zu erklimmen. Von der Hütte weg führt ein Steig über die Bergeralmscharte (2500 m) zum Gipfelkreuz hinauf.

*Der Muhs-Panoramaweg*
zweigt gleich westlich der Hütte rechts vom Pfad über die Goldeckscharte ab und steigt sanft, aber stetig durch steile, blumenübersäte Grashänge um das Muhsköpfl (2375 m) herum (Unterstandshütte; das Köpfl mit seinem Panoramatisch kann leicht erstiegen werden). Dann geht es sozusagen »gegengleich« wieder retour, nämlich durch die Westflanke in den Talgrund des Lasnitzentals hinein, in dem die bald sichtbare Lasnitzenalm (1895 m) einen weiteren Rastpunkt markiert. Schließlich kehren wir auf dem Fahrweg hoch über dem rumorenden Bach wieder nach Prägraten (1309 m) zurück, wobei wir nach der zweiten Kehre auch links auf einem steilen Waldsteig direkt nach Hinterbichl (1329 m) hinabturnen können.

## Touristische Angaben

**Ausgangspunkt:** Prägraten, Ortsteil Wallhorn (1253 m). Busverbindung von Matrei bzw. nach Hinterbichl.
**Höhenunterschied:** Auf den Höhenwegen insgesamt 1200 m (auf den Berger Kogel zusätzlich 450 m).
**Reine Gehzeit:** Wallhorn – Berger Alm 2 Stunden; Weiterweg zum Berger See 2¼ Stunden (vom Wetterkreuz oder vom Berger See auf den Berger Kogel jeweils 1½ Stunden); Muhs-Panoramaweg 2 Stunden; Abstieg von der Lasnitzenalm 1½ Stunden.
**Ausrüstung:** Wandermontur.
**Einkehrmöglichkeit:** Jausenstation Berger Alm (1840 m, privat, 25 Betten, bewirtschaftet von Anfang Juni bis Ende September); Berger-See-Hütte (2181 m, privat, 25 Lager, bewirtschaftet von Anfang Juni bis Ende September); Lasnitzenalm (1895 m, privat, 10 Betten, 10 Lager, bewirtschaftet von Anfang Juni bis Mitte Oktober).
**Karten:** ÖK Nr. 152 und Nr. 178; f&b Nr. 123.
**Zusatzprogramm:** • Eine Kurz-Wanderung durch die romantische »Stegachklamm« der Isel zwischen Bobojach und Welzelach (markierter Weg; 1 Stunde).

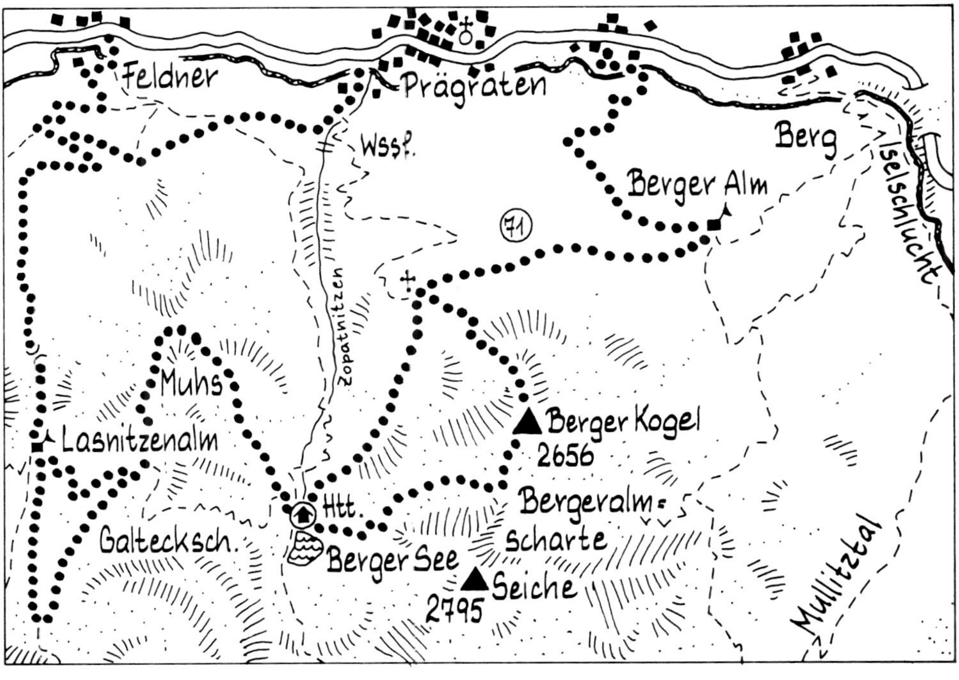

*Ein Synonym für »sanften Tourismus«: die Sajathütte im Almkessel vor der pittoresken Roten Saile.*

## 72 Auf den Spuren des sanften Tourismus

### Erlebnisse im Reich der Eissee- und der Sajathütte

*2–3 Tage; unschwierige Bersteige, die jedoch stellenweise durch steile Hänge führen; Juli bis Oktober.*

Nachdem die verantwortlichen Politiker Osttirol jahrzehntelang links liegengelassen hatten, prallten in den achtziger Jahren die Pläne für ein Großkraftwerk und für ein Gletscherskigebiet auf dem Mullwitzkees des Venedigers mit den ersten Ansätzen eines sanften, nicht technisierten Tourismus zusammen. »Wohlstand kontra Wurstsemmeltourismus« hieß es etwa bald, als der Alpenverein seine Mitglieder aufrief, im Virgental Urlaub zu machen.
Einer der ersten, der statt zu polemisieren zur Tat schritt, war Friedl Kratzer aus Prägraten: Er baute mit einigen Helfern im Sajatkessel, einem alten Bergwerkrevier inmitten irrwitzig verwitternder Bratschengipfel, ein architektonisch anspruchsvolles »Schloß in den Bergen«, das auch nach seinem dritten Zubau ein Schmuckstück darstellt – und zwar von außen wie von innen! Ebenfalls eigenhändig legte er drei Höhenwege an und beschilderte sie als Naturlehrpfade, ließ die Kreuzspitze (3155 m) und die windgeschliffene Rote Säule (2820 m) mit Drahtseilen und Leitern sichern, schrieb eine ansprechende Broschüre über sein Reich – und kann von seiner Idee ganz gut leben.
Mittlerweile entstand auch die Eisseehütte im hinteren Timmeltal, so daß sich aus dem einst weltvergessenen Winkel ein Wanderziel der Extraklasse entwickelt hat. Die Idee scheint zu greifen: Der Andrang ist nur an manchen Wochenenden etwas größer, und das Edelweiß blüht noch immer gleich am Wegrand. Die Sajathütte – ein Musterbeispiel für den »sanften« Tourismus?

### Der Wegverlauf

Von Prägraten (1309 m) wandern wir zunächst zum Campingplatz hinauf. Zur Bodenalm (1948 m) kommen wir nun entweder auf dem schlecht markierten, aber romantischen und waldschattigen Steig neben dem tief eingeschnittenen Timmelbach oder über den Weiler Bichl (1493 m) und den neu angelegten Pfad über die steilen Dorfermähder. Von der Alm wandern wir nach der Markierung in wechselnder Steilheit nordwärts zur Wallhornalm ins hintere Timmeltal hinein, von dessen Karstufe schon die Eisseehütte (2521 m) herunterleuchtet. Ab hier empfiehlt sich auf jeden Fall der Abstecher zum Eissee (2664 m), der hinter einer weiteren Geländeschwelle blinkt.
Der »Naturlehrpfad II«, der Timmeltalhöhenweg und der Prägratner Höhenweg zur Sajathütte (2575 m) ist nun nicht mehr zu verfehlen: Hoch über dem Timmeltal windet er sich erst eben, dann etwas abfallend und zuletzt wieder ansteigend um den Sajatkopf mit seinem weithin sichtbaren Kreuz herum, wobei wir von einer Bank auf einem Geländevorsprung einen schwindelnden Tiefblick auf Prägraten genießen.
Aus dem Sajat-Bergkessel wandern wir auf dem »Naturlehrpfad I«, dem langen, aber sehr abwechslungsreichen »Katinweg«, wieder nach Bichl und Prägraten zurück.

### Touristische Angaben

**Ausgangspunkt:** Prägraten (1309 m).
**Höhenunterschied:** Inklusive einiger Gegenanstiege 1400 m.
**Reine Gehzeit:** Prägraten – Bodenalm 2 Stunden; zur Eisseehütte 2 Stunden; Naturlehrpfad II 3 Stunden; Abstieg 2½ Stunden.
**Ausrüstung:** Wandermontur.
**Einkehrmöglichkeit:** Jausenstation Bodenalm (1948 m, im Sommer bewirtschaftet); Eisseehütte (2521 m, privat, 25 Betten und Lager, bewirtschaftet von Anfang Juni bis Ende September); Sajathütte (2575 m, privat, 30 Betten, 20 Lager, bewirtschaftet von Mitte Juni bis Mitte Oktober).
**Karten:** ÖK Nr. 152; AV Nr. 36; f&b Nr. 123.
**Hinweis:** Ein handlicher Führer über die Naturlehrpfade und alle Hüttenziele ist in der Sajathütte erhältlich.
**Zusatzprogramm:** • Im Oberbichlerhof in Bichl wurde ein sehr sehenswertes, privates Museum eingerichtet, u. a. ist ein kompletter Kupfererz-Schmelzofen zu sehen. Öffnungszeiten: Mittwoch und Freitag von 18 bis 20 Uhr. • Der Mitterkratzerhof von Friedl Kratzer in Bichl wird zu einem Begegnungs- und Kulturzentrum für den Nationalpark ausgebaut.

## 73 Aufs Eis geführt

### Der Südanstieg auf den Großvenediger: Durch das Dorfertal zum Defreggerhaus

*1–2 Tage; problemlose Bergsteige (die Ersteigung des Mullwitzaderls erfordert allerdings Trittsicherheit); Juli bis Oktober.*

Auch Prägraten besitzt ein Dorfertal: Von Hinterbichl, der vorletzten Siedlung im Talgrund, führt es als enger Graben in die sonnigen Höhen unter dem Großvenediger hinauf. Als »Erinnerung« an das geplante Sommerskigebiet, das die weiten Gletscherflächen des Hohen Zauns (3451 m) massentouristisch vergolden sollte, windet sich eine breite, kurvenreiche Straße am Serpentinsteinbruch vorbei bis zur Johannishütte hinauf. Trotz des Fahrverbots können ihr viele Autobergsteiger nicht widerstehen.
Die urige Johannishütte, die älteste in den Ostalpen und ein Denkmal für Erzherzog Johann, muß man unbedingt umrunden. Erst dann sieht man, daß der stattliche vordere Teil beinahe wie ein Potemkinsches Dorf vor dem winzigen Urbau von 1857 hochgezogen wurde – für den weiteren Ausbau fehlte bis heute das Geld. Vielleicht war auch das Defreggerhaus daran schuld, das vom Österreichischen Touristenklub hoch über dem zerrissenen Zettalunitzkees mit seinen seltsam herausgeaperten Klexenköpfen und hart am Ufer der großen Venedigergletscher errichtet wurde. Dort schnallen sich die Hoch-

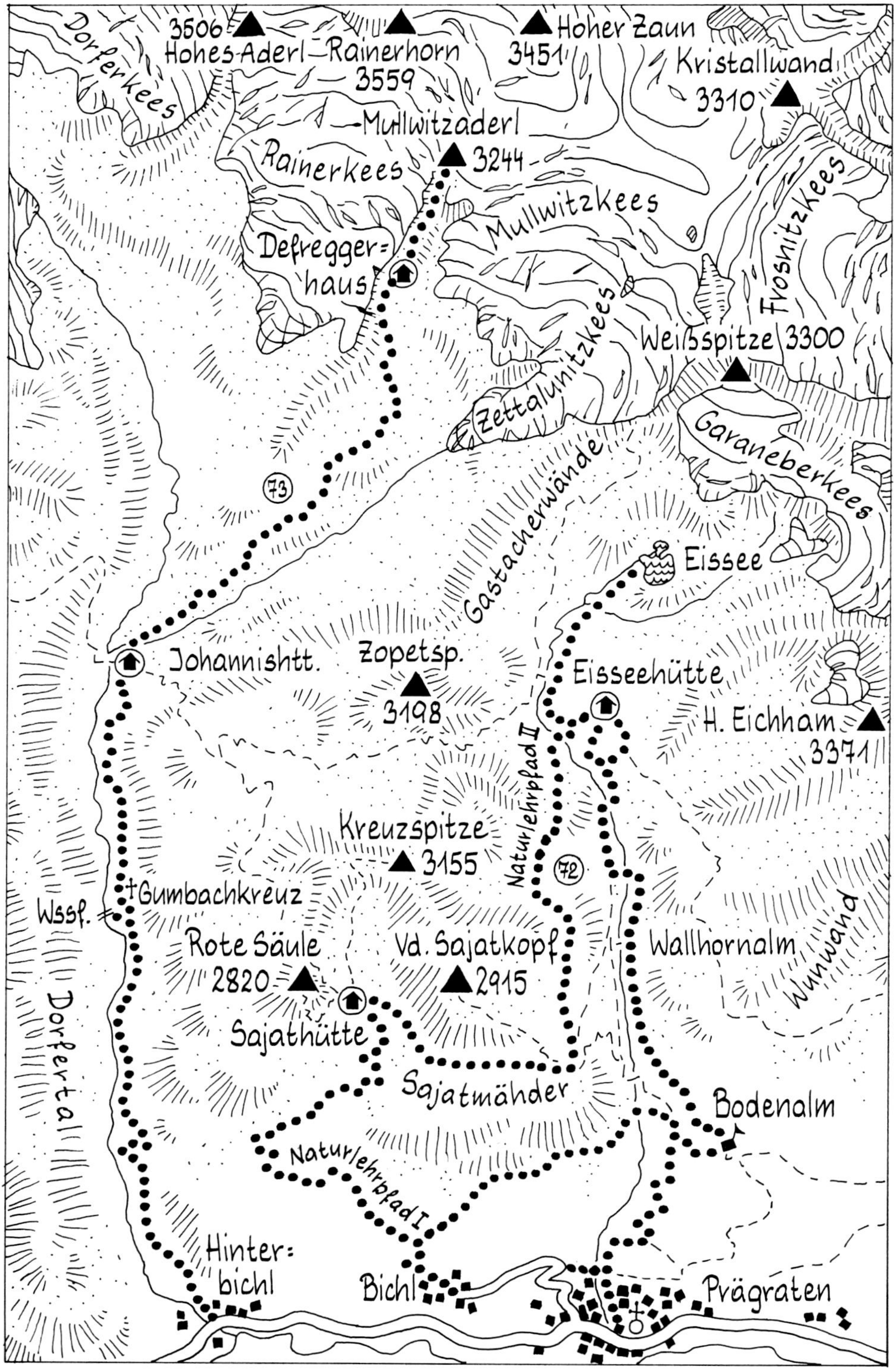
Dorferkees
3506
Hohes Aderl
Rainerhorn
3559
Hoher Zaun
3451
Kristallwand
3310
Mullwitzaderl
Rainerkees
3244
Mullwitzkees
Defregger=
haus
Frosnitzkees
Zettalunitzkees
Weißspitze 3300
Garaneberkees
Gastacherwände
73
Eissee
Johannishtt.
Zopetsp.
3198
Eisseehütte
H. Eichham
3371
Naturlehrpfad II
Kreuzspitze
3155
72
Gumbachkreuz
Wssf.
Rote Säule
2820
Vd. Sajatkopf
2915
Wallhornalm
Wunwand
Sajathütte
Dorfertal
Sajatmähder
Bodenalm
Naturlehrpfad I
Hinter=
bichl
Bichl
Prägraten

***Wiederkäuen über dem ewigen Eis – diesen Genuß haben die sömmernden Kühe hoch über dem Zettalunutzkees am Fuß des Großvenedigers.***

alpinen die Steigeisen an und binden sich ins Seil, um zur »weltalten Majestät«, zum 3674 Meter hohen Venediger, aufzubrechen. Vielleicht beobachtet der eine oder andere »Nur-Wanderer« die zünftige Szenerie neidisch, ohne zu ahnen, daß ein Dreitausender-Erlebnis mitten im Gletscher hier kein unerfüllbarer Traum ist: Sicher, der staubige Bratschenmugel oberhalb der Hütte heißt nur »Mullwitzaderl«, aber er zieht wie ein Laufsteg ins ewige Eis hinauf und schenkt bei guten Verhältnissen von seinen 3244 Metern Seehöhe eine unvergeßliche Rundsicht!

## Der Wegverlauf

Von der Bushaltestelle Hinterbichl (1329 m) wandern wir auf der Fahrstraße mit der Markierung Nr. 914 – vorbei an der romantischen Islitzer Mühle und am Wiesenkreuz – zum Serpentin-Steinbruch ins Dorfertal hinauf. Hier bleiben wir rechts neben dem Bach und kürzen die Straßenkehre zum Gumbachkreuz auf einem steilen, gerade hinaufführenden Weg ab; zuletzt kommen wir auf der Straße durch das nun flachere Tal zur Johannishütte (2116 m).

Hier biegen wir nach rechts auf den Steig Nr. 915 ab, der den wilden Zettalunitzbach überbrückt und uns in wechselnder Steilheit durch die blütenduftenden Matten der Dorfer Alm zum Defreggerhaus (2963 m) emporleitet. Der (unmarkierte) Anstieg auf das Mullwitzaderl (3244 m) führt ab dem Anseilplatz oberhalb der Hütte über einen Moränenrükken und den schmäler werdenden, aperen Grat zwischen dem Rainerkees (links) und dem Mullwitzkees (rechts). Achtung: Nicht den Gletscher betreten – Spaltengefahr!

Der Abstieg erfolgt auf der gleichen Route.

## Touristische Angaben

**Ausgangspunkt:** Hinterbichl (1329 m); Busverbindung von Matrei.
**Höhenunterschied:** 1950 m.
**Reine Gehzeit:** Hinterbichl – Johannishütte 2½ Stunden; Weiterweg zum Defreggerhaus 2½ Stunden und aufs Mullwitzaderl nochmals 45 Minuten.

Ser = Serpentin

**Ausrüstung:** Wandermontur; Sonnenschutz fürs Mullwitzaderl!
**Einkehrmöglichkeit:** Johannishütte (2116 m, DAV, 4 Betten, 24 Lager, bewirtschaftet von Anfang Juni bis Ende September); Defreggerhaus (2963 m, ÖTK, 34 Betten, 60 Lager, bewirtschaftet von Ende Juni bis Ende September).
**Karten:** ÖK Nr. 152; AV Nr. 36; f&b Nr. 123.
**Hinweis:** Zur Johannishütte verkehrt ein Hüttentaxi.
**Zusatzprogramm:** • Die 1984 renovierte Islitzer Mühle ist jeden Dienstag zwischen 10 und 12 Uhr sowie am Samstag von 17 bis 19 Uhr zu besichtigen.

## 74 Ein Erlebnis unter Eisriesen

### Das Rostocker Eck, der Aussichtsbalkon vor den Gletschern des Maurertals

*1½–2 Tage; gute, aber teilweise hochalpine Steige (auf dem Rostocker Eck ist bei Schneelage Vorsicht geboten); Juli bis Oktober.*

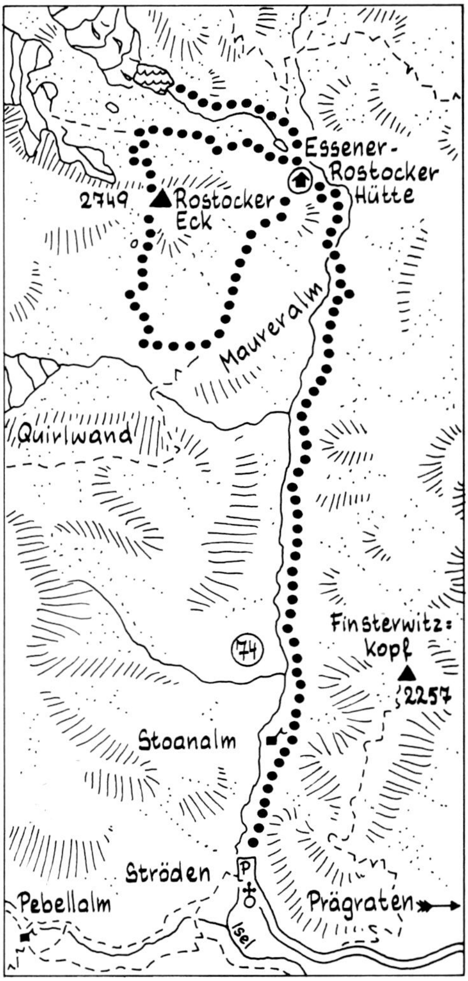


Nicht immer schenken die großen Bergriesen auch das größte Erlebnis. Ein Exempel dafür ist das Rostocker Eck, ein 2749 Meter hoher, nach seinen einstigen Alpenvereinserschließern benamster Felsklapf, der inmitten der eisgepanzerten Dreitausenderbrigade rund um das Maurertal eher als Bergzwerg erscheint. Die Fernsicht mag vom Großen Geiger (3360 m), von den beiden Simonyspitzen (3448 m und 3481 m) oder vom Malham (3368 m) noch weiter sein – für die stille Zwiesprache mit all der Pracht rundum empfiehlt sich das »Eck« allemal vor seinen Nachbarn!
Die Hütte zu seinen Füßen ist beinahe ein Hotel: Die 1912 erbaute steinerne Rostocker Hütte bekam den Essener Nachbarbau 1964 kurzerhand danebengesetzt, nachdem dieser drüben im Umbaltal zweimal von Lawinen umgeblasen worden war. Trotz des überdurchschnittlichen Betten- und Lagerangebots wird es hier nicht selten eng – die exzellente Verpflegung, der relativ kurze Zustieg und vor allem die prächtige Lage der Hütte im Nahbereich etlicher Gletscher spricht sich halt herum. Als ich mit den »Tatzelwürmern«, meinen AV-Kindern, einmal hier heroben einkehrte, trieb uns ein nächtliches Schnarchkonzert in die laue Sommernacht hinaus. Den Vollmond, der uns über dem schlanken Lasörling im Süden in den Schlaf schien, haben wir alle miteinander nie mehr vergessen...

### Der Wegverlauf

*Zur Essener-Rostocker-Hütte*
Von der Bushaltestelle bei der Kapelle in

***Die hochalpine Umgebung der Essener-Rostocker-Hütte birgt mit dem Rostocker Eck auch ein Schmankerl für die »Nicht-Eistiger«.***

Ströden (1403 m) geht es auf dem markierten Fahrweg (Nr. 912) über die Maureralm oder – schöner – auf dem Waldweg rechts des Maurerbachs zur Stoanalm (1469 m) hinein. Bis zur Talstation der Materialseilbahn folgen wir nun der Straße, dann wandern wir auf dem steiler ansteigenden Hüttenweg durch das schütter bewaldete Tal zum obersten Karboden hinauf, wo uns die stattliche Essener-Rostocker-Hütte (2207 m) empfängt. Der Abstieg erfolgt auf der gleichen Route.
Sehr empfehlenswert ist die kurze Hüttenwanderung zum Gletschersee unter dem Simonykees. In der Nähe der Hütte liegt auch ein kleines Moor, in dem mehr als 9000 Jahre alte Holzreste konserviert wurden – damals muß das Tal also bis auf 2300 Meter Seehöhe bewaldet gewesen sein.

*Über das Rostocker Eck*

Von der Hütte wandern wir auf dem Steig Nr. 920 westwärts über eine Moräne gegen das Reggentörl zu, biegen aber bei zwei großen Steinmännern links nach der Markierung Nr. 919 ab und steigen über den steilen Schutt- und Grashang zum Gipfel des Rostocker Ecks (2749 m) auf. Für den Abstieg wählen wir den Steig nach Süden, der uns packende Nahblicke auf die Malhamgletscher vermittelt und dann im Bogen durch steile Almhänge zur Hütte zurückführt.

## Touristische Angaben

**Ausgangspunkt:** Ströden (1403 m); Busverbindung nach Matrei.
**Höhenunterschied:** 800 m bis zur Hütte, dann noch 550 m aufs Rostocker Eck.
**Reine Gehzeit:** Ströden – Essener-Rostocker-Hütte 2½ Stunden, Rundtour über das Rostocker Eck 2½ Stunden.
**Ausrüstung:** Wandermontur.
**Einkehrmöglichkeit:** Jausenstation Stoanalm (1469 m, privat, 8 Lager, im Sommer bewirtschaftet); Essener-Rostocker-Hütte (2207 m, DAV, 50 Betten, 50 Lager, bewirtschaftet von Anfang Juni bis Ende September).
**Karten:** ÖK Nr. 151; AV Nr. 36; f&b Nr. 123.

***Die Umbalfälle – ein großartiges Naturschauspiel.***

## 75 Die Umbalfälle entstehen noch immer

### Unterwegs auf Europas erstem Wasserschaupfad

*Der Wasserschaupfad nimmt einen halben, die Wanderung bis zur Clarahütte einen ganzen Tag in Anspruch; problemloser und im Bereich der unteren Iselkatarakte gut abgesicherter, aber stellenweise steiler Steig; Juni bis Oktober.*

Der Winter 1984/85 hatte den Tauernbergen Unmengen von Schnee beschert; der darauffolgende warme Frühling weichte ihn ordentlich durch. In der Nacht vom 17. zum 18. Mai ließ der Kleinschober, ein kaum bekannter Gipfel über dem Umbaltal, eine Megalawine los, die das hochgehende Schmelzwasser der Isel 48 Stunden lang staute. Und dann war der Teufel los: Der eisige Damm brach; eine Sturzwelle schwappte zu Tal, alles, was nicht niet- und nagelfest war, mit sich reißend – Bäume, Erdreich, Steine, ganze Felsklötze. Von der Islitzer Alm blieben im vermurten Talboden nur noch die Fundamente übrig, und eine Heuhütte fand sich nach dem Inferno – nahezu unbeschädigt – um viele Meter versetzt!

Naturereignisse wie dieses sind zwar spektakulär, aber im Verlauf der Jahrtausende eigentlich nichts Besonderes. Die ganze Kinderstube der Isel, die berühmten Umbalfälle und das »klassisch« abgehobelte obere Umbaltal, aus dem sie sich über zahllose Felsstufen ergießen, sind seit dem Ende der Eiszeitgletscher durch die beständige Arbeit des Wassers und solche Kraftakte entstanden.

Viel größere Gefahr drohte dem Osttiroler Parade-Naturwunder lange Zeit von seiten der Kraftwerksplaner, die zwei Drittel seines

Wassers für den Dorfertal-Stausee abzapfen und nur eine stundenweise »Klosettspülung« für die Hauptsaison übriglassen wollten. Als erfolgreiche Gegenstrategie legte der Verein zum Schutz der Erholungslandschaft Osttirol 1976 neben den sprudelnden Iselkatarakten den ersten europäischen »Wasserschaupfad« an. Die Sturzflut radierte zwar auch diese Attraktion aus, doch der Alpenverein half beim Neubau aus – und so sind die prachtvollen Wasserfälle und Strudellöcher, der üppige Pflanzenschmuck daneben und die im Tagesverlauf wechselnde Wasserfracht des milchig-trüben Gletscherbaches heute besser denn je zu beobachten.
Peter Rosegger meinte einmal, ein Tal ohne Wasser sei wie ein Mensch ohne Sprache. Das »Omail«, wie die Umbalfälle im 17. Jahrhundert noch genannt wurden, ist ein kostbarer Beweis dafür!

## Der Wegverlauf

Von der Bushaltestelle in Ströden (1403 m) schlendern wir westwärts zur Islitzer- und zur Pebellalm (1509 m), und zwar entweder auf der mit Nr. 911 markierten Almstraße oder – lohnender – auf einem Steg über die Isel und am südlichen Ufer entlang auf einem Waldsteig mit Treppeneinlagen. Bei den beiden Jausenstationen beginnt dann der Wasserschaupfad. Er begleitet die unteren Wasserfälle (einige abgesicherte Aussichtskanzeln sind nach rechts vorgeschoben) bis zur Talweitung der Blinigalm (1658 m), wo er ein Stück beidseitig der Isel verläuft. Der Weiterweg steigt in einigem Abstand neben den oberen Wasserfällen an, überquert dann die tobende Isel und schmiegt sich durch die steilen Hänge des klassisch ausgeprägten V-Tals unter der nun sichtbaren Rötspitze zur Clarahütte (2036 m) in den Talgrund hinein.
Der Rückweg erfolgt auf der gleichen Route, wobei man ab der Blinigalm auch auf der höher gelegenen Almstraße absteigen kann.

## Touristische Angaben

**Ausgangspunkt:** Ströden (1403 m).
**Höhenunterschied:** 250 m bis zur Blinigalm; bis zur Clarahütte nochmals 470 m.
**Reine Gehzeit:** Ströden – Pebellalm 45 Minuten; Wasserschaupfad bis zur Blinigalm 45 Minuten; Weiterweg zur Clarahütte 1½ Stunden.
**Ausrüstung:** Wandermontur.
**Einkehrmöglichkeit:** Die Jausenstationen Islitzer- und Pebellalm (1509 m; im Sommer bewirtschaftet); Clarahütte (2036 m, DAV, 20 Lager, bewirtschaftet von Anfang Juli bis Ende September).
**Karten:** ÖK Nr. 151; AV Nr. 36; f&b Nr. 123.
**Hinweis:** Ein handlicher Naturführer über die Umbalfälle ist in den Tourismusbüros des Virgentals und in der Pebellalm erhältlich.

# 76 Glockenberge, Gletscherseen und große Gräben

## Entlegene Wege von der Isel zur Reichenberger Hütte

*2–3 Tage; gut angelegte, aber stellenweise ausgesetzte und gesicherte Bergsteige (die bei Schneelage und Vereisung gefährlich sind); Juli bis Oktober.*

So populär die Umbalfälle geworden sind, so vergessen ist ihr »Hinterland« geblieben. Stille, zum Teil von den Lawinen mit geometrischer Strenge abgehobelte Kerbtäler, die noch mitten im Sommer von betonhartem Lawinenschnee verstopft sind, eine Handvoll exotischer, so gut wie nie betretener Dreitausender und arktisch anmutende Gletscherböden – das alles erwartet uns in diesem Osttiroler Hinterstüberl. Ein Talent für den richtigen Tritt und eine Portion Schwindelfreiheit, vor allem aber Freude an einer entlegenen, extremen Landschaft sollten alle, die sich auf diese langen Wege machen, schon für sich reklamieren können!
Mittendrin lädt uns jedoch die trauliche Reichenberger Hütte, die wir schon vom Defereggen her kennen, zum Bleiben ein. So können wir zum Venedigerschauen auf den nahen Bachlenkenkopf (2759 m) spazieren oder dem elegant glockenförmig geformten Hausberg, der Gösleswand (2912 m), einen Besuch abstatten.

**Rast auf der Daberlenke. Im Hintergrund die wenig bekannten Dreitausender im Westen der Venedigergruppe.**

## Der Wegverlauf

*Von der Pebellalm zur Reichenberger Hütte*
Von der Pebellalm (1509 m; siehe Tour 75) steuern wir auf dem Steig Nr. 313 auf den bewaldeten Felsriegel im Süden zu, den wir in steilen Serpentinen zwischen den Groß- und den Kleinbachfällen zur Stürmitzeralm (1932 m) hinauf überwinden. Bei der dortigen Wegteilung halten wir uns nach rechts und wandern durch die Einsamkeit des Großbachtals zur Bachlenke (2608 m) aufwärts. Auf der drüberen Seite dieser Einsenkung (der kurze Abstecher rechts auf den Bachlenkenkopf, 2759 m, ist wegen seiner Venediger-Aussicht sehr lohnend!) ist die Reichenberger Hütte (2586 m) am Bödensee schnell erreicht.

*Auf die Gösleswand*
Der Hausberg der Reichenberger Hütte wird nach Westen auf dem Steig Nr. 312 angegangen. Hoch über dem Bödensee wandern wir durch Schutt in die Rote Lenke (2794 m), von wo der Gipfelpfad links durch die ostseitige Schrofenflanke und zuletzt auf dem Grat auf den Gipfel (2912 m) führt. Der Abstieg erfolgt auf der gleichen Route.

*Über die Daberlenke und durch das Dabertal zu den Umbalfällen*
Von der Hütte spazieren wir erst sorglos auf dem Rudolf-Tham-Weg (Nr. 311) nach Westen, queren die flachen Hänge der Sentenböden und erreichen in der weiten Daberlenke (2631 m) die arktische Moränenlandschaft unter dem Keeseck. Über karge, sanft abfallende Rasenböden wandern wir nordwärts ins Tal hinab und lassen die Abzweigung Richtung Rotenmanntörl links liegen. Dann schummeln wir uns auf dem neu angelegten, gut gesicherten Steig durch die steilen Gras- und Schrofenleiten hoch über dem engen Dabertal ins Umbaltal (1996 m) hinaus. Achtung: Bis Mitte Juli müssen Sie im Tal nachfragen, ob die Brücke über die Isel schon gelegt wurde – das reißende Wildwasser darf keinesfalls auf einer der heimtückischen Schneebrücken überquert werden! Auf der nördlichen Talseite können wir zuletzt zur nahen Clarahütte wandern oder auf dem Wasserschaupfad zur Pebellalm absteigen.

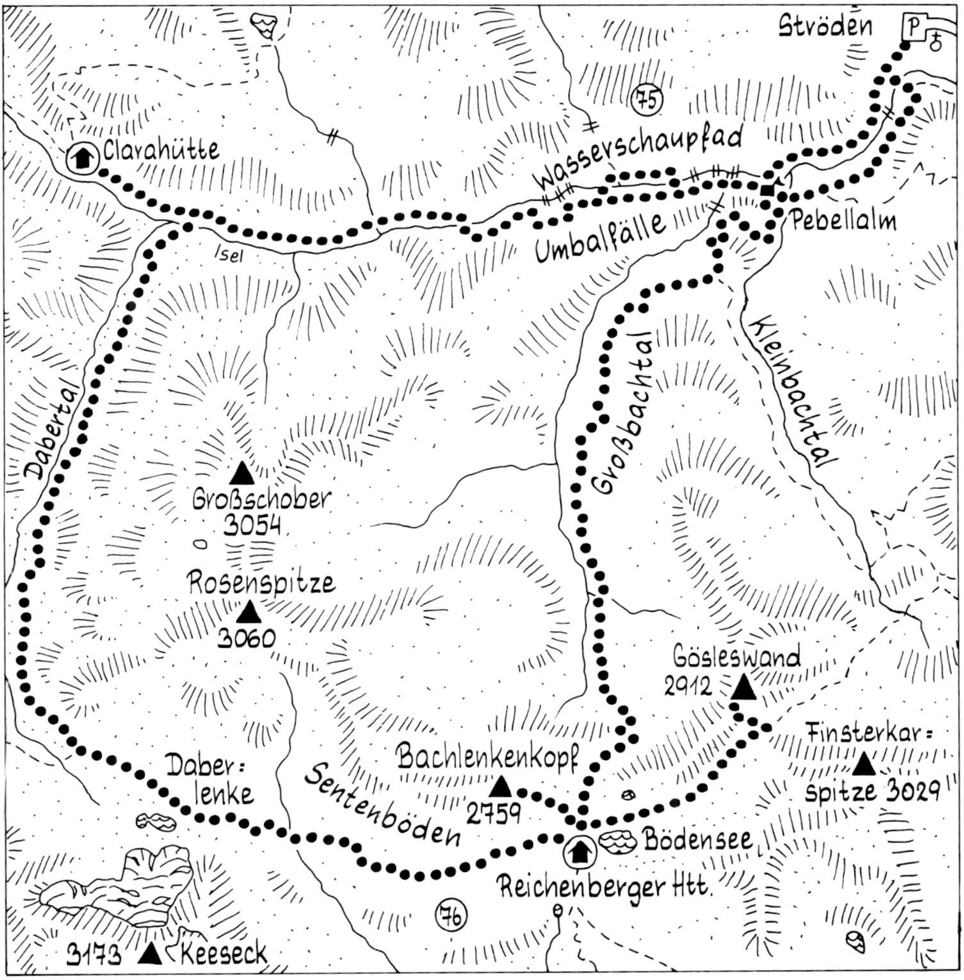


## Touristische Angaben

**Ausgangspunkt:** Ströden (1403 m; siehe Tour 75).
**Höhenunterschied:** 1100 m (auf die Gösleswand nochmals 350 m).
**Reine Gehzeit:** Ströden – Pebellalm – Reichenberger Hütte 4–4½ Stunden (auf die Gösleswand 1½ Stunden); Abstieg durch das Daber- und Umbaltal 5 Stunden.
**Ausrüstung:** Wandermontur.
**Einkehrmöglichkeit:** Islitzeralm, Pebellalm und Clarahütte (siehe Tour 75); Neue Reichenberger Hütte (siehe Tour 58).
**Karten:** ÖK Nr. 151 und Nr. 177; f&b Nr. 123.

# 77 Farbenspiele mit Gletscherblick

## Der abwechslungsreiche »Drei-Seen-Weg« – ein Stück der großen St. Pöltner Tauernsteige

*1–1½ Tage; gute Steige mit einer gesicherten Stelle (auch der Messelingkogel erfordert Trittsicherheit); Juli bis Oktober.*

Der St. Pöltner Ostweg und seine westliche Fortsetzung bilden einen der längsten und exponiertesten Abschnitte des berühmten Tauernhöhenweges: Zehn plus sechs Stunden durch unwegsame Urlandschaft, in aus-

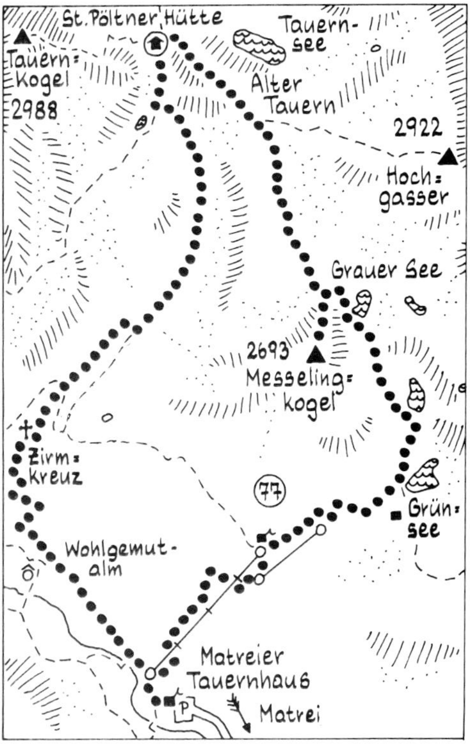


gesetzten Felspartien und über spaltige Gletscher – ein absoluter Härtetest zwischen der Rudolfshütte, der St. Pöltner Hütte und den Prager Hütten... Ein Zuckerl dieser Gewalttour ist allerdings auch auf einem Teilstück im Kleinformat zu haben: Der »Drei-Seen-Weg«, der nach drei farbenfrohen Wasseraugen genau über dem Felbertauerntunnel benannt wurde, schenkt auch einen gemütlichen Wandertag vor der berauschenden Kulisse des gegenüber aufragenden Venediger und seiner Gletscherpracht!

Startpunkt für unsere Tour ist das altehrwürdige Tauernhaus mit seiner barocken Kapelle – einst ein lebenswichtiges Hospiz am Saumweg über den Felber Tauern, heute ein vielbesuchtes Ausflugsziel mit einem Sessellift zum »Venedigerblick«. Der Zielpunkt, die trauliche St. Pöltner Hütte auf dem einst so berüchtigten Paß, fügt sich in ein merkwürdiges Ensemble : Vor der Hüttentür erinnert das schwere Tauernkreuz an vergangene, oft dramatische Zeiten, über dem Hüttendach surren die schweren Drähte einer Hochspannungsleitung zwischen häßlichen Stahlgittermasten – und daneben erzeugt ein Windrad mit südländischem Aussehen den Hüttenstrom auf umweltfreundliche Weise...

## Der Wegverlauf

Vom Matreier Tauernhaus (1511 m) wandern wir auf dem Steig Nr. 512 (oder fahren mit dem Sessellift daneben) zum »Venedigerblick« (1982 m) hinauf. Der anschließende Skilift gibt die weitere Wegrichtung entlang des Messelingbaches vor, bis wir knapp oberhalb der versperrten Grünseehütte den Grünsee (2245 m) und damit den St. Pöltner Ostweg (Nr. 502) erreichen. Dieser zieht nun links zum höher gelegenen Schwarzen See, durch das schmale Kar zum Grauen See und zuletzt in die Messelingscharte (2560 m) hinauf. Hier lohnt sich der kurze Abstecher auf den Messelingkogel (2693 m). Aus der Scharte queren wir dann nach Norden zum Alten Tauern (2508 m; eine kurze Stelle ist seilgesichert) und gelangen über den Weinbichl (2556 m) zur St. Pöltner Hütte (2481 m) am Felber Tauern.

Für den Rückweg wählen wir den Steig Nr. 511, der im Nahbereich der Hochspannungsleitung nach Süden ins Tauernbachtal hinunterführt. Auf dem unteren Talboden zweigen wir rechts ab, überqueren den Tauernbach jedoch nicht und wandern – vorbei am Zirbenkreuz (Zirmkreuz) – in Serpentinen durch den Holzbodenwald zur Wohlgemuthalm (1528 m) hinunter und in 10 Minuten zum Ausgangspunkt zurück.

## Touristische Angaben

**Ausgangspunkt:** Matreier Tauernhaus (1511 m). Busverbindung von Matrei.
**Höhenunterschied:** 1200 m (bei Liftbenützung nur 700 m).
**Reine Gehzeit:** Tauernhaus – Venedigerblick 1½ Stunden; Drei-Seen-Weg zur St. Pöltner Hütte 3 Stunden; Abstieg 3 Stunden.

***Der Grünsee hoch über dem Felbertauerntunnel, der erste im Reigen der drei Seen bis zur St. Pöltner Hütte, zaubert dem eitlen Großvenediger ein Spiegelbild dazu.***

**Ausrüstung:** Wandermontur.
**Einkehrmöglichkeit:** Matreier Tauernhaus (1511 m); Gasthaus Venedigerblick (1982 m); St. Pöltner Hütte (2481 m, ÖAV, 12 Betten, 55 Lager, bewirtschaftet von Ende Juni bis Mitte September).
**Karten:** ÖK Nr. 152; AV Nr. 36; f&b Nr. 123.
**Zusatzprogramm:** • Der Hochgasser (2922 m) empfiehlt sich als leichtes und lohnendes Wanderziel von der St. Pöltner Hütte aus (Steig Nr. 525, 2 Stunden; der Tauernkogel (2988 m) ist steiler und schwieriger (Steig Nr. 523, 1½ Stunden).

## 78 Ins Innergschlöß

### Almspaziergänge im Angesicht des Venedigers

*Je nach Wegwahl eine gemütliche oder eine stramme Tageswanderung auf unschwierigen Wegen; Juni bis November.*

Beiderseits des Baches sind die Hütten – unten gemauert, oben aus Holz – beinahe wie ein Westerndorf aufgezeilt, dahinter recken sich gleißende Gletscherberge empor: Das ist das Innergschlöß – für Lokalpatrioten der schönste Talschluß der Alpen, auf jeden Fall aber eines der berührendsten Motive der Hohen Tauern.
Die Geschichte des Gschlöß verliert sich im Dunkel der Jahrhunderte, bevor das slawische Wort »zeleze« auftaucht, das mit Eisen in Verbindung stand. Bis in die fünfziger Jahre hat sich der harte und bescheidene Arbeitsalltag im Gschlöß kaum verändert. Heute werden das Außer- und das Innergschlöß als rationelle Gemeinschaftsalmen betrieben – der flache Weideboden »im Grieß« muß jedoch immer wieder und mühselig wie eh und je von Steinen befreit werden. Der Weg ins Gschlöß verspricht einige Überraschungen – etwa den Keespöllach-Wasserfall, dessen Gletscherwasser sich als breiter Fächer zu Tal stürzt, um dann spurlos zu versiegen und erst unten bei der verschachtelten Außergschlöß-Alm wieder hervorzubrechen. Eine dieser Quellen ist der Frauenbrunn, an dem die Gottesmutter einst Windeln gewaschen haben soll und dem die Sage Heilwirkung bei Frauen- und Augenleiden zuspricht. Nicht weit davon entfernt können Sie in der »Felsenkapelle« ein wenig Einkehr halten. Dieses stimmungsvolle Heiligtum geht auf das Jahr 1688 zurück und wurde zum Schutz vor Lawinen unter einen Riesenstein gebaut.
Den vielleicht schönsten Venedigerblick geben dann die zwei Felsblöcke frei, die das Gebirge irgendwann nach der Eiszeit zum Gschlößbach hinuntergeworfen hat. Seine weltalte Majestät geruhen sich von hier aus allerdings recht bescheiden hinter der protzigen Schwarzen Wand und dem weit ausladenden Kleinvenediger (3471 m) zu verstekken. Erst wenn Sie noch die Panoramawanderung durch den Ochsnerwald »anhängen«, erkennen Sie seine wahre Größe!

#### Der Wegverlauf

*Auf dem Tauerntal-Wanderweg ins Innergschlöß*
Knapp hinter der Liftstation beim Matreier Tauernhaus (1511 m) biegen wir von der Straße links ab, überqueren den Tauernbach und erreichen durch eine Weide den Tauerntal-Wanderweg (Nr. 925).
Dieser führt am Waldrand taleinwärts und windet sich dann auf die Hohe Achsel (1720 m) über der Talschlucht. Jenseits geht es wieder sanft bergab, bis ein Steg zur jenseitigen Außergschlöß-Alm (1680 m) hinüberführt. Zuletzt wandern wir auf der Straße an der Felsenkapelle vorbei ins nahe Innergschlöß (1689 m).
Beim Heimweg überqueren wir den Gschlößbach am besten schon 300 m östlich der Alm bei den zwei charakteristischen Bergsturzblöcken und wandern auf dem waldschattigen Tauerntal-Wanderweg retour.

*Der Ochsnerwaldweg*
Vom Venedigerhaus im Innergschlöß wandern wir etwa 300 m das nördliche Bachufer entlang. Hier zweigt der markierte Ochsnerwaldweg rechts ab, schlängelt sich in Serpentinen auf rund 2000 m Seehöhe hinauf

***Idyll und Arbeitswelt: Das Innergschlöß, die Alm am Fuß des Schlatenkeeses, wird noch voll bewirtschaftet.***

und führt dann in sanftem bergauf, bergab nach Westen. Durch schüttere Zirbenbestände wandern wir auf das Villtragental zu, durch das wir nach kurzem Abstieg wieder auf den Talboden des Innergschlöß zurückkehren.

### Touristische Angaben

**Ausgangspunkt:** Matreier Tauernhaus (siehe Tour 77).
**Höhenunterschied:** Bis ins Innergschlöß 200 m; auf dem Ochsnerwaldweg nochmals 300 m.
**Reine Gehzeit:** Bis ins Innergschlöß 1½ Stunden (Rückweg 1¼ Stunden); Ochsnerwaldweg 2–3 Stunden.
**Ausrüstung:** Wandermontur.
**Einkehrmöglichkeit:** Jausenstation »Einkehr« im Außergschlöß (1680 m); Venedigerhaus im Innergschlöß (1689 m, privat, 24 Betten, 8 Lager, bewirtschaftet von Mitte Mai bis Ende September).
**Karten:** ÖK Nr. 152; AV Nr. 36; f&b Nr. 123.
**Hinweis:** Im Innergschlöß befindet sich eine Informationsstelle des ÖAV. Besonders reizvoll ist die Zufahrt ins Innergschlöß mit der Pferdekutsche (Abfahrtszeiten beim Tauernhaus um 8.30 Uhr, 10.30 Uhr, 14 Uhr und nach Bedarf; auch Taxibusse).

## 79 Die Eiskrone des Venedigers

### Auf dem Gletscherweg Innergschlöß zu den Prager Hütten

*Tagestour, die mit großem Gewinn auf 2 Tage erweitert werden kann; weitgehend unschwierige, aber hochalpine Steige; Juli bis Oktober.*

Wie die Umbalfälle, hätten auch die Bäche des Innergschlöß bald nach ihrer »Geburt« unterirdisch in Richtung Dorfertal-Kraftwerk

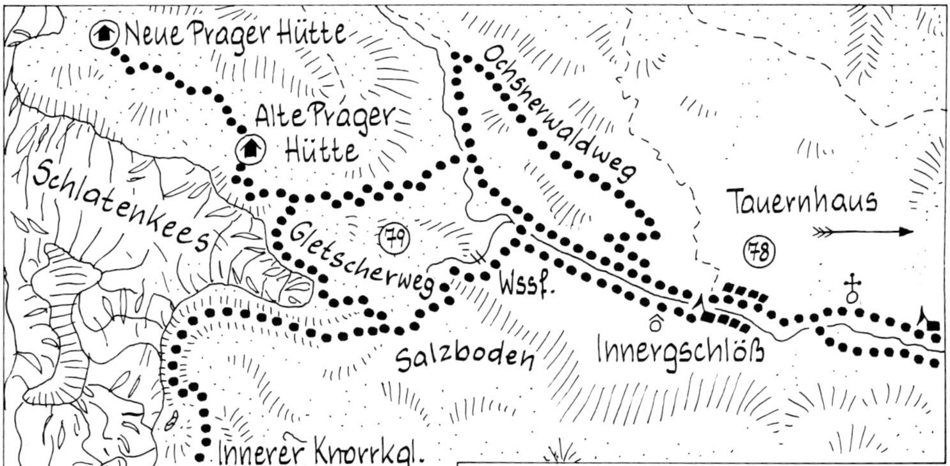
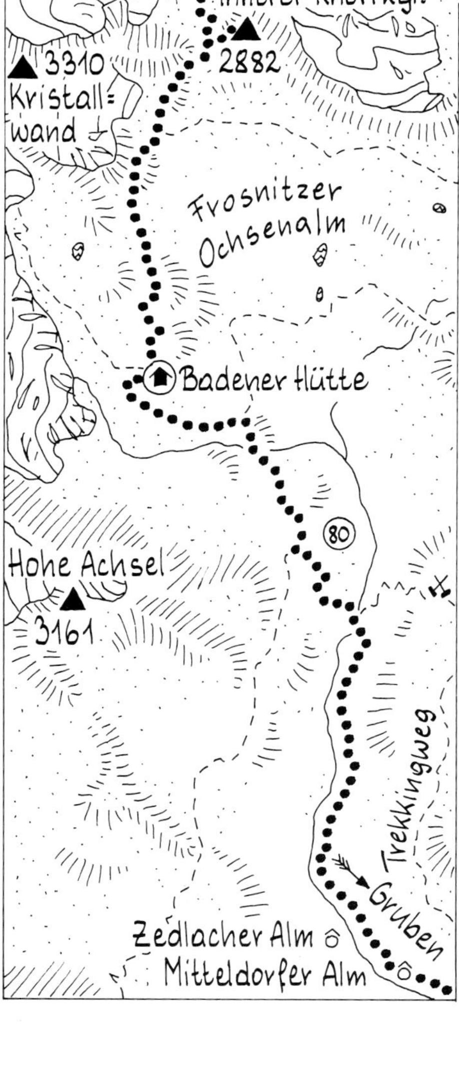


verschwinden sollen. Was das bedeutet hätte, kann man sich auf dem »Gletscherweg Innergschlöß« lebhaft vor Augen führen.

Das weithin hörbare Donnern des Schlatenfalls bildet den Auftakt dieser Fünfsterne-Tour; der Bergspiegel des Salzbodensees und das »Auge Gottes«, ein dreieckiger, hinter 9000 Jahre alten Moränen aufgestauter Tümpel mit einer weißen Wollgrasinsel in der Mitte, würden sie allein schon krönen. Doch der unbestrittene Höhepunkt folgt erst: der hautnahe Kontakt mit dem körnigen, blau schimmernden und höchst lebendigen Eis des Schlatenkeeses. Spalten und Klüfte zerreißen seine wulstige Stirn in bizarre Blöcke, die – je nach Klimatendenz – »mitfahrendes« Gestein abwerfen, fein zerriebenes »Gletschermehl« ausspucken oder kleine Moränenwälle zusammenschieben. Und nirgends drückt sich die Kraft des Lebens besser aus als in den winzigen Blüten, die das wüste Chaos gleich neben dem Eis mit Farbe erfüllen!

Die riesige Seitenmoräne erzählt davon, daß die heute noch neun Quadratkilometer große Eisarena ihre spaltige Zunge um 1850 bis ins Innergschlöß hinuntergeschickt hat. Der arktisch anmutende Gletscher nährt sich unter

***Der Gletscherweg Innergschlöß bringt uns auf Tuchfühlung mit dem ewigen Eis: Hoch über den Spalten des Schlatenkeeses wirft sich die Kristallwand ihren Eismantel über die Schulter.***

der »Eiskrone« zwischen der Kristallwand (3310 m), dem Hohen Zaun (3451 m), der Schwarzen Wand (3506 m), dem Rainerhorn (3559 m), dem Groß- und dem Kleinvenediger (3674 m und 3471 m) und schüttet seine zu Labyrinthen zerborstenen Brüche über mehrere Steilstufen talwärts. Steigen Sie auf dem alten Plattenweg hinauf zu den beiden Prager Hütten – und Sie werden die arktisch verzauberte Szenerie nie mehr vergessen!

### Der Wegverlauf

Vom Venedigerhaus im Innergschlöß (1689 m) schlendern wir über den Almboden westwärts in den Talschluß, wo links der Gletscherweg (Nr. 921) abzweigt. Er führt hoch über dem tosenden Schlatenbach über eine alte Moräne (abgesicherte Stelle; kurzer Abstecher zum Schlatenfall) und durch schütter bewaldete Hänge auf den Salzboden (2138 m) hinauf. Vorbei am Salzbodensee, an einigen Moorlacken und am »Auge Gottes« steigen wir gemütlich zur nächsten Wegteilung hinauf. Hier biegen wir rechts ab und wandern über die große Randmoräne und abgehobelte Felsen zum Gletschertor des Schlatenkeeses hinüber. Der Gletscherbach wird auf einem soliden Steg überschritten. In der Folge markieren zahlreiche Farbzeichen die verschlungene Route, die über frisch abgeschliffene Felsbuckel, vorbei an kleinen Tümpeln und durch sandigen Moränenschutt, die mächtige Eisstirn entlangführt. Auf der nördlichen Talseite treffen wir auf den Prager Hüttenweg, Nr. 902 B: Rechts geht es in unzähligen Serpentinen ins Innergschlöß hinunter; links können wir – hoch über dem Gletscher – zur Alten und zur Neuen Prager Hütte (2489 m und 2782 m) hinaufsteigen. Der Rückweg erfolgt auf dem Hüttenweg.

### Touristische Angaben

**Ausgangspunkt:** Matreier Tauernhaus (siehe Tour 77).
**Höhenunterschied:** Gletscherweg inklusive einiger Gegenanstiege 500 m; zur Neuen Prager Hütte nochmals gut 500 m.
**Reine Gehzeit:** Für den Gletscherweg 4 Stunden; Aufstieg zur Alten Prager Hütte zusätzlich 1 Stunde und zur Neuen Prager Hütte weitere 1 1/4 Stunden.
**Ausrüstung:** Wandermontur.
**Einkehrmöglichkeit:** Venedigerhaus im Innergschlöß (siehe Tour 78); Alte Prager Hütte (2489 m, DAV, 20 Lager, einfach bewirtschaftet von Ende Juni bis Ende September); Neue Prager Hütte (2782 m, DAV, 26 Betten, 64 Lager, bewirtschaftet von Ende Juni bis Ende September).
**Karten:** ÖK Nr. 152; AV Nr. 36; f&b Nr. 123.
**Hinweis:** Ein handlicher naturkundlicher Führer über den Gletscherweg ist in der AV-Informationsstelle im Innergschlöß oder im Tourismusbüro Matrei erhältlich.

## 80 Alte Wege, neue Ziele

### Der große Tauern-Treck über das Löbbentörl

*2 ausgefüllte Tage; gut angelegter, aber hochalpiner und stellenweise gesicherter Steig, der bei Schneelage oder Vereisung gefährlich ist; Juli bis Oktober.*

»Der große Tauern-Treck« – dieses Wort ruft ein bißchen Wildwest-Romantik hervor. Der Treck durch das lange, wild-grüne und entlegene Frosnitztal hat aber eher Ähnlichkeit mit Trekkingtouren im Himalaya oder in den Anden: Kräftige, blondmähnige Haflinger tragen die Rucksäcke, und der Treckführer verläßt den althergebrachten Karrenweg oberhalb der Katalalm, um mit seiner Gruppe auf einem wieder instandgesetzten Pfad zu den Ruinen mittelalterlicher Bergwerksanlagen hinaufzuwandern. Dort oben wird dann in der Einsamkeit und vor dem atemberaubenden Panorama der Kristallwand (3329 m) mit ihrem Frosnitzkees am flackernden Feuer gekocht und in Zelten genächtigt. Am Morgen geht es zur gegenüberliegenden Badener Hütte und am dritten Tag ins Innergschlöß weiter.

***Das »Auge Gottes« liegt als einer der Höhepunkte am weiten Weg über das Löbbentörl.***

Wer lieber individuell wandert, geht die trauliche Badener Hütte vorteilhaft von der anderen Seite, aus dem Innergschlöß, an. Der ganz große landschaftliche Paukenschlag ertönt in jedem Fall unter dem Kreuz im Löbbentörl, das die Grenzlinie zwischen dem urweltlich einsamen Hochalmgelände des Frosnitztals und der überschwenglichen Gletschervielfalt des Großvenedigers markiert. Der weitere Abstieg bringt uns außerdem noch die an ein tibetanisches Bergdorf erinnernde Zedlacher Alm zu Gesicht.

Wie auch immer: Wanderindividualisten wie Tauern-Trekker werden wohl dankbar sein, daß diese ehrfurchtgebietende Landschaft ursprünglich, kraftwerk- und skiliftlos geblieben ist!

## Der Wegverlauf

Wie bei den Touren 78 und 79 wandern wir vom Matreier Tauernhaus (1511 m) durch das Innergschlöß auf den Salzboden. Hier bleiben wir jedoch auf dem Rudolf-Zöllner-Weg (Nr. 921), der zunächst auf der riesigen Seitenmoräne über dem Schlatenkees und dann durch steile Hänge zum Löbbentörl (2770 m) hinaufzieht. Der großartige Ausblick erweitert sich noch auf dem von hier aus schnell erreichbaren Inneren Knorrkogel (2882 m). Auf der anderen Seite der Scharte geht es unterhalb des Kristallwandkeeses teils durch seilgesicherte Felsflanken, teils durch die schuttbedeckten Hänge der Frosnitzer Ochsenalm zur Badener Hütte (2608 m) hinüber.

Der lange Abstieg ins Tauerntal folgt dem Hüttenweg Nr. 921, wobei wir auf der Anhöhe der »Achsel« (2225 m) links vom Venediger-Höhenweg abzweigen. Achtung: Die Brücke überspannt den reißenden Frosnitzbach nur während der Bewirtschaftungszeit der Badener Hütte – vor der Tour im Tourismusbüro Matrei anfragen! Die Zedlacher und die Mitteldorfer Alm (1846 m) weisen uns den Weg durch eine Talenge, danach geht es – hoch über dem Bach – über die Katalalm (1725 m) zum Weiler Gruben (1164 m) hinaus. Hier queren wir den Tauerntal-Wanderweg und erreichen jenseits des Tauernbaches die Bushaltestelle an der Felbertauernstraße.

## Touristische Angaben

**Ausgangspunkt:** Matreier Tauernhaus (siehe Tour 77).
**Höhenunterschied:** 1250 m im An- und 1600 m im Abstieg.
**Reine Gehzeit:** Innergschlöß – Badener Hütte 4–5 Stunden (Abstecher auf den Inneren Knorrkogel ½ Stunde); Abstieg nach Gruben 3½ Stunden.
**Ausrüstung:** Bergausrüstung.
**Einkehrmöglichkeit:** Venedigerhaus (siehe Tour 78); Badener Hütte (2608 m, ÖAV, 17 Betten, 31 Lager, bewirtschaftet von Anfang Juli bis Mitte September); in der Mitteldorfer und der unteren Katalalm sind Almprodukte erhältlich; Gasthaus Stampfer in Gruben.
**Karten:** ÖK Nr. 152; AV Nr. 36; f&b Nr. 123.
**Zusatzprogramm:** • Der große Tauern-Treck wird im Sommer mehrmals durchgeführt (jeweils von Dienstag bis Donnerstag). Auskunft und Anmeldung im Tourismusbüro Matrei, wo auch ein interessanter Prospekt über das Programm und die Landschaft um den Venediger erhältlich ist.